Dominik Riederer

Mental stark
Deine Regeln. Deine Rebellion.

AF667426

Dominik Riederer

Mental stark

Deine Regeln. Deine Rebellion.

Rediroma-Verlag

Bibliografische Information der Deutschen Nationalbibliothek:
Die Deutsche Nationalbibliothek verzeichnet diese Publikation in der Deutschen Nationalbibliografie; detaillierte bibliografische Daten sind im Internet über http://portal.dnb.de abrufbar.

ISBN 978-3-98885-263-2

www.rediroma-verlag.de
16,95 Euro (D)

Inhalt

Vorwort

Fremdbestimmt – bloss nicht

Wir Menschen sind fremdbestimmt - täglich und überall. Der Mensch handelt nach Angaben gewisser wissenschaftlicher Studien zu mehr als 80 Prozent nach unbewussten Mustern. Nach den Prägungen der Vergangenheit. Diese Erlebnisse, sowohl die Guten als auch die Schlechten, sind im Gehirn und damit im Körper gespeichert. Schon Sigmund Freud, der Urvater der Psychoanalyse, bestätigte die Abhängigkeit von unseren unbewussten Denkmustern, welche das Handeln des Menschen massgeblich bestimmen. Sigmund Freud verwendete im Zusammenhang mit dem Unbewussten, erstmals das Sinnbild des Eisberges, dessen Spitze nur zu 10% aus dem Wasser ragt. Er nannte diesen ersichtlichen Teil das ICH. Die Wasseroberfläche bildet in dieser Metapher die Grenze zum Unbewussten - sprich die Bewusstseinsgrenze. Den darunterliegenden und verdeckten Teil des Eisberges bezeichnete Freud als das ES. Dieses ES, also das Unbewusste, umfasst nach seinen Annahmen somit 90% des menschlichen Wesens. Anfangs von Experten der Wissenschaft nicht akzeptiert, bestätigt heute auch die Wissenschaft die Existenz dieses unbewusste, implizite Erfahrungswissen, welches den unachtsamen Menschen wie einen Sklaven dirigiert. In Wahrheit, so sagt Walter Perrig von der Universität Bern, vergessen wir nie, sondern speichern das Wahrgenommene im Unbewussten ab. Das gespeicherte Wissen wird geschnürt aus Erinnerungen, Vorstellungen, Sinneseindrücken, Motiven und Einstellungen. Sämtliche Wahrnehmungen - seien diese bewusst oder unbewusst - nimmt unser Unbewusstes auf. Wir werden gewollt oder ungewollt auf ein bestimmtes Denken und Handeln konditioniert, indem wir nach diesen unbewussten Mustern denken, fühlen und handeln und es stetig unbewusst bestärken.

Oft sind es die negativen Erfahrungen, die in der Lebensgeschichte herausragen, und indem wir uns daran erinnern und unbewusst daran orientieren, unsere Handlungen beeinflussen. Viele als negativ gespeicherte Erlebnisse sind mit der Verlustangst gekoppelt – Angst vor Ablehnung und Zurückweisung, Angst vor Statusverlust und materiellem Besitz, Angst vor Verlust der körperlichen Unversehrtheit und Gesundheit – Angst vor Verlust des eigenen Lebens. Geschieht etwas Unverhofftes, Unvorhersehbares – ein sogenannter Schlüsselmoment - reagiert unser Gehirn mit einer Kompensationshandlung und aktiviert blitzschnell die in der Vergangenheit gelernten Coping-Handlungen, welche uns in der Vergangenheit geholfen haben, besser mit diesen Schicksalsschlägen und belastenden Situationen klarzukommen und nicht an diesen Belastungen zu zerbrechen. Das Gehirn reagiert äußerst sensibel auf potenzielle Schlüsselmomente und hat prinzipiell nur ein Primärziel: Überleben und körperliche Unversehrtheit zu sichern. Was Tolles in der Zukunft frohlockt, hat heute keine Bedeutung.

Genau darum fallen Veränderungen so schwer, denn das Gehirn will in erster Linie Energie sparen und jede zukunfts-gerichtete Handlung, besonders wenn das heißt, sich selbst zu überwinden, hat kaum eine Chance gegen die, in der Vergangenheit konditionierten Verhaltensmuster. Viel gewünschte

Veränderungen im Leben werden genau darum bereits im Entstehen verhindern und der Veränderungswunsch im Keim erstickt. Die Angst geht demnach einher mit der Strategie des Vermeidens von Schmerz – so funktioniert dein Gehirn! Die Angst schützt und ist eine der treibenden Emotionen im Leben der Menschen, welche versuchen, meist unbewusst, diese Angst zu überdecken, indem sie sich mit allen möglichen Aktivitäten, übermäßig Sport oder Arbeit, davon ablenken oder jemanden darstellen wollen, der sie nicht sind. Zugleich versuchen sie, die mit der Angst einhergehende Leere zu füllen und verfallen dem Suchtverhalten oder der Leistungsorientierung – sämtliche Schattenseiten werden mühevoll kaschiert und verdrängt. Dies mag zwar eine Weile gut gehen, nimmt aber dem Menschen jegliche Selbstbestimmung und individuelle Freiheit. Zudem machen wir es den anderen nach, schauen deren Lifestyle ab und kopieren. Doch der Tod des Glücks ist stets der Vergleich. So bleibt der Mensch getrieben von Angst und verstärkt diese gar noch täglich.

Heute spüren wir dies deutlich, wenn es um Leistungsdruck und Burnout geht. So meint der Soziologe Prof. Hartmut Rosa im Interview mit der Zeitschrift GEO, dass die Angst der grosse Motivator des Menschen sei. Er sagt, dass viele Menschen meinen, dass die Gier uns antreibe, was er aber als falsch erachtet. Wir wären gar nicht von dem Verlangen getrieben, immer höher, immer schneller und immer weiter zu kommen, sondern wären bestimmt von der Angst, nicht mehr mitzukommen, abzurutschen und zurückzufallen.

In meinen Augen stimmt diese Aussage und dieses Bestreben finden wir zusehends im Selbstoptimierungswahn. Wir sind ständig unter Zugzwang und verlieren uns im Tun. Wir können gar nicht mehr anders, als uns selbst immer mehr zu fordern, damit wir das Gefühl von Angst, Scham, Ohnmacht, Frust und Co. nicht mehr spüren müssen – doch was du fokussierst, verstärkt sich! Wegen der Angst, nicht zu genügen und im Vergleich zu anderen abzurutschen, stellt sich der Mensch über seine Mitmenschen. Die Angst ist immer das Gefühl des nicht Genügens - selbstsüchtiges Verhalten ist die Folge davon. Provokative Worte? Mag sein, aber in meiner Wahrnehmung sind sie zutreffend.

Die Angst ist die Motivation, was in der näheren Betrachtung nicht weiter schlimm ist, sondern sich gar als ein hilfreicher Mechanismus herausstellt, das Überleben zu sichern. So fällt es uns leichter mit negativem Denken umzugehen, wenn wir wissen, dass unser Gehirn nach Fehlerquellen suchen muss – nur um sicherzustellen, dass wir keinen Schaden davontragen. Negativ denken ist also positiv, doch müssen wir es ein wenig im Zaum halten.

Nur wenn die Angst chronisch wird, kann sie gefährlich werden. Sie wird dann sämtliche Handlungen und Neuerungen zu verhindern versuchen, weil dem erregten Gehirn jede Neuerung als potenziell gefährlich vorkommen wird – alleine schon deshalb, weil Neues mehr Konzentration und Energie verbraucht, als das Bekannte. Chronische Angst entsteht im stetigen Vorausschauen und Ausschauhalten nach potenziellen Gefahren – das Gehirn wird übersensibel. Die Desensibilisierung des Gehirns ist demnach zentral im

Mentaltraining und öffnet damit erst die Bereitschaft des Menschen, sich einer minimal effektiven Dosis an Stress zu unterziehen. Alles was neu ist, ist erst einmal Stress für den Organismus – diese Aktivierung macht uns wach und leistungsfähig, doch wenn die Aktivierung zu niederschwellig oder zu hochtreibend ist, kann ein weiterer Schaden entstehen.

Sämtliche Konflikte des Menschen sind zwischenmenschlicher Natur – haben also immer mit anderen Menschen zu tun. Die Angst ist zwar intrinsisch, aber oft durch Einflüsse der Aussenwelt und durch den Vergleich mit anderen Menschen entstanden. Man denke dabei an die Entstehung unseres Selbstbildes, welches für gewöhnlich mit der Frage einhergeht, wie ich denn möchte, dass mich meine Mitmenschen sehen – das ist fremdbestimmt, aber sowas von!

Unser Selbstbild entsteht unter starker Einwirkung von Menschen. Einige Menschen können sich mit dieser Fremdbestimmung arrangieren, viele jedoch nicht. Diejenigen, denen es nicht gelingt, haben schlichtweg keine Ahnung von ihrer unbewussten Konditionierung und dem stetigen Vergleich und Abwägen von Gefahren und Chancen. Sie werden manipuliert und fremdgesteuert – und das nicht einmal böswillig, denn es geschieht einfach. Druck und Unsicherheit und ein starkes Gefühl von Ohnmacht sind an der Tagesordnung. Wer meint, das böse Spiel der anderen durchschaut zu haben, beginnt nun damit, diese Manipulatoren zu verurteilen: ''Mein Chef, der Narzisst!''

Solange du andere Menschen für die eigene Situation verantwortlich machst, werden sich die

Fremdbestimmung und die Manipulation hinziehen, was folglich niemals einen selbstwirksamen Menschen aus dir machen wird. Was braucht du also, um als Mensch selbstbestimmt und autonom und doch sozial zugewandt zu sein?

Zum einen darfst du erkennen, dass alles was dir widerfährt, immer in deiner Hand liegt – nicht das, was reinkommt und dir passiert, doch immer, wie du auf diese Umstände reagierst. Das ist jeweils immer in deiner Verantwortung. Die Umstände passieren, doch du hast die Wahl deiner Reaktion. Was bedeutet, dass das selbstbestimmte Leben bei der Selbstwahrnehmung beginnt, auf einem starken Selbstbewusstsein fusst und in der konstanten Selbstregulation mündet. Und zwar nicht in Form eines, auf dem Vergleich mit anderen Menschen, basierten Egos, sondern als ein wahres dir-selbst-bewusst-sein.

Mit einem Bewusstsein für die eigenen Bedürfnisse, Fähigkeiten und Werte. Aber auch mit dem Wissen, was die eigene Persönlichkeit ausmacht – Stärken und Schwächen. Wobei zu beachten ist, dass alles relativ ist, denn um eine Stärke oder Schwäche zu definieren, müssen wir immer einen Bezug herleiten und erkennen dabei vielfach, dass alles zwei Seiten hat – du kannst jede Schwäche auch als Stärke verkaufen, je nach Kontext.

Das Selbstbewusstsein ist der Schlüssel zur Freiheit. Der Wille, sich selbst näher zu kommen und auch die unbequemen Dinge anzuschauen, ist die notwendige Grundvoraussetzung. Und die Kultivierung der Gewinner-Mentalität - eine selbstbestärkende Denk- und

Verhaltensweise, welche für Leistungssportler so bezeichnend ist - ist die Lösung für all deine Probleme im Leben.

Gewinner führen sich selbst, denn Führung beginnt immer bei sich selbst. Hierzu möchte ich erwähnen, dass ich kein Fan der Selbstoptimierung bin. Ich weiss, dass der Spalt zwischen Selbstverwirklichung und Selbstbesinnung sowie der Selbstoptimierung sehr schmal ist. Darum ist es essenziell, dass wir lernen, wirklich hinzuschauen – und das gerne auch mit Hilfe von Freunden, Coaches oder Therapeuten. Dass wir uns selbst wahrnehmen und unsere echten Bedürfnisse und Werte aufdecken und auf potenzielle Stressoren eigenverantwortlich reagieren können, ist lebenssichernd und damit lebensnotwenig und bedeutet echtes Selbstmanagement.

Vorsicht ist demnach geboten, denn die Selbstoptimierung ist aus der Fremdbestimmung entstanden. Optimieren heißt, sich so anzupassen, dass du in ein vordefiniertes Muster passt - Nicht zu genügen ist die Angst, die hinter alledem steckt. Ich will das nicht und ich bin mir sicher, du genauso wenig! Wir sind von Natur aus perfekt. Perfekt individuell. Diese Individualität gilt es trotz den äusserlichen Widerständen und Einwirkungen zu entdecken und zu leben.

Deine Regeln. Deine Rebellion.

Dominik Riederer ist dein Partner für die mentale Gesundheit und psychische Widerstandskraft sowie für Trainings zur Leistungssteigerung und Stressbewältigung. Längst bewährt als Individualcoaching in der beruflichen Wiedereingliederung für die Invalidenversicherung und Krankentaggeld-Versicherung sowie als Stärkungstraining von Führungskräften, Mitarbeitenden und Teams.

Dominik Riederer bietet einzigartiges Trainings- und Coachingprogramme für die Stärkung der mentalen Gesundheit. Er bietet nicht nur therapieorientiertes Mentalcoaching und Personaltraining an, sondern ist auch durchdrungen von tiefgreifenden Erkenntnissen aus persönlichem Bewusstseinstraining und einer philosophischen Weltanschauung. Dominik Riederer durchlief eine bemerkenswerte Entwicklung, von einem passiven Mitläufer, hin zu einem inspirierten Macher. Mit einem analytischen Verstand und einem offenen Herzen feiert er den Anfängergeist und begrüßt verschiedene Weltanschauungen. Seine Inspiration entspringt der starken Wertschätzung und Dankbarkeit für das Leben sowie den Herausforderungen, die es für uns alle bereithält. Er weiss, dass es durch das Überwinden von Widerständen möglich ist, mentale Stärke aufzubauen und psychische Widerstandskraft zu entwickeln.

Einleitung

Die Sinne wecken

Liebe Leserin, lieber Leser. Schön, dass dich mein Buch erreicht hat. Auf welchen Wegen auch immer du zu diesem Buch gekommen bist, hoffe ich doch, dass dich die Inhalte inspirieren und deine Sinne anregen. Das ist dein Buch - ein Buch für Gewinner – und für diejenigen Menschen, die es sein wollen. Dieses Buch ist recht persönlich. Durchaus kann es als eine Orientierungshilfe dienen. Ein Leitfaden für den persönlichen Lebensweg. Mit dem hohen Ziel, mein Leben selbstbestimmter und lebhafter zu gestalten. Denn schon seit der Jugend möchte ich in Fülle leben – mich erfüllt fühlen! Auch wenn mir das früher noch gar nicht wirklich bewusst war.

Im Kern ist dieses Buch eine Plausibilisierung meines bisherigen Lebens. Aber auch ein Muntermacher für dich, deine persönliche Reise zu reflektieren und vielleicht eine neue Geschichte zu schreiben. Dich allenfalls zu fragen, wie dein Leben bisher so lief und wohin es dich bisher geführt hat – gar noch führen könnte. So frei nach dem Motto: «Wer könnte ich denn noch sein in diesem Leben?»

Du und ich, wir beide, sind täglich mit den zahlreichen Herausforderungen und Problemen des Lebens konfrontiert. Die eine Situation ist ausgeprägter bei dir, die andere wahrscheinlich stärker bei mir. Und doch leben wir zwei in einer Welt, die sich scheinbar immer schneller zu drehen scheint – sicherlich aber sind wir im Zeitalter der Reizüberflutung. Wir sind ganz wirr im Kopf, können uns kaum noch konzentrieren und haben das Gefühl, überall und zur selben Zeit zugleich sein zu müssen.

Ich habe festgestellt, dass die Menschen trotz des materiellen Überflusses vermehrt nach Halt suchen. Nach einem Punkt der Geborgenheit in sich. Ein Freund sagte mir einmal, dass die Menschen eine gewisse spirituelle Leere verspüren würden. Passend wie ich finde. Die Menschen suchen einen Anker - einen Fixpunkt im Leben. Etwas, woran sie sich festhalten können und etwas, das den Strudel des Lebens erträglicher oder bequemer macht. Erst denkst du, du hättest kaum Entwicklungsspielraum, dann wiederum kannst du dich vor Möglichkeiten nicht mehr retten. Doch weißt du was – genau dieses Wechselspiel ist das Leben selbst.

Auf der Suche nach Antworten und Lösungen wurde mir klar, dass wir tief im Sumpf der Beeinflussung stecken. Unsere Umwelt bestimmt uns – besser ausgedrückt, wir lassen uns bestimmen, weil wir komplett aus der Gewohnheit heraus leben, und uns dann wundern, dass wir uns so fremdbestimmt fühlen.
Vorgegebene Bilder prägen unser Weltbild. Ständig treffen neue Informationen ein und nehmen uns die Übersicht. Wir orientieren uns ausschliesslich an Äußerlichkeiten. Wir handeln, damit wir uns gut fühlen. Oder handeln eben nicht, um ungute Gefühle zu vermeiden. Wir sind stetig auf der Jagd nach dem persönlichen Wohlbefinden – genauer gesagt, sind wir im Vermeidungsmodus, weil wir Angst davor haben, uns schlecht zu fühlen.

Wir haben verlernt, Innenschau zu betreiben, zu reflektieren und unsere eigene Wahrheit wahrzunehmen. Wir sind buchstäblich verloren gegangen. Laufen vor uns selbst davon, träumen von Ferien, geselligen Abenden oder materiellem Besitz, nur damit wir diese spirituelle Leere nicht mehr spüren müssen. Darum habe ich mich entschlossen, zurückfinden – zurück zu mir!

Schau dich mal um – sicherlich kennst auch du jemanden, der mit Depressionen oder anderen stressbedingten Krankheiten zu kämpfen hat. Angststörungen und Posttraumatische Belastungsstörungen, mittlerweile kennen wir alle diese Begriffe. Dieser Trend ist alarmierend! Was können wir also tun, um nicht selbst einer stressbedingten Krankheit zu verfallen? Empfehlenswert ist der Aufbau einer gewissen Gesundheits-Intelligenz. Erkenne die Einflussgrößen für Gesundheit und bemühe dich um den Erhalt deiner Gesundheit – die sowohl die körperliche als auch die mentale Gesundheit umfassen sollte.

Mittlerweile bin ich auf dem Weg. Und ich komme an bei mir selbst. Beim eigentlichen Ausgangspunkt einer jeden Reise. Täglich komme ich mir ein Stückchen näher. Durch dieses Buch und zahlreiche Posts in den sozialen Medien und Videos auf Youtube, verarbeite ich meine Gedanken und mache sie für dich zugänglich. Denn einst war da die Unzufriedenheit. Das beklemmende Gefühl, das mir zeigte, dass da irgendetwas passiert – in mir drin. Dann kam die Erkenntnis, worum es sich womöglich handeln könnte. Dicht gefolgt von Selbstzweifeln, die es zu überwinden galt. Meine Selbstzweifel nahm ich an, denn erst so konnten

Massnahmen folgen. Das war vor einigen Jahren. Damals, als ich vorerst dachte, es passt doch alles perfekt zusammen in meinem Leben. Es war alles genauso wie ich es geplant hatte. Und doch verspürte ich starke Bewegungen in mir drin – ein stiller Ruf nach Freiheit und Unabhängigkeit. Meine anfängliche Furcht diesem Ruf nachzugehen, verschwand über die Jahre. Mein Selbstvertrauen ist bis heute gewachsen, und es wächst heute noch. Ein leiser Ruf trieb mich einst an und prägt heute mein Handeln. Ich tauche ein in eine Welt voller Möglichkeiten. Das heißt jedoch nicht, dass da keine Selbstzweifel mehr sind, doch habe ich gelernt, diese als «Gute Berater» zur Seite zu haben.

Solltest du dich von diesen Zeilen inspiriert fühlen, wirst du grosse Augen machen. Zuerst vermutlich aus Erstaunen, dann aus Angst und irgendwann aus tiefer Freude. Deine Augen werden leuchten - Nicht wegen meiner Geschichte. Nein, wegen deiner! Sie werden leuchten, sobald du von deinem Leben erzählst. Du wirst dich von deiner Inspiration führen lassen. Bleib geduldig am Werk und die eigene Rebellion wird dich einnehmen. Du wirst von deinen Mitmenschen angenommen. Und zwar als das, was du wirklich bist. Mit all deinen Stärken und all deinen Schwächen. Mit deinen zahlreichen Erkenntnissen, der Vielzahl von Entscheidungen und den harten Konsequenzen, die damit einhergegangen sind. Man wird dich kennen als ein authentisch lebender, selbstbestimmter und freier Mensch.

Ich bemerkte über die Jahre, dass das Leben gewissen Rahmenbedingungen folgt. Ich sah, dass die ganzheitliche Lebensweise die Voraussetzung für mein persönliches Wohlbefinden ist. Dass Vorbilder nur bedingt als Mentoren taugen und dass der finanzielle Erfolg zwar anregend, aber nur für kurze Dauer befriedigend ist. Ich erfuhr, dass das verfolgen des «Herzensweges» ausschlaggebend für den inneren Frieden ist. Dass sich ohne grosse Anstrengung viele Herzenswünsche erfüllen lassen – oder sie dir einfach zufallen. Und ich habe erfahren, dass das Selbstvertrauen mit den ersten Erfolgen einhergeht und dass alles seiner Zeit bedarf. So ist positives Denken nie die Lösung, sondern das Resultat von Selbstwirksamkeit. Dieses starke Gefühl von Kontrolle über die eigenen Gedanken, Gefühle und Emotionen stärkt das Gefühl von Sicherheit und Zuversicht und fördert weitere, lösungsorientierte Handlungen, was die Selbstwirksamkeitsüberzeugung zusätzlich reifen lässt. Fürchten tue ich mich noch immer. Doch die Furcht schwächelt vermehrt und lässt mich mutiger sein. Sobald man mutig der Angst entgegentritt, schwächt sich diese Angst ab und Vertrauen wächst.

Wie sieht also dieser Weg aus, der mein Leben intensiver und freudvoller macht? Ein Weg, den ich scheinbar ohne grosse Mühe und Anstrengung gehen kann. Lies mehr von meiner persönlichen Geschichte. Es ist die Erzählung von einem Leben als unbewusster Mitläufer in einer fremdgesteuerten Masse, aber auch die Geschichte meiner Hingabe an die Persönlichkeitsentwicklung und zu einem selbstbewussten Menschen. Dieses Buch ist eine bodenständige Erzählung meines bisherigen Tuns, mit einzelnen Sequenzen aus meiner Vergangenheit. Ich schreibe von chancenreichen Möglichkeiten und tiefgreifenden Wandlungen. Von Wegen und neuen Erkenntnissen. Von Schritten, die

Träume und Ideen greifbar machen. Und wozu das alles? Für ein selbstbestimmtes und erfüllendes Leben. Für das eigene Heilsversprechen. Für die anhaltende Gesundheit. Für die Lebensqualität und das persönliche Glück. All das wünsche ich auch dir.

Herzlichst, Dominik Riederer

Lebensführung und wegweisende Fügungen

Hallo... ich bin Dominik. Wer bist du? Ich bin es gewohnt, mich fremden Menschen auf direktem Weg anzunähern und mich ihnen vorzustellen. Ich war nie ein Freund von findigen Sprüchen, um das Eis zu brechen, sondern pflegte schon immer die einfache und direkte Ansprache und die Vorstellung meiner Person. Wenn mich ein Mensch interessiert, spreche ich ihn an und stelle mich vor. Aufrichtig und offen: Ich bin Dominik, wer bist du? So hatte ich immer viele nette Bekanntschaften. Ausschliesslich, denn niemand verweigert den Dialog auf eine offene, freundlich gesinnte Ansprache.

In der Vorstellung mit den Worten «Ich bin...» verbirgt sich auch schon die Essenz eines liebevollen Lebens in Harmonie mit mir selbst und mit meinen Mitmenschen. Diese Worte reichen aus, damit sich der Mensch gegenüber bei dir aufgehoben fühlt. Denn du wirkst real und greifbar - Du bist real. Und genau das wollen wir doch. Wir wollen echte Menschen. Mit Ecken und Kanten. Schluss mit künstlich, aufgebauschten Egos und vermeintlichen Bilderbuch-Karrieren. Sei authentisch und echt und die Menschen werden dir zuhören. «Ich bin...» steht aber auch dafür, zu wissen, was mir guttut. Was mich erfüllt und was sich durch mich ausdrücken möchte. Ausdrücken in Form von Talenten und Fähigkeiten oder in Form einer Berufung. Die Lebensqualität erwacht aus dem eigenen Bewusstsein für die Einzigartigkeit. Dazu später mehr.

Meine Jugend war geprägt von Geselligkeit. Ich genoss die Nähe zu meinen Freunden und verbrachte viel Zeit mit ihnen. Auf der Straße zum Skateboarden, in Bars und Clubs oder auf dem Sportplatz, wir waren überall gemeinsam unterwegs. Ich hatte aufgrund meiner offenen, unkomplizierten Art viele Bekanntschaften und mir wurde tiefe Freundschaft zuteil. Meine Erziehung war von sozialen Werten wie Ehrlichkeit, Pünktlichkeit, Wertschätzung und Loyalität geprägt – aber auch ohne spürbare Regeln, denn durch die frühe Scheidung meiner Eltern war nicht viel Familienzeit und dadurch fehle es an Struktur. Ich musste als Kind nie gegen irgendetwas rebellieren, sondern genoss – trotz, oder genau wegen der Scheidung meiner Eltern – eine gute Kindheit.

Irgendwann kam ich dann ins junge Erwachsenenalter und musste mein Leben selbst in die Hand nehmen. Ich trat meine erste Lehrstelle an und zog früh von zu Hause aus. Deshalb waren die finanziellen Mittel während meiner Ausbildungszeit stark limitiert. Die Situation, mit wenig Geld den Alltag zu bestreiten, forderte mich heraus - stark sogar. Ich erlebte, dass meine Freunde immer öfters Dinge taten, die ich mir nicht leisten konnte. Ich verspürte Scham, besonders wenn ich jemanden um Geld bitten musste, weil der Geldautomat wieder mal nichts ausspuckte. Ich war limitiert durch den Mangel an finanziellen Mitteln. Als junger Erwachsener möchte man alles machen. Ich lernte damals zwar mit wenig zurechtzukommen und doch hinterließen diese kargen Jahre Spuren bei mir, die bis heute anhalten. Aufgefallen sind mir diese Spuren jedoch erst, als ich nach meiner Ausbildung endlich Geld zur Verfügung hatte. Ich lebte maßlos. Regelmäßige Clubbesuche, ausgedehnte Ausflüge und mein erstes Motorrad. Ich gab alles Geld, das ich einnahm, gleich wieder aus, denn ich sehnte mich wieder nach meiner jugendlichen Freiheit. Nach dieser Leichtigkeit, ohne Gedanken an die Zukunft. Ich lebte sprichwörtlich im Jetzt. Bekam dann Ende Monat regelmäßig die Quittung für meine wiedergewonnene Leichtigkeit. Irgendwie ging zwar alles auf, doch das beklemmende Gefühl im Alltag nahm zu. Ich musste Geld verdienen um meine Freiheit finanzieren zu können. Es schien, als wäre das Leben tatsächlich mühsam und kein Zuckerschlecken. Stattdessen kam es mir vor, als müsste man im Laufe des jungen Erwachsenenalters die jugendliche Unbeschwertheit gegen die erwachsene Verbitterung eintauschen.

Ich hatte Freunde mit ausreichend Geld. Ihr Leben schien problemlos und ich nahm an, dass dies der Lauf des Lebens ist. Geld verdienen, Geld sparen und Freiheit genießen. Ich war frustriert, unternahm aber vorerst nichts. Was sollte ich auch tun? Ich war jung und unerfahren und mit den ersten Herausforderungen des Lebens konfrontiert.

Die Jahre gingen dahin. Ich wurde älter, die Freude am Leben nahm ab. Heute denke ich daran zurück und es erschreckt mich, dass ich das schreibe. Die Freude nahm ab … und hey, ich war stets ein aufgestellter junger Mann. Ich hatte aber plötzlich mehr Herausforderungen zu bewältigen. Das Leben wurde irgendwie anstrengend. Das Dumme daran war, dass ich dachte: So ist das Leben eben. Ich meine, fordernd und anstrengend. Das sprichwörtliche Leben im Hamsterrad nahm Gestalt an. Ich stand oft am Bankomaten und wollte Geld abheben. Aber es kam nichts raus.

Meine erste langjährige Freundin und ich fetzten eigentlich immer nur dann, wenn ich wieder über meine Verhältnisse hinaus lebte, wie unkalkuliert ich mein Leben gestaltete und dass ich ohne Rücksicht auf Verluste und ohne Vorsorge, immer einfach gerade das tat, was ich tun wollte. Als wir dann zusammengezogen sind, zog ich meinen Schwanz ein und verließ sie – es wurde mir viel zu eng!

Spannend zu sehen war, dass ich gerade bei dem weiblichen Geschlecht sehr gut ankam und ich stets Frauen bevorzugte, die sehr kalkuliert und ambitiös durchs Leben gingen. Eines Abends lernte ich eine Frau kennen – auf einem Date mit einer anderen Frau. Sie strotzte vor Ambitionen und einer gewissen Karriere-Geilheit. Ich fand sie super. Was sicherlich nachvollziehbar ist, denn selbstbewusste Menschen ziehen uns ja förmlich in ihren Bann. Heute weiss ich, sie war nicht selbstbewusst, sondern einfach von sich selbst überzeugt und hatte einen klaren Plan, was sie von ihrem Leben wollte – wohlhabend werden, komme was wolle. Ich mache da einen grossen Unterschied. Damals ließen wir uns aufeinander ein. Wir hatten viele Diskussionen und Streitigkeiten. Für gewöhnlich deshalb, weil wir uns in den moralischen Grundsätzen unterschieden und andere Vorstellungen von einem gelingenden Leben hatten. Ich war Lebemann und sehr idealistisch und immer dafür bedacht, dass es mir und meinen Mitmenschen gleichermaßen gutging. Sie hingegen war strikte Karrierefrau und sehr berechnend. Ich war für ein Miteinander, sie war für ... na ja, sich selbst. Und doch regte sie meine Gedanken an. Sie brachte mich insgeheim dazu, mich selbst zu reflektieren. Spätestens damals, als sie mich zum ersten Mal in die Wüste schickte. Sie kam dann wieder zu mir und wir fanden erneut zusammen. Doch auch dieses Ereignis prägte mein Unterbewusstes. Ich hatte irgendwie zugemacht und mich von ihr emotional distanziert. War abgestumpft und hatte mich ihr gegenüber abgeschottet. Die Beziehungskiste nahm dann endgültig ein Ende, als ich selbst so sehr von mir überzeugt war, dass ich sie nicht mehr brauchte. Ich hörte damals einen weisen Spruch: «In einer Beziehung hat derjenige die Macht, dem die Sache egal ist.» Nun, ich hatte die Macht, denn die Beziehung war mir mittlerweile egal geworden. Ich hatte zu Ende bezogen. Traurig, aber wahr. Und ein Segen zugleich, wie sich herausstellte. So traf ich nämlich auf meine jetzige Lebensgefährtin und genieße nun das Familienleben in – wie ich meine – idealer Konstellation. Doch auch diese Paarung musste erst zerbrechen, bevor sie richtig aufblühen konnte. Dazu gleich mehr…

Zurück in die Zeit der Transformation. Als ich den Wandel vom "Chiller" zum "Hustler" vollzog. Ich begann mich in die Erfolgsliteratur zu vertiefen und richtete mein Denken nun voll auf Business aus… und die Überzeugung wuchs in mir, dass auch ich es schaffen kann, mir in der Geschäftswelt einen Namen zu machen und Wohlstand anzueignen. Besser gesagt, überzeugt war ich schon immer von mir, ich hatte nun aber ein tieferes Verständnis bezüglich den Wirtschaftsgrössen und den Erfolgsfaktoren von Unternehmern. Ich orientierte mich an Vorbildern wie Donald Trump, den ich als Unternehmer schätze, als Präsident der USA aber kritisch einstufe. Napoleon Hill, der Autor von «Denke nach und werde reich», wurde mein steter Begleiter. Und ich durfte nun die Gesetze der Anziehung am eigenen

Leib erfahren. Ich visualisierte meine Ziele und Wünsche und die erfolgreiche Handlung zum Ziel und erkor die Stadt Zug (ein Schweizer Hotspot für Wohlhabende) zu meinem neuen Lebensmittelpunkt. Ich zog um und startete als Immobilienmakler für preislich exklusive Immobilien. Darauf war ich mit meiner Ausbildung als Bauzeichner und der bisherigen Tätigkeit in Generalunternehmungen gut vorbereitet. Wie meine kreierte Zukunftsvision vorausgesagt hatte, erntete ich bereits nach einem Jahr eine Lohnverdoppelung und ein Angebot für ein Management-Buyout einer Konkurrenz-Firma. Ich schlug das Angebot aus, war aber durch diesen Erfolg äußerst beflügelt und bestärkt in meinem fokussierten, zielorientierten Vorgehen. Ich verhandelte mit meinem damaligen Arbeitgeber und erhielt eine Führungsposition angeboten. Kurzum, meine Strategie ging auf und mein Alltag machte richtig Spaß. Aber Leichtigkeit? Nur bedingt.

Ich wurde Zeuge von der Macht der Gedanken und Gefühle. Von der Kraft der Visualisierung und der Fokussierung. Ich erreichte mit Disziplin und ehrlichem Wollen ein hohes Maß an Schaffenskraft. Ich war im Flow, wie es die Psychologie gerne nennt. Ein Zustand, in dem alles zu gelingen scheint. Und in dem man selbst völlig aufgeht in seinem Tun. Napoleon Hill, Bodo Schäfer und Donald Trump hatten recht. Die Energie folgt immer der Aufmerksamkeit. Darum, denke stets so groß du kannst – und darüber hinaus: Think big!

Eines Tages aber wird man bequem. Man ist erfolgsverwöhnt. Man wird nachlässig, wünscht und visualisiert nicht mehr allzu oft und die alten Muster – der Lebemann - brechen durch. Das Leben zeigt dir hin und wieder liebevoll, dass es auch anders geht. Nämlich so, wie es deiner Natur entspricht. In meinem Fall erschien mir ein weiterer wertvoller Mensch. Ein neuer Meister sozusagen. Du erinnerst dich, der erste Meister war die Karrierefrau. Eine alte Weisheit besagt: «Ist der Schüler bereits, so erscheint der Meister.» Wie sehr diese Weisheit doch zutrifft. Früher sah ich meine Vorbilder als meine Meister. Ich hatte einen sogenannten Braintrust, wie es Napoleon Hill in ''Denke nach und werde reich'' empfahl. Eine imaginäre Gruppe mit grossen Persönlichkeiten, die ich in meinem Geiste besuchen und zu Rate ziehen konnte. Eine geniale Sache wie ich finde: Self-Made-Mental-Coaching.

Die Weisheit vom Schüler und seinem Meister besagt, dass man gerade das anzieht, was man im Moment benötigt. Ich war zwar karrieremässig erfolgreich, verlor aber immer mehr mein gottgegebenes Naturell. Der genügsame und leichtfüßige Mensch von früher war nirgends mehr zu sehen. Ich war Gewinner und Verlierer zugleich. Nun aber traf ich auf meine jetzige Lebensgefährtin, eine Lebefrau durch und durch. Sie lebte – intensiv. Ich war wieder einmal fasziniert, denn sie zeigte mir das, was bei mir untergegangen ist. Sie zeigte mir, was bei mir über die Jahre verstummt ist. Die Leichtfüßigkeit im Sein. Ohne Gedanken an morgen oder sonstige Konsequenzen. Wir lernten uns während meiner Anstellung bei der Immobilienfirma kennen. Sie wurde mir als Maklerin zugeteilt, sodass wir uns erst geschäftlich und dann privat kennenlernen durften. Ehrlich gesagt, ich war zwar fasziniert, aber auch irgendwie abgeschreckt. Denn die Emotionen, die sie in mir weckte, bedrohten meine selbstgemachte und visionäre Existenz. Ich hielt damals beinahe verkrampft an meinem Lifestyle fest und wollte ihn nicht gefährden. Auch nicht durch andersdenkende und andershandelnde Menschen. Lieber hielt ich diese Menschen auf Abstand. Ja nicht ablenken lassen von den Zielen. Denn alles, was man sich durch Leistung aufgebaut hat, kann auch wieder verloren gehen. Ein sich über Leistung definierender Mensch, zu dem ich mich damals gemacht hatte, will das nicht. Trotzdem, die Faszination war da und ich ließ mich von den wiedererweckten Emotionen einnehmen. So ließen wir uns nach einem Jahr ''Flirterei'' aufeinander ein und mein Leben gewann wieder erheblich an Lebendigkeit. Lebendigkeit wohlverstanden – nicht Leichtigkeit. Ich fühlte mich trotz diverser Herausforderungen stark mit ihr verbunden, entdeckte die Leichtigkeit des Seins aber erst Jahre später wieder. Vorerst musste ich mich zurechtfinden in meiner neuen Situation. Sprich, den Alltag wieder neu kennenlernen und jetzt irgendwie beide Pole in Einklang bringen. Den Lebemann und den Karrieremann.

Heute haben wir zwei wundervolle Kinder, ein schönes Zuhause und eine liebevolle und auf Wertschätzung gründende Beziehung. Ich wollte übrigens immer Familie und Kinder. Das Bild passte aber nicht mit meinen visualisierten Karriereplänen zusammen. Und doch, heute habe ich den einen Seelenwunsch erfüllt bekommen. Ohne bewusstes Zutun. Übrigens, auch diese Beziehung musste erst zerbreche, bevor wir sie neu definieren und kreieren konnten. Der Schmerz der Trennung war brutal, doch heilsam zugleich. Dazu aber vielleicht in einem anderen Buch mehr. Vielmehr möchte ich damit aussagen, dass Altes zerbrechen muss, wenn Neues entstehen soll. Dieses Loslassen, zu dem wir in Lebenskrisen und damit Identitätskrisen gezwungen sind, machen wir nie freiwillig, darum muss uns der gewohnte Handlungsspielraum und das Gefühl von Kontrolle genommen werden. Nur so wird Neues entstehen und zu einem Segen, wenn wir es im Nachhinein betrachten.

So behaupte ich noch deutlicher, dass die Fügungen des Lebens stets wohlwollend sind. Von dieser Aussage bin ich auch deswegen überzeugt, weil ich kurz nach meiner Ankunft in der Stadt Zug den Wunsch verspürte, ein Karate-Dojo zu eröffnen. Ich bin seit meinem sechszehnten Lebensjahr begeisterter Kampfkünstler und hatte bereits in meiner Heimatstadt nebenamtlich Karate unterrichtet. Die Kampfkunst vereint Freiheit, Lebenslust, Aktivität und Dynamik und pure Persönlichkeits-Entwicklung. Ich hatte ein Gefühl von tiefster Zufriedenheit beim Gedanken an ein eigenes Dojo in dieser Stadt. Ein Seelenwunsch? Da bin ich mir sicher. Vier Jahre später stand ich in meinem Dojo und unterrichtete. Zwar nicht Karate, aber Krav Maga, ein modernes Nahkampfsystem der Israelischen Armee. Noch weitere solcher Seelenwünsche manifestierten sich zusehends. Alle ohne mein bewusstes, aktives Zutun. Ich brauchte nichts zu visualisieren, sondern nur anzunehmen, was sich mir anbot.

Ich wurde somit Zeuge von der Weisheit und der Leichtigkeit des Lebens. Die unter anderem besagt, dass sich Herzenswünsche nicht zwangsläufig durch Visualisierung erfüllen müssen. Dass sich zur gegebenen Zeit alles so fügt, wie es dem gottgegebenen Naturell entspricht. Was für mich ein Zeichen dafür ist, dass es die Berufung wohl geben muss. Du wirst es wissen, wenn

dich dieser leise Ruf ereilt. Spirituell ausgedrückt ist dies der Ruf der Freiheit, dem es dann zu folgen gilt.
Heute bin ich äußerst dankbar für meine fantastische Partnerin, meine zwei geliebten Kinder und meine wiedergewonnenen Freundschaften und all die neuen Begegnungen, die ich täglich durch meine Arbeit als Mentalcoach genießen darf. Für meine Wegweiser und meine wieder erblühte Leichtigkeit. Ich habe wahrgenommen, was mir im Leben wirklich wichtig ist. Woher die hohe Lebensqualität kommt und was mich zu wirklichem Seelenfrieden führt. Die Meditation und Verbindung mit dem «Göttlichen» in mir ist eine bewusste Aktivität, in der sich meine Selbstzweifel verflüchtigen und Ziele, Bedürfnisse und Wünsche bemerkbar machen. Die Welt wird ruhig und ich kann klar sehen.

Dein Herz zeigt dir in Form von ''Eingebungen'' den Weg. Nicht immer klar ersichtlich, aber wahrhaftig. Das Schwierige dabei ist es, diese Eingebungen zu deuten. Manchmal sind sie dermaßen ungeordnet und chaotisch und verpacken sich teilweise in schmerzhaften Erfahrungen. Hinhören und Zulassen lautet demnach meine Devise. Einfach mal stillstehen, zuhören und hineinfühlen. Ja, ich weiss, davor hast du Angst, doch will ich dich ermutigen, es trotzdem zu tun, denn im grossen Schmerz liegt die grosse Freiheit. Genauso dürfen wir die Fügungen des Lebens genießen und schätzen lernen, egal wie lustvoll, freudvoll oder gar schmerzhaft diese sind. Es geht dabei nicht unbedingt um Selbstoptimierung, wie sie heute im Trend liegt, sondern um das friedvolle Lernen, um Mitgefühl und Selbstfürsorge. Es geht um die Entwicklung des persönlichen Spirits.

Aber zurück zum Anfang. Ich schreibe diese Erfahrungen für dich, damit du die weiteren Buchinhalte verstehen kannst. Was war ausschlaggebend, dass ich dieses Buch schreiben konnte? Damals stand ich da. Mit groben, neuen Eindrücken und einem wiederum leeren Rucksack. Ein weißes Blatt Papier lag vor mir. Einst war ich aufgebrochen, um eine Bilderbuchkarriere hinzulegen. Dann plötzlich, war ich erstarrt vor lauter neuen Erkenntnissen, die ich noch nicht richtig einordnen konnte, geschweige denn, richtig interpretieren konnte. Übrigens gibt es hierbei noch eine weitere Erfahrung zu berichten: Das Verständnis einer Sache kommt erst nach der Wende. Anfänglich ist und bleibt die Situation ungreifbar – wir verstehen nicht. Viele sagen auch, es ziehe einem den Boden unter den Füssen weg. Auch ich spürte kaum Stabilität in den Krisenzeiten. Ganz im Gegenteil, ich fühlte mich schwach und verletzlich, doch aus heutiger Sicht betrachtet, ist genau diese Verletzlichkeit der Schlüssel zum Glück. Oder eben vielmehr, dass Eingeständnis von Verletzlichkeit und Sanftheit. Jeder zeigt sich ständig von seiner starken Seite, doch vermögen vielmehr die persönlichen Geschichten von Unsicherheit, Angst, Fehlern und Misserfolgen die Herzen der Menschen zu berühren. Die eigene Fehlbarkeit einzugestehen ist eine Superpower und baut Brücken zu deinen Mitmenschen.

So war ich denn wieder am Anfang meine Reise. Oder nein, es stand mir eine neue Reise bevor. Nur dass ich diesmal nicht wusste, wohin sie nun führen sollte. Ich bewegte mich mit einem neuen Bewusstsein, konnte aber nicht wirklich aktiv werden. Das ist in erster Linie erst einmal ein beklemmendes Gefühl, denn

Handlungsunfähigkeit macht Angst. Das war dann aber meine erste bewusste Konfrontation mit meinem Ego. Ich konnte keine intellektuelle Lösung bereitstellen, sondern musste mich vertrauensvoll, was ich damals definitiv noch nicht war, den Geschehnissen hingeben. Sich dem Leben hinzugeben geht definitiv besser mit jugendlicher Unschuld. Nur genießen und nicht durch zu viele Erfahrungen vorbelastet zu sein, befreit ungemein. Wie damals als jugendlicher ''Maverick''. Kein Gedanke an die Konsequenzen meiner Handlungen oder an die Zukunft. Einfach leben ... dieses Rookie-Mindset wiederzuerlangen und den Anfängergeist und «Mushin» zu kultivieren, ist das Ziel meiner heutigen Reise.

Beobachtungen, Sehnsüchte und Werte

Wo stehst du heute? Ich meine damit, dass die bisherige Lebensweise an dem Punkt vorbei ist, an welchem du beginnst, dir tiefgreifende Fragen über dich selbst zu stellen. Fragen dazu, was dir deine Unzufriedenheit sagen möchte. Bestimmt kennst du die Zeiten, wo du morgens beim Aufwachen bereits ein flaues Gefühl verspürst und du nicht sagen kannst, warum du dich jetzt so fühlst. Diese Zeiträume können sich über mehrere Monate, gar Jahre hinziehen. Diese leichte Unzufriedenheit, die sich Tag für Tag weiterzieht und die scheinbar nicht wegzukriegen ist.

Ich nehme an, dass auch du aus einem gewissen Grad an Unzufriedenheit heraus handelst. Das erklärt allenfalls auch, warum dich dieses Buch interessiert. Du wirst mir zustimmen, wenn ich sage: Ein Mensch handelt für gewöhnlich erst dann, wenn die Situation für ihn nicht mehr bequem genug ist. Ein Löwe würde kaum jagen, wenn ihm sein Futter in mundgerechten Stücken ins Maul gelegt würde. Wir Menschen sind da nicht anders. Bequem, wie wir sind, neigen wir zur Trägheit oder Faulheit – prinzipiell einfach nur zum Energiesparen. Wenn das bei dir nicht so ist, dann sei froh, und ich bewundere dich.

Um Antworten zu finden, schien es mir in meinen Anfängen am einfachsten, die Frage nach den Wertvorstellungen zu stellen, an denen ich mich orientiere. Ich hatte das einmal gelesen und nahm mir nun vor, meine Erziehung und meine gesellschaftlichen Beziehungen zu hinterfragen. Zuerst ist mir der hohe Stellenwert aufgefallen, den ich der Pünktlichkeit zuschrieb.

Warum, weiss ich noch heute nicht, aber es schien mir ausgesprochen unhöflich, wenn mich jemand warten ließ. Diese Person nimmt mir meine wertvolle Lebenszeit weg, zeterte ich vorzu, wenn mich jemand warten ließ. Ich fror mir regelmäßig den Arsch ab beim Warten im verschneiten Winter. Warten, warten und warten. Sobald die Person dann aber eintraf, war ich froh und verlor doch kein Wort darüber. Verwirrend, nicht? Irgendwie war ich einfach bloss froh, dass das Warten endlich ein Ende hatte. War es mein ausgeprägtes Harmoniebedürfnis, was mich nichts sagen ließ? Die Abhängigkeit davon, dass die Menschen mich mochten? Ein stummer Schrei nach Liebe, wie es die Punkrocker «Die Ärzte» sangen? Tatsächlich ist die Zugehörigkeit und Anerkennung anderer so stark ausgeprägt beim Menschen, dass wenn diese Werte bedroht erscheinen, wir genauso mit Kampf- und Fluchtaktivierung reagieren, wie in einer Situation, in der das Überleben bedroht ist. Die Menschheit konnte sich nur so gut entwickeln, weil der Mensch lernte, sich mit anderen Menschen zu verbünden und Gemeinschaften zu bilden und damit Rücksicht auf die anderen zu nehmen. Sich auch mal zugunsten der Allgemeinheit zurückzunehmen und seine Bedürfnisse hintenanzustellen. Das Problem dabei ist, dass wir auch lernen müssen, uns zu behaupten und unsere Grenzen klar zu kommunizieren, ohne dass wir das Gegenüber in seiner Würde erniedrigen. Fakt ist, dass Ausgrenzung und Respektlosigkeit unsere Urangst aktiviert und wir diese Unsicherheit auszugleichen versuchen. Man spricht hierbei von der Kompensationshandlung.

Wenn wir verstehen, dass dieses Gefühl von Unsicherheit normal ist und auch die Reaktion darauf zu einem stabilen Miteinander gehört, dann können wir beginnen, mit diesen Wahrnehmungen zu arbeiten. Persönliche reagiere nicht mehr so empfindlich auf Verspätungen. Ich bin deutlich entspannter unterwegs und kann mich heute sehr gut mit mir beschäftigen – dann meditiere ich eben vor mich hin und mache die mentalen Übungen des Yiquan, eine faszinierende Kampfkunst, in welcher ich mich begeistert übe und auch meine Klientinnen und Klienten gerne darin instruiere.

Prägend war auch mein Faible für Ordnung. Ich hasste Unordnung und mag sie noch heute nicht. Meine Wohnung war clean, alles peinlichst geordnet und was ich besaß, war passend aufeinander abgestimmt. War es die innerliche Unordnung, welche mich unbewusst beschäftigte und sich in einem äusseren Ordnungszwang zeigte? Heute, da ich zwei Kinder habe, kann ich darüber lachen und sehe nur noch vereinzelt die alten Muster durchschimmern, denn die Unordnung gehört zur Tagesordnung.

Interessanterweise hatte ich nie hohe materielle Ansprüche. Ich definierte mich kaum über käufliche Dinge. Natürlich finde ich diverse Dinge schön und ich mag Ästhetik, aber muss ich sie haben? Nicht unbedingt. Meine Bedürfnisse nach materiellem Wohlstand stiegen erst, als ich meine Karriereziele in der Immobilienbranche verfolgte. Heute fühle ich mich wohler, je weniger ich tatsächlich besitze. Ich fühle so frei, wenn ich Dinge weggeben und damit loslassen kann und dieses Gefühl von Freiheit ist für mich das größte Gut.

Meine Aggression gegenüber Ungerechtigkeiten fiel mir ebenfalls auf. Bei diesem Thema bin ich sehr idealistisch. Freunde aus meiner Jugendzeit hatten die Angewohnheit, streunende Katzen anzulocken und dann mit Steinen zu bewerfen. Ich hasste es und setzte mich nicht nur verbal für diese Katzen ein. Ungerechtigkeiten gegenüber Menschen oder Tieren, es spielte nie eine Rolle, kann ich nicht tolerieren. Ich schreite auch in Schlägereien ein, ohne Rücksicht auf potenzielle Schläge gegen mich. Ich stehe liebend gerne an die Seite von Minderheiten und geschwächten Personen.

Ich will nach wie vor immer und überall Harmonie. Warum? Weil ich die Harmonie brauche um aufzublühen. Und weil ich glaube, dass dies auch du brauchst, denn niemand wächst zu seiner vollen Größe, wenn es dem persönlichen Umfeld nicht gut geht. Streitigkeiten unter Menschen sind für mich pures Gift. Ich gehe zugrunde daran. Deshalb zog ich mich früher immer von Stresssituationen zurück. Zurück aus Familienangelegenheiten, aus Partnerschaften und Bekanntschaften. Jedes Mal, wenn es schwierig wurde, war ich weg. Heute verspüre ich zwar den Drang zu gehen, gehe aber nicht, sondern stelle mich den Konflikten. Weil ich weiss, dass nur das die Konflikte in mir lösen kann. Interessant ist, dass ich heute mehrheitlich mit Menschen arbeite, denen es privat wie beruflich miss geht. Sie leiden an Burnout, Depression oder weitern Erkrankungen und leiden besonders psychische Qualen. Zwischendurch machte mir diese Arbeit plötzlich Angst, denn du weiss ja, was du fokussierst, verstärkt sich. So habe ich selbst nach Unsicherheiten und Ängsten bei mir gesucht – und auch gefunden! Erst wollte ich flüchten und den Job an den Nagel hängen, doch dann entschied ich mich zu bleiben und mich der Angst zu stellen und zu transformieren. Heute weiss ich genau, was in einer ängstlichen Person vorgeht und was bei einer Panikattacke geschieht und kann genau deshalb sehr gut auf solche Menschen eingehen und sie im Fortschritt bestärken.

Da sind sie also. Nicht gerade die Top Ten meiner Werte, aber ein Teil der Antworten auf meine damaligen Fragen, die mich meinen Wertvorstellungen näherbringen sollten. Ich hatte die Grundlage geschaffen, mein Leben neu zu ordnen. Gewiss erkennst du solche Prägungen auch bei dir. Ob bewusst oder unbewusst leiten die Werte deine Handlungen. Finde deine eigenen Antworten. Es wird dir Erleichterung bringen und dich mit dir selbst verbinden.

Um mir noch näher zu kommen, machte ich einen nächsten Schritt. Das Leben und die menschliche Identität haben so viele Fassetten und sie sind so komplex, dass es mir naheliegend schien, mich mit soziokulturellem und althergebrachtem Wissen, aber auch mit spirituellen Lehren zu befassen. Ich begann die Gesellschaft kritisch zu betrachten. Glaube mir, das war nicht einfach. Ich wurde teilweise anderen gegenüber aggressiv und stellte provozierende Fragen an meine Mitmenschen. Wahrscheinlich darum, weil ich als Jugendlicher und junger Mann nur nachgequatscht habe und keine eigene Meinung vertreten habe.

Wie bereits erwähnt, ich wollte die Harmonie. Meine Mitmenschen stellten meine Ansichten in Frage und ich konnte nicht immer überzeugen. Im Gegenteil, oft fehlten mir die Argumente, aber meine Aussagen fühlten sich richtig an. Nach Gesprächen sammelte ich fleißig Fakten zu den behandelten Themen, schulte mich in Schlagfertigkeit, damit mir meine Thesen souverän vertreten konnte. Damit war ich gut für weitere Diskussionen vorbereitet. Meine gesellschaftskritischen Fragen nahmen zu und ich suchte vermehrt die Diskussion mit meinen Mitmenschen.

Auch in Büchern suche ich noch stetig nach Anhaltspunkten. Der gemeinsame Nenner der Bücher die ich damals zu lesen begann, war die Bewusstwerdung des Menschen. Ob indigene Völker aus Amerika, europäische Religionsgemeinschaften oder spirituelle Lehrer aus Fernost, allesamt geben vor, den Frieden auf Erden im eigenen Erwachen und der Bewusstwerdung der Göttlichkeit zu finden. Damals verstand ich das Geschriebene nur ansatzweise… und tue es wahrscheinlich auch heute nur punktuell. Heute mag ich den Gedanken, dass du dir selbst durch die Erlangung eines höheren Bewusstseinszustandes näherkommst und dadurch inneren Frieden findest. Während ich mich früher als atheistisch bezeichnet habe, bin ich heute definitiv gläubig. Besonders seit ich als Mentalcoach mit Krankgeschrieben arbeite – da geschehen Dinge, die kann ich nicht erklären. Geschweige denn, die Synchronizitäten und die Zufälle, die das Leben so bringt. So genial und so ehrfurchterregend, dass du sie nicht ansatzweise selbst kreieren könntest. Da ist eine Kraft am Werk, die alles zusammenhält und die Dinge wahrscheinlich zu aller Wohl ineinanderfügt, sodass die Ordnung – der Kosmos - bestehen kann.

Wenn du dir näherkommst, kommst du auch dieser Kraft näher. Erkennst, dass du bereits alles hast, was du brauchst und lebst aus deiner Mitte und in Verbindung mit dieser Allmacht. Hört sich esoterisch und ausgelutscht an, ich weiss, ist aber in meinen Augen einfach nachvollziehbar. Stell dir eine Welt vor, in der jeder Mensch mit sich im Reinen ist. Seiner Bestimmung folgt und so im Einklang mit der eigenen Natur lebt. Friedlich, nicht? Sobald ein Mensch aus seinem Innern lebt, wird auch sein Umfeld davon betroffen sein. Das bewirkt das Gesetz der Resonanz. Alles ist Energie und miteinander verbunden. Oder, um es in der Sprache der Quantenphysik zu formulieren: miteinander verschränkt. So ist es verständlich, dass du dich selbst, wenn du zu dir findest, nicht mehr in irgendeiner Form übervorteilen wirst. Und sollte dich jemand emotional triggern, suchst du das Problem nicht mehr beim anderen und verurteilst, sondern erkennst die Anteile bei dir – und lernst dadurch, diese Unsicherheiten wieder auszugleichen. Nicht indem du gegen den anderen vorgehst, sondern indem du das Gefühl von Unsicherheit transformierst. Du hast ja bereits alles. Was ich sagen will: Ein reiner Mensch hat alles, was er braucht. Fühlt sich vollwertig und wer sich genährt und gesättigt fühlt, wird nicht mehr jagen müssen, um die Leere zu füllen. Jetzt, da du dich vollwertig fühlst, hast du endlich das Auge für das Mangelgefühl der anderen und kannst ihnen deshalb zudienen. Wahrscheinlich sind genau das die Heiligen. Die Menschen, die die Herrlichkeit Gottes erkennen und danach leben.

Diesen inneren Frieden, oder eben dieses Bewusstsein, sehen wir in unserer Gesellschaft immer weniger. Die spirituelle Leere ist spürbar. Denn jeder jagt dem grossen Kapital hinterher und erhofft sich dadurch mehr Sicherheit im Leben. Sicherheit wollen wir, wie schon erwähnt, aus einem Grund: Wir haben Angst. So ist die Furcht unser ständiger Begleiter und das Motiv für die Erniedrigung anderer und die Übervorteilung von uns selbst. Sowie für Verrat und Gier. Der unbewusste Mensch hat die Meinung, ihm stehe mehr zu als seinen Mitmenschen. Schließlich leistet er mehr und ist sowieso viel besser als alle anderen. Wir definieren uns über Leistung und wollen die Anerkennung dafür. Dies einzugestehen, tut weh. Auch ich wollte die Anerkennung. Wissen wir ja von vorhin, dass diese Zugehörigkeit gleichbedeutend ist, wie das eigene Überleben. Was ich aber nie tat, war mich selbst auf Kosten anderer zu bereichern – zumindest nicht bewusst. Selbstverständlich ist bspw. der Kampfsport immer eine Art der Erniedrigung des Gegners, jedoch sieht man den Kampf in diesen Künsten als Weg, denn eigenen Kampf loslassen zu können. Die Ängste zu transformieren. Im Karate grüßt man mit OSU – Onegaishimasu. Ich übersetze dies frei mit «Ich bitte dich um Unterweisung.» Diese Mentalität finde ich bezeichnend für die Gewinner-Mentalität, denn sie sagt aus, wie wir den Widrigkeiten des Kampfes entgegentreten können. Kopf hoch, starkes Rückgrat und mit offenen Armen.

Etwas ganz anderes, das mir auffällt, sind die zahlreichen Singles und die Vielzahl von unverbindlichen, offenen Beziehungen. Wahrscheinlich ist dies nicht, weil es keine Seelengefährten mehr gibt. Sondern weil, so behaupte ich, nur die wenigsten mit sich in Frieden leben. Wir suchen immer nach mehr. Haben wir einen Partner oder eine Partnerin gefunden, machen wir den für unser Glück verantwortlich und finden irgendwann die Fehler. Wir fühlen uns wiederum nicht mehr gesehen und wertgeschätzt. Streitigkeiten und

Nörgeleien nehmen zu, und nur deshalb, weil wir es gewohnt sind, dass uns der Partner umsorgt und uns Zufriedenheit und Lust bescherte. Insgeheim verurteilen wir den Partner für sein Handeln oder Unterlassen, was wir für uns selbst nicht eingestehen, es aber genau tun wollen. Verzwickte Sache. Wenn mich also etwas stört an meinem Mitmenschen, dann sind das oft die Punkte, bei denen ich selbst noch nicht im Reinen bin mit mir. Sei ehrlich zu dir selbst und du wirst mir zustimmen.

Bist du Single und wenn ja, warum? Auch das ist eine Frage, die du dir ehrlich beantworten solltest. In der Antwort erkennst du dich zu einem grossen Teil wieder, sofern du aufrichtig zu dir bist. Selbstbetrügerei bringt niemandem etwas. Schon gar nicht dir selbst. Du brauchst dich auch nicht mehr zu nerven oder dich über das Verhalten anderer aufzuregen. Sogar wenn dich jemand verbal angreift, kann es dir egal sein, denn es ist ja sein Problem. Oder besser gesagt, seine Unzufriedenheit und Dysbalance. Was ich damit im Wesentlichen sagen will: Dass sich die Menschen mehrheitlich von sich selbst entfremdet haben. So kann man weder mit sich noch mit einem Partner auskommen. Etwas leichter mit Konflikten umzugehen, kann dadurch geschehen, dass du erkennst, dass alles was eine Person zu dir sagt, sehr viel über diese Person aussagt. Sie berichtet schließlich aus ihrer Sicht der Wahrnehmung. Was die Worte jedoch bei dir auslösen, sagt vieles über dich aus und nur wenig über die andere Person. Schließlich bewertest du die Worte nach dem, was bei dir gespeichert ist. Da es uns so wichtig ist, was andere Menschen über uns denken, sollten wir also jedes Mal hellhörig werden, wenn uns

Menschen etwas mitteilen, denn dadurch kann ich meine Unsicherheiten transformieren. Osu – Onegaishimasu!

Zudem sehe ich Menschen, die irgendwo hinwollen, wo sie aber nie ankommen können. Wir schmieden Karrieren, gehen auf weite Reisen, suchen den Kick im Extremsport und probieren uns in Mixed Martial Arts. Wir wollen uns spüren und erleben. Unsere innere Leere füllen. Wir sehnen uns nach echter Lebendigkeit, stattdessen sind wir abgestumpft und pfeifen uns bei jeder Gelegenheit den nächsten Joint oder die weiße Linie rein. Wir schauen Filme – emotionale Filme. Um endlich wieder etwas zu spüren und die unterdrückten Emotionen im Stillen aufleben zu lassen. Hin und wieder weinen wir bei den ergreifenden Szenen. Aber klar, nur dann, wenn uns niemand zuschaut. Das kann ich besonders gut.

Ich sehe Straßen voller Konsumenten. Sie shoppen, als würde es kein Morgen geben. Sommerschluss-Verkauf, Herbstschnäppchen, Weihnachtszeit. Zu jeder Zeit wird mit Rabatten geworben. Wir lassen uns immerzu zu noch mehr Verpflichtungen locken. Du erinnerst dich, wir leiden vermeintlich stetigen Mangel. Diese Angst, nicht genug zu haben, ist das tiefsitzende Motiv. Mit der grossen Wechselwirkung, denn je mehr wir kaufen, desto mehr können wir wieder verlieren. Das will niemand, also muss immer noch mehr Geld her. Oder eine Versicherung. Oder eine Immobilie als Anlage oder ein Auto als Statussymbol. In allen Fällen bleibt es eine Verpflichtung. Deiner Leichtigkeit dienen diese Dinge sichtlich nur wenig.

Ich denke, du kannst die Liste beliebig weiter ausführen. Macht nämlich Spaß. Aber wie gesagt, ich persönlich bevorzuge den Blick nach vorn. Deshalb schrieb ich dieses Buch. Die präventive Lebensweise braucht das Lernen von anderen. Das Analysieren und Auswerten. Wir brauchen nicht alle Fehler selbst zu begehen. Wir können uns gleich über den Braten hermachen und genießen.

Wer zu sich selbst findet, der hat den Schlüssel zum Paradies. So meine ich heute zu wissen, was die spirituellen Lehrer meinen, wenn sie vom Paradies auf Erden oder das Königreich der Himmel sprechen. Ein neues Bewusstsein bringt inneren Frieden. Nicht nur inneren Frieden, auch den Weltfrieden. Die Natur macht es vor: Alles ist in Symbiose. Pessimisten sehen das Kompetitive im Leben. Sie sehen den Wolf, der das Wild erlegt. Optimisten sehen das Kooperative. Sie sehen zwar die gleiche Szene, sie wissen aber um die Balance der Natur. So hilft ein Wolf dabei, das natürliche Gleichgewicht zu erhalten, sodass keine Überpopulation von Wild entsteht. Wodurch Flora und Fauna erhalten bleiben, keine Klimaveränderungen auftreten und der Mensch vor Stürmen und Hochwasser geschützt ist. Dazu gab es einmal eine Doku über die Auswirkungen der Ausrottung der Wölfe und deren Wiederansiedelung im Yellowstone Nationalpark. Nach nur sieben Jahren in freier Wildbahn war die Flora und Fauna des Yellowstone Nationalparks wiederhergestellt. Wieder im gleichen intakten Zustand wie damals vor der Ausrottung der Wölfe. Das Hochwasser nahm ab, da sich die Natur durch die Dezimierung von Wild erholen konnte. Die Natur schuf neue natürliche

Barrieren. Interessante Dokumentation! Du findest sie auf YouTube und solltest sie dir anschauen.

Auch wenn die Welt teilweise düster erscheinen mag, so ist sie doch ein riesiges kooperierendes System. Mit Lebewesen, wie dem Wolf oder dem Wild, aber auch dem Menschen. Allesamt mit einer Bestimmung und einem zugeteilten Platz. So sollten wir Menschen berücksichtigen, dass auch wir nur ein Puzzleteil im Universum sind und dass wir zum Mitspielen eingeladen wurden. Wir können gestalten, aber nur in Kooperation und mit der Orientierung an den natürlichen Leitplanken. Es gilt das «Sowohl-als-auch-Prinzip» und nicht das «Entweder-oder-Prinzip». Alles und jeder hat seine Berechtigung zur Existenz. Weder ich noch du können diese Ordnung durchbrechen, deshalb tun wir gut daran, uns ihr zu fügen. Wir können dadurch nur gewinnen.

Mein Wunschtraum und demzufolge mein Bestreben liegt darin, mich an dieser natürlichen Ordnung zu orientieren. Im Selbststudium meine innere Welt zu entdecken. Ich bin so wahrlich viel zufriedener. Natürlich bin ich nicht so oft in Balance, wie sich das anhört oder ich es gerne wäre. Alleine schon deshalb nicht, weil mich meine Kids immerzu beschallen, während ich als kreativ-schöpferischer und ruheliebender Mensch gerne meinen Gedanken nachhänge und Pläne schmieden möchte. Was dann nicht geht und ich gereizt reagiere. Andererseits, wenn ich so darüber nachdenke, ist diese Gereiztheit auch total befreiend. Jedoch nur, wenn ich ihr sozialverträglichen Ausdruck verleihe. Was dann mein Umfeld natürlich zu spüren bekommt… aber hey, wir sind emotionale Wesen und dürfen lernen, diese Emotionen auch vollumfänglich auszudrücken. Passt nicht zu meinem Harmoniebedürfnis, meinst du? Doch das tut es, denn Harmonie beginnt in erster Linie bei mir selbst, denn alle Seiten der Persönlichkeit brauchen den Ausdruck. Auch die vermeintlich negativen Schattenanteile, welche wir gerne verstecken und unterdrücken. Das zu erkennen und zuzulassen tut richtig gut. «Hinsehen und hinhören» ist mein Motto.

Wo stehst du also? Lässt du dich von der natürlichen Ordnung leiten? Bist du im Fluss des Lebens oder klammerst du dich an einen Felsen in den Fluten und probierst die Kontrolle zu behalten? Irgendwann gehen auch dem stärksten Menschen nämlich die Kräfte aus. Darum lass frühzeitig los. Im besten Fall, wenn die Strömung noch gering ist und der Fluss noch kein reißender Strom. Da kommt mir mein Wildwasser-Kajak-Kurs in den Sinn, in dem ich lernte, dass der Strom des Lebens von aussen betrachtet wird und unzähmbar wirkt, jedoch wenn du einmal in den Fluten bist, du trotzdem ganz schön viel beeinflussen kannst. Du kannst sogar gegen den Strom flussaufwärts treiben, nämlich indem du dich in Kehrwasser begibst. Finde in den reißenden Fluten die passende Ideallinie für dich, lehne dich zurück, mach zwischendurch korrigierende Paddelschläge und entspanne dich wieder in den Fluss des Lebens. Ankommen tust du so oder so irgendwann dort, wo alle enden. Wie du aber den Weg dorthin gestaltest, darin bist du frei.

Durch bewusste Hingabe – und hey, das ist anfangs einfach mal eine Entscheidung – wirst du die Leichtigkeit des Seins erfahren und dein Vertrauen in das

Leben wird wachsen. Nicht durch vermeintliche Kontrolle, sondern durch das Erkennen, dass da etwas ist, was dein Leben führt und du trotzdem ganz schön viel Spielraum und Wirkungsmöglichkeiten hast. Was es ist, was dich führt, weiss ich auch nicht, aber es ist definitiv da. Und es wirkt. So waren die erfolgreichen Behandlungen krebskranker Menschen durch das Handauflegen von buddhistischen Mönchen schwer beeindruckend für mich. Dies nicht nur wegen den Heilerfolgen an sich, sondern wegen ihren Antworten danach. Die Mönche erwiderten auf die Frage, was denn ihre schnellen Heilerfolge verursachte, Folgendes: Wir wissen es nicht, aber es hat funktioniert. Für mich ist das der Inbegriff von Vertrauen in die natürliche Ordnung und in die wohlwollende Grundgesinnung des Kosmos.

Nun muss sich sicherlich nicht jeder Mensch dem Mönchstum verschreiben. Ich definitiv nicht, denn da müsste ich ja auf viele tolle Erfahrungen verzichten, was mir äußerst lieb ist. Aber ich kann mich von solchen inspirierenden Geschichten leiten lassen und damit meine wahre Lebendigkeit finden. So lebe ich intensiver und vielleicht ein wenig sorgloser, aber sicherlich entspannter und freier im Umgang mit Widrigkeiten, als ich es noch vor meinem damaligen Aufbruch getan habe. Der Schlüssel zu diesem Urvertrauen ist die Bewusstwerdung der Macht des Geistes und die Wiederentdeckung der Spiritualität.

Orientierung am natürlichen Vorbild

Im Laufe der Zeit habe ich also erfahren, dass die Anlehnung an die natürliche Ordnung mein Leben zum Positiven beeinflussen kann. Die Naturgesetze beeinflussen unser Leben. Ich weiss, dass das Vertrauen in diese Ordnung, wie so oft, erst durch das Begehen des Weges kommt - Nicht davor. So ist es doch sinnvoll, mir einen Weg zu pflastern, der mich in meiner Selbstwirksamkeitsüberzeugung stärkt und der mich der Leichtigkeit, der Freiheit und Autonomie und meinem Gottvertrauen näherbringen soll. Mit dem Vertrauen kommt die Gelassenheit und mit der Gelassenheit die Zufriedenheit – die innere Ruhe. Was bedeutet, dass ich mich zuerst intensiver mit der natürlichen Ordnung befassen sollte. Ich nehme demnach die Naturgesetzmässigkeiten zum Vorbild. Im Grunde genommen plausibilisiere ich mein angeeignetes Wissen und die bisherigen Erkenntnisse. Ich erarbeite mir eine Grundeinstellung für mein zukünftiges Leben. Keine Strategie, keinen Plan, bloss eine Orientierungshilfe. Ich beginne meinem Leben einen neuen Rhythmus zu geben.

Im vorangegangenen Kapitel habe ich die emotionalen Momente erwähnt, welche ich gelegentlich mal habe und auch zulasse. Ich ließ diese nicht immer zu, denn meine Erziehung war bekannterweise von Höflichkeit geprägt. Das ist Segen und Fluch zugleich. Ein Fluch deshalb, weil ich meine Emotionen so immer hintenangestellt habe. Habe mich aber auch nicht durchsetzen wollen, wenn sich mal einer in der Warteschlange vor mich gestellt hat oder mir sonstige Ungerechtigkeiten widerfahren sind. Du siehst, voll der Harmonie-Typ. Nun, heute sind meine Schneidezähne abgewetzt. Sichtlich abgeschliffen, denn ich hatte mich immer zähneknirschend von Konfrontationen zurückgezogen. Ehrlich gesagt wurde mir richtig unwohl, wenn dann ein anderer das Zepter übernahm und den Sündigen zur Rede stellte – was mir noch heute äußerst peinlich ist. Unsicherheit schafft Groll, Wut und Zorn und diese brauchen ihren Ausdruck, sonst werden wir innerlich aufgefressen und vor allem, die Unsicherheit setzt sich fest und wird zu einem festen Glaubenssatz. Wichtig dabei ist, dass sich dieser Zorn nicht in Feindseligkeit und Aggression zeigt. Oft hat dies katastrophale Folgen für dein Opfer und ganz bestimmt für dich selbst. Man weiss aus den Kampfkünsten: Je stärker du wirst, desto sanfter wirst du sein. Die Kampfkunst ist eine Möglichkeit, diesen Groll kanalisiert zu entfesseln und dadurch in Balance zu gelangen. Zurück in die eigene Mitte.

Deine wie meine positiven, aber auch unsere vermeintlich negativen Seiten, brauchen ein Ventil. Die positiven Seiten sind uns lieb, die Schattenseiten jedoch verdrängen wir. Dabei sind sie es, die unsere Lebensqualität grundlegend verändern können. Sowohl als unterdrückte Emotionen als auch ausgelebte Emotionen. Wir können sagen, unsere Schattenseiten sehnen sich nach Akzeptanz. Sie sind etwas, von dem wir annehmen, dass es in unserer Gesellschaft verpönt und nicht gerne gesehen ist. Wir schämen uns für sie und beginnen sie zu verleumden. Wir sind gerade bei dieser Thematik stark von unserem Umfeld beeinflusst. Fremdbestimmt durch die Gesellschaft. Unser Streben nach Anerkennung und Liebe macht uns blind für die persönliche Natur. Und ja, darauf gründet die ganze Werbeindustrie. Sie nutzt deine Eitelkeit und deine

Ängste und verführt dich zum Konsum. Oder würdest du ohne die vorgegebenen Figur-Ideale der Fitnesszeitschriften so viel Zeit im Fitnessstudio verbringen? Oder einen Autokredit aufnehmen, um auch eine dicke Karre fahren zu können? Irgendwer hat mal damit angefangen und nur wenige kommen davon los.
So kennst du bestimmt die beiden Begriffe Yin und Yang und das passende Symbol dazu. Den schwarzen und den weißen geschwungenen Halbkreis, welche aneinandergefügt einen ganzen Kreis bilden und je einen Teil der anderen Seite in sich tragen. Die alten Chinesen glaubten an die natürliche Ordnung mit den komplementären Polen Yin und Yang. So stark, dass eine ganze Kultur auf dieser Polaritätslehre hervorging und ihre Medizin daraus hervorging. Sie beobachteten und glaubten, weil sie erkannten. Heute kennen wir ihre Medizin als die traditionelle chinesische Medizin, kurz TCM. Grob gesagt handelt es sich beim Yin und Yang um sich ergänzende Kräfte, welche im optimalen Fall immer zu gleichen Teilen vorhanden sind und sich deshalb die Balance halten. Nimmt der eine Teil überhand, beispielsweise durch zu viel Aktivität, so sollte man bestrebt sein, dem anderen Pol mehr Aufmerksamkeit zu schenken. So allenfalls durch das Bedürfnis nach Schlaf. Die TCM weiss um die Wichtigkeit der Balance, welche als die Ursache für unsere anhaltende Gesundheit gilt. Es liegt mir fern, dich in die TCM einführen zu wollen. Schon gar nicht, weil ich selbst keine Ahnung davon habe, aber ich finde es inspirierend, mich an den Prinzipien der Polarität zu orientieren. So zum Beispiel ist nichts ohne sein Gegenteil wahr! Ich meine damit, dass wir uns Ziele setzen, weil wir meinen, dass wir da, wo wir aktuell stehen, nicht das haben, was wir für uns wünschen. Die Unzufriedenheit

treibt uns an, uns Ziele zu setzen und die Verwirklichung anzustreben – immer in der Hoffnung, dass es dann endlich gut ist und wir zufrieden sind. Falls es dich interessiert, lies das Buch «Das Gesetz der Balance» von Dr. med. Fritz Friedl. Markant und gut verständlich erklärt er die natürlichen Gesetze der TCM, welche so vielen Menschen Heilung bringt. Und diese natürlichen Gesetze sind heute wichtiger denn je, denn die psychischen Erkrankungen nehmen stark zu und genau dort hilft die ganzheitliche Anschauung der TCM. Aber auch die indische Lehre von Ayurveda, die dir sicherlich auch ein Begriff ist. So sage ich: Weg von der Symptombekämpfung, hin zur ganzheitlichen und präventiven Lebensweise. Immer mehr Mediziner kommen auch zum Schluss, dass wir wieder die Präventivmedizin stärker in den Fokus nehmen müssen, denn dieses reaktive Verhalten, wie wir es heute leben und worauf das ganze Gesundheitssystem basiert, wird nicht nachhaltig sein können. Wer Krankheit fokussiert, wird Krankheit finden.

Eine Persönlichkeit, welche die natürliche Ordnung bestmöglich erklärt, ist Dr. Ulrich Mohr, der mit der Simplonik eine neue Wissenschaftsdisziplin ins Leben rief. Ein ehemals praktizierender Mediziner, der heute seine Mitmenschen zu mehr Bewusstsein inspiriert. Bekannt wurde er mit seiner provokativen Aussage: «Das Märchen von der unheilbaren Krankheit». Er als Mediziner erfuhr nach jahrelanger Krankheit eine sogenannte Spontanheilung. Er fühlte sich danach dazu berufen, sich mit alternativen Heilmethoden zu beschäftigen und eine Erklärung für seine Heilung zu finden.

Die Erhaltung der Gesundheit und unser persönliches Heil führen über die Anerkennung unserer vollkommenen Natur. Die gilt es zu entdecken und anzunehmen. Im Grunde sind es drei Bereiche, welche auch die Simplonik beschreibt. Zum einen ist es eine starke Wertschätzung für die persönliche Einzigartigkeit. Die Individualität, welche dein Wesen ausmacht und deine Berufung beinhaltet. Als zweites ist es das Gespür für die eigenen Bedürfnisse, denn die gilt es auszuleben, um dadurch Frieden und Freude zu erfahren. Und zu guter Letzt ist es die Kraft, diese Einzigartigkeit zu leben und auszudrücken. Bruce Lee sagte schon: «Express yourself - Always be yourself, express yourself, have faith in yourself, do not go out and look for a successful personality and duplicate it.» Sei also dich selbst und kopiere nicht. Anfangs aber, sich an einem Vorbild zu orientieren, kann helfen, die eigene Persönlichkeit zu finden.

Dr. Wayne Dyer, mein Lieblingsautor, rief in seinen Büchern dazu auf, sich wieder der natürlichen Ordnung hinzugeben. Er sah in der Rückkehr zur Natur die Frucht des Lebens. Ehrlich gesagt, ich liebe seine Bücher. Sie befassen sich mit dem Taoismus, die wahrscheinlich die älteste chinesische Lebensphilosophie ist und auf dem auch die TCM gründet. Er erkannte im Taoismus die Parallelen zu den biblischen Lehren. So ähnlich seien sich die Lehren. Angeblich wurden in tibetischen Schriften, Hinweisen auf Jesus gefunden. Wenn dem so ist, zeigt mir das, dass alle Glaubensrichtung die gleichen Inhalte predigen. Davon möchte ich, ehrlich gesagt, gerne ausgehen, auch wenn ich mit dieser Aussage einigen Menschen auf die Füße treten werde.

Der Film «The Shift: Das Geheimnis der Inspiration» von und mit Wayne Dyer gibt einige dieser Einsichten wieder. Zu Beginn dieser, ich sag mal Low-Budget-Produktion, berührte er mich mit einer Erklärung zur menschlichen Natur, die sehr treffend das Wesen des Menschen der Neuzeit beschreibt. Im Film beschreibt er, dass bereits im Mutterleib in uns schon alles vorhanden sei, was man als Mensch zum Leben braucht. Du musstest nichts zum Leben beitragen, dich um nichts kümmern, alles war gegeben und die Natur hat alles für dich geregelt. Von der Nährstoffaufnahme, über dein Wachstum, bis hin zu deiner Geburt. Die ganze Persönlichkeit und deine Bestimmung seien bereits in dir. Du bist schon, obwohl du noch nicht einmal geboren bist. Dann kommt die Geburt. Wayne Dyer, der übrigens acht Kinder zeugte, fuhr fort: Dann halten die Eltern dieses göttliche Wesen in ihren Händen und sagen: Danke Gott, wir hätten es nicht besser machen können. Es ist perfekt. Aber ab jetzt übernehmen wir!
Ab hier kommt das Entscheidende. Wayne Dyer sagte, dass der Mensch genau zu diesem Zeitpunkt anfängt, die Natur zu manipulieren. Die Eltern übernehmen die Erziehung und orientieren sich an der Gesellschaft. Ihre Erziehung ist geprägt von ihren persönlichen Erfahrungen, ihren positiven Erlebnissen und ihren Schmerzvollen. Nun wollen sie verhindern, dass dem Kind dasselbe böse Schicksal geschieht und sorgen dafür, dass das Kind nur bedingt sich selbst entdecken kann. Ich bin selbst Vater, darum kenne ich die vielen Argumente von Menschen in deinem Umfeld, die vermeintlich nur das Beste für dein Kind wünschen und dich belehren. Das kann teilweise verwirrend, aber auch nervtötend sein. Dyer fuhr weiter mit den Worten: Die Gesellschaft redet dir also ein, dass du deiner eigenen Natur nicht

trauen kannst. Wir werden von Eltern, Lehrern und gar fremden Menschen beeinflusst und beginnen selbst zu manipulieren und machen bald die Erfahrungen, welche wir eigentlich vermeiden wollten. Man spricht hierbei von der selbsterfüllenden Prophezeiung. Was du befürchtest, kommt über dich!
Wir verdrängen immer mehr die natürliche Perfektion und stärken unser ängstliches Ego.

Der Einfluss der Gesellschaft auf die Kindererziehung ist markant. Sie sagt uns: Dein Kind braucht diese Schulbildung, dieses Outfit und diese Erziehung. Das alles sind reine Äußerlichkeiten. Kinder sollen uniform sein, so zumindest empfinde ich, will es das heutige Schulsystem. Nur keine Ausreißer. Ansonsten sofort ruhigstellen – mit Ritalin selbstverständlich. Unsere Kinder werden reizüberflutet. Sie werden so ausgebildet, dass sie zu einem passenden Teil der Gesellschaft werden. Was nicht passt, wird eben passend gemacht.

So wachsen unsere Kinder in einer Welt von Äußerlichkeiten auf. Alles Angeborene wird nur noch bei sogenannten Wunderkindern gefördert, aber auch nur deshalb, weil deren Eltern die Meinung vertreten, damit lasse sich Geld, Ruhm und Macht anhäufen und ein vermeintlich sicheres Leben aufbauen. Man möchte ja schließlich nur das Beste für die Kids. Die Kontrolle und Manipulation sind somit komplett. Dyer sagte: Das Ego der Neuzeit sagt uns, dein wahres Ich ist das, was du hast, und nicht das, was du bist. Es gibt meiner Erkenntnis nach, gemäss der Erzählung von Wayne Dyer, in der Gesellschaft kein Verständnis für das «Sein». Die Gesellschaft meint, dass wir nicht sind, sondern erst noch werden müssen. Wenn du dich über das definierst, was du hast, beginnst du zu glauben, dass dein Wert von deinem Besitz abhängt, fährt Dyer im Film fort. Wir reden es uns ein, fast wie ein Mantra. Ich brauche dies und jenes, dann bin ich glücklich. Dann bekomme ich die gesellschaftliche Anerkennung.

Wir Eltern sind Vorbilder. Unsere Kinder lernen von uns. Zum einen lernen sie die gleichen Werte, die dich prägten und die du als Vater oder Mutter nun an sie weitergibst. Zum anderen sind es die Werte, die die aktuelle Gesellschaft vorgibt. So geht die Entwicklung weiter und wir beginnen zu glauben, nicht nur das zu sein, was wir haben, sondern auch das, was wir leisten. Nach Wayne Dyer kommt dann zwangsläufig noch ein weiterer Entwicklungsschritt dazu: Du bist, was andere von dir denken. Jetzt sind wir komplett - Komplett fremdbestimmt. Erschreckend, nicht? Fazit für mich: Das finde ich scheisse! Durch diese Fremdbestimmung sind wir nie zufrieden, denn wir brauchen immer mehr. Müssen immer mehr leisten und sind durch und durch abhängig von der Meinung anderer. Denen es übrigens genauso geht wie dir. Logische Schlussfolgerung: Fremdbestimmung führt zur Unzufriedenheit und längerfristig wirkt sich das auf unsere mentale Gesundheit aus – und irgendwann sicherlich auch zu Krankheit. Ohne Gesundheit, kein Wohlbefinden und somit kein Heilwerden. Wir waren mal heil, weißt du noch? Bei der Geburt.

Ich ziehe klare Konsequenzen aus dieser Herleitung, indem ich mich der natürlichen Ordnung hingebe und einen Weg finde, trotz der massiven gesellschaftlichen Widerstände im Einklang mit meiner Natürlichkeit zu leben. Der Schlüssel dazu wird mein Selbstbewusstsein

sein müssen. Wenn ich mich im Wesen erkenne und danach zu leben lerne, wird das Leben sicherlich richtig leicht. So zumindest stelle ich mir das vor.

Laotse, ein chinesischer Philosoph, schrieb im Tao-Te-King, man solle sich vom Tao leben lassen. Er schrieb, dass das Tao nichts tue und doch nichts ungetan lasse. Man spricht dabei im Chinesischen auch von «Wu Wei». Mit unseren Worten, vom Handeln durch Nichthandeln – durch geschehen lassen. Rätselhaft, nicht?

Das Buch «Wu Wei – die Lebenskunst des Tao» von Theo Fischer schafft Klarheit. Durch die Hingabe an das Tao, die natürliche Ordnung – viele nennen es auch Gott – finden wir das Vertrauen und die Gelassenheit. Im Vertrauen darauf, dass wir geführt werden. Dein innerer Kampf hört auf, denn da ist nichts, was du kontrollieren musst. Wir brauchen nur zuzulassen und uns flexibel diesem sanften Wind hinzugeben. Oder wie Bruce Lee sagte: «Be water, my friend.»

Es ist somit nicht mehr wichtig zu siegen, zu beeinflussen und zu manipulieren. Wir hören auf, der Natur ins Handwerk zu pfuschen. Es geht dann nur noch darum, ein erfülltes Leben zu leben und der Bestimmung in jedem Augenblick zu folgen. Der Mythenforscher Joseph Campbell sagte: «Ich glaube, die Menschen suchen weniger nach dem Sinn des Lebens, als nach der Erfahrung, lebendig zu sein.» Ich denke, dazu müssen wir uns aber oft erst unserer Sterblichkeit bewusst werden. Worauf ich hier jetzt nicht eingehen möchte. Nur so viel, ich schaue heute vermehrt auf die Uhr, weil mich ihr Ticken daran erinnert, dass die Lebenszeit vergänglich ist und ich sie ausgiebig nutzen möchte. Und zwar so, wie ich sie nutzen will, und nicht wie es mir vorgegeben wird. Dazu die Kernaussage von Tolstois Drama «Der Tod des Iwan Iljitsch», der auf seinem Sterbebett zu seiner Frau sagte: «Und was, wenn mein Leben nicht das meine war?»

Du tust gut daran, wenn du deiner Intuition Glauben schenkst und ihr folgst. Die Inspiration ist die Folge deiner Intuition und nicht deines Verstandes. Hör auf, deine Intuition durch deinen Dauer-Aktivismus zu sabotieren und lass sie zu. Meditation hilft dabei, einen Zugang zur Intuition zu bekommen. Natürlich nicht gleich beim ersten Meditieren, vielmehr wird sie sich zeigen, wenn du stetig in die Ruhe gehst. Waldspazieren wirkt für mich genauso stark auf die Inspiration, wie die tägliche Meditation, die ich verfolge. Was sagt dir dein Inneres?

Erkenntnisse und die bewusste Lebensweise

Ich schrieb zuvor von einer Orientierungshilfe. Seit ich mehr beobachte und weniger beeinflusse, erfahre ich mehr über die Zusammenhänge und Wechselwirkungen in meinem Leben. Die Natur ist komplex und wirkt auf mich doch so einfach. In der Natur wirken immer mehrere Faktoren zusammen und beeinflussen sich gegenseitig. Was bedeutet, dass der Mensch ebenfalls diesem Zusammenspiel der Kräfte unterliegt. Ich suchte nach Hinweisen, wie ich von diesem Spiel lernen kann.

Die Suche nach dem «Heilsein des Menschen» schien mir naheliegend für weitere Erkenntnisse in diesem Bereich. Ich stieß dabei auf die ganzheitliche Lebensweise, wie dies Menschen aus indigenen Volksstämmen, aber auch Dorfgemeinschaften in ärmeren Ländern noch heute zelebrieren. Man stößt bei dieser Suche schnell auf die Insel Okinawa vor dem Festland von Japan. Man nennt diese Insel auch die «Insel der Hundertjährigen».

Ulla Rahn-Huber schrieb dazu ein Buch. Ein Sachbuch über die Alten von Okinawa und deren Geheimnis für ein langes Leben. Als Karateka fühle ich mich stark zu dieser Tradition und Kultur hingezogen. Zum achtzigsten Geburtstag der vitalen Oma von Rahn-Huber, sagte sie zu sich: «Ich will einhundert Jahre alt werden.» Sie blieb dabei und ging diesem Wunsch nach, indem sie sich eine Orientierungshilfe suchte, um dieses Ziel zu erreichen. Sie stieß dabei auf diesen Archipel im Südpazifik, der mehr Hundertjährige vorzuweisen hat, als sonst irgendwo auf der Erde zu finden sind. Sie schrieb dazu: «Auf dem Archipel habe ich eines gelernt: Dass der Mensch alt werden und dabei selbstbestimmt und zufrieden sein kann. Er kann bis ins Greisenalter geistig und körperlich fit, lustig und fröhlich bleiben und im Freundeskreis sowie im Kreis der Familie aufgehoben sein. Geselligkeit, Lebenslust und Lebendigkeit müssen nicht im Widerspruch zum Altwerden stehen.»

So sehe ich das mittlerweile auch, obwohl in der heutigen Wohlstandsgesellschaft das Altwerden eine riesige Last zu sein scheint. Frag irgendjemanden auf der Straße, ob er oder sie alt werden möchte. Viele der Befragten werden wohl mit Nein antworten. Ich wäre früher auch einer davon gewesen. Warum? Weil ich auch der Meinung war, dass das Alt-Sein mit Einsamkeit und körperlichen Gebrechen einhergeht. Sofern ich überhaupt alt würde, da ja für gewöhnlich ab fünfzig oder sechzig eine Krankheit ausbricht. Zudem: Wie kann es sein, dass sich so viele Menschen auf den Ruhestand freuen, sich aber gleichzeitig vor dem Alter fürchten? Ich glaube, weil sie nie angefangen haben zu leben. Wieder finden wir das Prinzip der Polarität, denn nur wer sich mit der eigenen Sterblichkeit auseinandersetzt, wird sehr wahrscheinlich viel bewusster zu leben wissen. Viele erhoffen sich vom Ruhestand endlich die ersehnte Ruhe und Abstand vom stressigen Arbeitsalltag. Sie meinen, ihr Leben geopfert zu haben, meist für einen anderen Menschen, und sind dann im Alter unglücklich, weil sie bereuen, was sie nicht getan haben. Sie sind dann tatsächlich einsam und wahrscheinlich leiden sie an diversen Gebrechen. Ich finde die Vorstellung erschreckend, mein Leben für jemand anderes herzugeben und irgendwann an

Selbstvorwürfen und Schuldgefühlen zu zerbrechen. Verstehe mich bitte nicht falsch, ich bin für das aufrichtige Dienen an der Gesellschaft, was aber nur geht, wenn man zuallererst sich selbst hilft. Das ist in meinen Augen der gesunde Egoismus. Wir wissen aus dem Nothilfeunterricht, dass wir nur helfen können, wenn wir uns selbst zuerst helfen. So dachte ich zumindest früher. Heute weiss ich, dass man auch erst im Dienst für andere sein kann und sich dabei selbst beschenkt. Ob altruistischer Egoismus, oder egoistischer Altruismus – beides ist richtig!

Wir müssen also nicht unbedingt erst bei uns beginnen, sondern können anderen die ersehnte Liebe schenken, dann erfahren wir diese Liebe selbst. Finde den Frieden für andere und du findest ihn in dir. Trotzdem, vielfach haben wir erst den Zugang zu anderen Menschen und können deren Schmerz behandeln, wenn wir selbst diesen Schmerz transformiert haben. Das heißt nicht, dass ein Arzt erst selbst die Krankheit haben musste, um in seinem Fachgebiet richtig gut zu sein – doch es kann helfen, die richtige Kommunikation mit dem Patienten zu finden, weil man selbst die Probleme und Widerstände, die damit einhergingen, erfahren haben. Diese Aussage bezieht sich besonders auf das Coaching. Ein Coach kennt die Prozesse, in denen sein Klient gerade steckt, und hat diese für gewöhnlich selbst durchlebt und bewältigt. Ohne diese Kenntnis ist die Arbeit eines Coaches oder Therapeuten nicht so wirkungsvoll, denn es ist wichtig, sich in seinen Schützling hineinversetzen zu können.

So ist die Arbeit an meiner Persönlichkeit oberstes Ziel, denn dann wird das aufrichtige Dienen zum bewussten Akt. Ein Dienst an der Gesellschaft und ein echtes Bedürfnis. Es ist dann keine Aufopferung, sondern ein Akt des reinen Herzens. Und der führt schlussendlich zum eigenen Seelenwohl.

Lass uns nochmals zurückgehen zu den Alten von Okinawa und der Studie von Rahn-Huber. Im zweiten Teil ihres Buches nennt sie fünf wesentliche Voraussetzungen für ein langes Leben. Die Fünf ist in China angeblich eine Glückszahl, wahrscheinlich darum, weil aller guter Dinge nicht drei sind, sondern fünf zu sein scheinen. So finden wir in den östlichen Lehren die fünf Elemente Erde, Wasser, Feuer, Holz und Metall, auf denen der natürliche Wandel und demzufolge auch die TCM aufbauen. Wir finden aber auch in der Epigenetik fünf Säulen, welche für ein langes Leben ausschlaggebend sein sollen.

Die fünf Säulen für ein langes Leben, welche im Buch «Das Geheimnis von Okinawa» beschrieben werden, sind nicht explizit als Lebengrundbausteine ausgewiesen. Und doch scheinen die Alten von Okinawa strikte danach zu leben. Wir sehen darin auch Parallelen zu unserer westlichen Gesundheitslehre, die wir zwar in diversen Gesundheitsratgebern und illustren Zeitschriften finden, die aber von uns Westlern kaum wirklich verstanden werden. Oder die zumindest nicht umgesetzt werden. Die Okinawer sind also alt - sehr alt. Wir im Westen sind zwar auch alt, aber oft nicht sehr lange. Die Gründe kennst du selbst.

Wir wissen schon länger, dass die japanische Küche ausgesprochen gesund sein soll. So ist die gesunde, ausgewogene Ernährung die erste Säule, die Ulla Rahn ausweist. Nun ist die optimale Ernährung auch gleich mit den Essgewohnheiten verbunden. Die Okinawer essen angeblich nach dem Prinzip «Hara hachibu». Sie essen nur 80 Prozent ihres Magenvolumens. Beim ersten Völlegefühl hören sie auf zu essen. Ich weiss nicht, wie es dir geht, aber ich liebe feines Essen. Kaum vorstellbar, die Hälfte davon stehen zu lassen. Selbstverständlich machen die Okinawer das nicht. Sie kochen einfach weniger.

Die zweite Säule ist ganz wesentlich und auch insbesondere in unserer westlichen Coaching-Literatur zu finden. Es handelt sich dabei um die persönliche Lebensaufgabe. Das sogenannte «Ikigai». Du merkst das selbst: Wie gut es dir tut, wenn du in irgendeiner Tätigkeit voll aufgehst. Mit welcher Leichtigkeit du sie tust. Alles was du aus deinem Herzen machst, wird dir Glück und Leichtigkeit bringen. Das bringt dir Seelenfrieden und somit Gesundheit und ein langes Leben. Du wirst diese Aufgabe mit Freude und oft gar ohne Entgelt ausführen. So geht es den Alten von Okinawa, die scheinbar allesamt einer Lebensaufgabe nachgehen. Und wenn es nur das Kultivieren des eigenen Gartens mit gesundem Gemüse ist.

Bewegung, die dritte Säule, kennen wir alle. Du weißt, dass du dich regelmäßig und ausdauernd bewegen solltest. «Wer rastet, der rostet», das wissen wir schon lange. Wir wissen auch, dass sich der Körper wesentlich besser von Krankheit und Verletzung erholt, wenn er bewegt wird. Zudem bleibt man durch ausreichend Bewegung auch geistig fit. Wir werden gar schlauer, wie einige Studien behaupten. Okinawa ist die Geburtsstätte des Karate und so findet man dort unendlich viele Dojos (Trainingsräume) – mit scheinbar noch mehr Alten. Allesamt quickfidel und agil. Ausdauernd und kämpferisch. Und insbesondere gesund und gut drauf. Und das mit achtzig und mehr Jahren.

Der Karate-Dojo steht aber auch für einen Raum des Weges. Karate-Do bedeutet: Weg der leeren Hand. Die Okinawer finden im Dojo (frei übersetzt: Ort des Weges) einen Platz, am dem sie in einer Gemeinschaft trainieren können. Wie im Dojo, so im Dorf. Die Okinawer sind eine grosse Familie. Offenheit, Großzügigkeit und Herzlichkeit dominieren angeblich die Gesellschaft. Es herrscht ein großes Netzwerk von Menschen, bei dem jedes Mitglied der Gemeinschaft unterstützt wird. Im Westen sehen wir alte Menschen, die nach dem Tod des Partners alleine in einem grossen Haus weilen. Sie können froh sein, wenn sie sporadisch einmal Besuche von ihren erwachsenen Kindern bekommen. Das ist in meiner Familie leider seit Jahren auch so. Was ich traurig finde. Denn das Alleinsein macht einsam, verbittert und unglücklich sowie oftmals krank. Ein Mensch kann ohne soziale Kontakte nicht existieren, wir brauchen die Zugehörigkeit, sonst gehen wir ein. So ist die Gemeinschaft die vierte Säule.

Die Okinawer sind äußerst spirituell. Sie gedenken der Ahnen und orientieren sich an den Naturgesetzen. Beinahe wie die indigenen Völker. Sie zelebrieren die Sterblichkeit. Sie haben Schreine in jedem Haus und beten oft.
Spätestens im Alter beginnen auch wir im Westen uns zu fragen, was denn nach dem Ableben wohl kommen mag. Wahre Lebendigkeit erfahren wir durch das Bewusstwerden der Endlichkeit. Warum machen wir

uns das aber erst bewusst, wenn wir alt sind? Heute ist der Gedanke an den Tod für mich nichts Erschreckendes mehr. Früher schon. Der Tod holt uns irgendwann alle ein. Heute bin ich bei dem Gedanken an den Tod entspannt, denn ich erfahre die grossen Zusammenhänge in der Welt und ich habe gemerkt, dass da irgendetwas ist, das alles wohlwollend steuert. Sowohl mich als auch dich. Wenn mich jemand fragt, ob ich spirituell sei, dann antworte ich heute mit einem klaren Ja. Was die Alten von Okinawa schon immer wussten, erfahre heute auch ich. Die Erkenntnis über diese grossen Geheimnisse des Lebens ist für mich die Spiritualität. In Ulla Rahns Studie ist sie die fünfte Säule.

Eine modernere Betrachtung liefert uns die Epigenetik. Sie ist eine neue Forschungsrichtung der Biologie. Sie steht über der Genetik und befasst sich mit der Frage, welche Faktoren unsere Gene und dadurch unsere Zellen beeinflussen. Wir wissen heute aus neuesten Studien, dass unsere Gedanken nicht nur unsere Realität erschaffen, sondern – vereinfacht gesagt – auch unsere Gene beeinflussen. Was wiederum Ulrich Mohr, der Begründer der Simplonik, zu seiner provokativen Aussage vom «Märchen von der unheilbaren Krankheit» verleitet. Sprich: Wir können unsere Gene und somit unser Leben bewusst beeinflussen. Dr. Bruce Lipton ist ebenfalls ein absoluter Krack auf diesem Gebiet. Auch die Doku «E-Motion – Lass los und du bekommst, was für dich bestimmt ist», welche gründlich ins Detail geht und dir sicherlich einige Fragen beantworten wird. Der Dokumentarfilm verändert sehr wahrscheinlich deine Sichtweise bezüglich der Entstehung von Krankheit und bezüglich der Voraussetzungen für Gesundheit.

Im Grunde genommen sind in der Epigenetik dieselben fünf Säulen der Okinawer zu finden. Der Autor des Buches «Der Schlüssel zur Gesundheit», Dr. med. Ulrich Strunz, ist begeistert von der Epigenetik. Er beschreibt sie – gestützt auf die Fünf-Säulen-Praxis – wie folgt: «Wenn ein Mensch das Glück hat, sich ökonomisch in einigermaßen sicherem Fahrwasser zu bewegen, wenn er ein einigermassen gesundes Wohnumfeld hat, ein stabiles und freundliches soziales Milieu, vielleicht sogar noch einen Job, der ihm Freude bereitet, wenn es ihm dann außerdem noch gelingt, morgens regelmäßig seine Laufschuhe auszuführen, im Supermarkt einen Bogen um Junkfood zu machen und regelmäßig seinen Stresspegel zu senken – dann, ja dann wird er praktisch unsterblich.»

Zu diesem Thema kann ich dir noch ein anderes Buch empfehlen: «Was uns krank macht – was uns heilt» von Christian Schubert, seines Zeichens Mediziner und Anhänger der Forschungsrichtung Psychoneuroimmunologie. Auch er hat parallele Ansätze und lässt dich zudem sehr detailliert die Funktionen deines Immunsystems und dessen Wirkungen auf die Gesundheit besser verstehen.

Du siehst, aufgrund solcher wertvollen Studienrichtungen können nie mehr nur Teilbereiche ins Auge gefasst werden. Dazu folgt nun ein kleiner Ausflug in die Schulmedizin. Die Schulmedizin hat irgendwann die Vorstellung entwickelt, dass man einzelne Funktionen und somit auch den Körper vom Geist getrennt zu betrachten hat. Das sieht man im Kleinen bei den Vitaminpräparaten oder Mineralienkapseln, aber auch sehr deutlich im Grossen, nämlich bei der

Symptombekämpfung. Die heute milliardenfach gekauften Vitaminpräparate sind angeblich einfach nur Geldverschwendung. Die Natur ist ganzheitlich, sie sondert nichts aus. Auch kein Vitamin C oder den Mineralstoff Zink. Im Optimalfall liefern wir dem Körper die gesamte Packung in Form einer ausgewogenen Ernährung. So zumindest lautet meine Aussage. Der Körper holt sich schon das, was er wirklich braucht. Er zeigt dir auch genau, was er braucht. Und zwar genau dann, wann er es auch wirklich braucht. Überreste werden mit den «trüben Säften», eine Begrifflichkeit der TCM, ausgesondert. Mag sein, dass die Lebensmittel von heute nicht mehr die volle Packung an Nährstoffen enthalten und man deshalb meint, supplementieren zu müssen. Nach Aussage eines Freundes - ein Kantonsapotheker – müssten nur Menschen supplementieren, die ein nachweisliches Defizit aufweisen. Gesunde Menschen aber nicht.

Erstaunlicherweise wurden die Zusammenhänge von Körper und Geist schon seit geraumer Zeit wiederentdeckt. Nämlich damals in den 1960er Jahren, als die Verantwortlichen der NASA die Astronauten auszubilden begannen. Damals bei der Vorbereitung für die Mondmission. Und wie? Mit Mentaltraining. Ich selbst bin ausgebildeter Mentaltrainer, ich war mir aber der Macht von Visualisierung, Gedankenkraft und Emotionssteuerung schon durch das Training der Kampfkünste bewusst. Die NASA wusste anscheinend auch um deren Wirkungen, die Schulmedizin weiss aber bis heute nur wenig davon. Obwohl sie auch mit der Wirkung von Placebos arbeitet.

Neue Forschungsrichtungen nehmen sich diesem Thema an. Denn die Schulmedizin stößt immer öfters an ihre Grenzen. Schulmediziner behandeln Symptome – und das echt gut. Eine wirkliche Heilung ist so aber nicht möglich. Die Symptombekämpfung verhindert zumindest die Ausbreitung einer Krankheit. Die medizinischen Ansätze zur Psychosomatik sind auf dem Vormarsch und werden, sofern es die Pharmaindustrie zulässt, unsere Schulmedizin revolutionieren. Die Schulmedizin klebt Pflaster, die Komplementärmedizin hingegen geht der Sache eher breit und wenig spezifisch auf den Grund. Was wirklich heilt, wissen wir alle nicht – glaube ich zumindest. Ich denke sogar, dass Heilung wahrscheinlich vielmehr geistiger Natur als physischer Natur ist. Doch wie bereits bekannt, kann man das Geistige kaum messen. Fairerweise müssen wir zugeben, dass die Schulmedizin natürlich ausgesprochen gute Erfolge verzeichnen kann. Dann nämlich, wenn es um operative Eingriffe geht. Psychosomatische Erkrankungen sind für sie in meinen Augen aber ein weißer Fleck. Schön zu sehen, dass immer mehr Allgemeinmediziner die Komplementärmedizin in ihre Behandlung einbeziehen und vor allem die Medizin sich immer mehr auch mit der Psychologie vereint. Die Psychologie wird zur Biologie und genauso gilt das umgekehrt, die Biologie wird zur Psychologie.

Du siehst, die Biologie und die Medizin sind herausragende Bereiche, um die ganzheitliche Lebensweise zu verdeutlichen. Auch in deinem Leben solltest du immer den ganzen Kosmos in deine Betrachtungen einbeziehen. Ich sehe mich als ganzheitlichen Menschen und deshalb habe ich begonnen, mein tägliches Leben aus ganzheitlicher Sicht zu betrachten. Meinen

Alltag neu zu organisieren und mich auf die Suche nach der bestmöglichen Lebensqualität zu machen. Ich habe mich entschlossen, mich wieder mehr um meine Familie und meine Freundschaften zu kümmern. Denn glaube mir, diese tiefen Beziehungen habe ich vermisst. Die Bewegung kam bei mir zum Glück nie zu kurz, aber die sozialen Kontakte schon.

Übrigens, seitdem ich meinen Alltag neu ausgerichtet und mein Leben in die eigenen Hände genommen habe, ist auch meine Sinusitis verschwunden. Sinusitis ist eine Nasennebenhöhlenentzündung, die bei mir über die Jahre chronisch wurde und mich jeden Winter plagte. Psychosomatik eben - Ich hatte die Nase unbewusst gestrichen voll von meinem Leben. Obwohl ich vermeintlich gar nicht unzufrieden war. Ich war mir dessen nicht bewusst, aber der Körper zeigte mir klar, was in mir los war. Die Erforschung der Psychosomatik ist auf dem Vormarsch. Zum Glück. Sie zeigt uns die Zusammenhänge von Körper, Geist und Emotionen und deren Wirkungen auf unseren Körper. Also auch in ihr findest du die Grundsätze der Epigenetik. Und eben, deren Verständnis birgt die Chance für jeden von uns, heil zu werden.

Ich sage dir, lerne deinen Körper zu verstehen. Betäube ihn nicht mit Medikamenten. Steigere dein Körperbewusstsein durch achtsames Hinhören und Fühlen. Wo zwickt es, wo zwackt es und was sind die Ursachen. Eine mögliche Methode, die Ursache einer Verstimmung oder Dysbalance herauszufinden, ist die Methode des «Emotion-Code» von Dr. Bradley Nelson. Sie beinhaltet eine Art der Körperbefragung, die man auch aus der Sportpsychologie kennt. Jede Emotion kann anhand eines Codes mit Muskeltests sichtbar gemacht werden. Das verspricht uns zumindest Bradley. Für mich ist es eine schwierige Methode, denn unser Körper kann uns auch Streiche spielen. Allenfalls wissen wir die Reaktionen nicht zu deuten. Ich selbst habe die Methode nur vereinzelt ausprobiert, deshalb weiss ich, dass sie viel Übung benötigt. Du solltest dich von einem erfahrenen Coach anleiten lassen.

Ich möchte im Leben die volle Lebensenergie ausschöpfen. Darum suche ich passende Wege und erweitere mein Wissen. Am Ende meines Lebens möchte ich zufrieden und stolz darauf zurückblicken können. Alles was es dazu braucht, ist eine gehörige Portion Selbstbewusstsein und das Selbstvertrauen, mit den Widerständen klarkommen zu können. Was wiederum das Körperbewusstsein, aber auch das geistige und seelische Bewusstsein umfasst.

Methodik und die Kampfkunst als Spiegel

Die Lebensenergie kennen wir von den östlichen Gesundheitslehren, aber auch von den Kampfkünsten, unter der Bezeichnung Qi. Die Kampfkünste und die Medizin sind verständlicherweise eng miteinander verwoben. Ein Kampf erforderte für gewöhnlich auch den Einsatz der Medizin. Die beiden Bereiche gibt es nicht getrennt. Du erinnerst dich: das Yin-und-Yang-Prinzip. Erst muss der Krieger körperlich gestärkt und gesund sein, was sich auch auf seine mentale und psychische Verfassung auswirken wird. Also nicht einfach nur körperlich gesund, sondern insbesondere auch im Geiste fit und emotional stabil. Dann erst wird er ein guter und erfolgreicher Krieger sein. Erst dann kann er sich tugendhaft und mit der maximalen Energie seiner Sache widmen. Ein starker Körper schafft einen starken Geist. Ein starker Geist stabilisiert die Psyche. Aber genauso schafft ein starker Geist einen starken Körper.

Die Kenntnisse der Krieger können auch wir uns zu Nutze mache. Nämlich dadurch, dass wir uns zuerst unserem Wohlbefinden widmen und erst dann unsere Aufgaben anpacken. In der Kampfkunst folgt man zwei Schritten, erst der Position, dann der Aktion. Alles andere wäre ein unnötiger und kräftezehrender Kampf, denn wer nicht richtig positioniert ist, wird nur bedingt die maximale Wirkung in seiner Aktion erwirken können. Das Studium der Kampfkünste ist eine ganzheitliche Lebensweise. Die Praktizierung der martialischen Künste ist das Resilienz-Training schlechthin. So waren die Samurai nicht nur Meister des Schwertes, sondern auch Meister der weichen Künste wie Theater, Kalligrafie und Dichtung sowie der Heilkunst. Die weichen Künste dienen der Entwicklung der Yin-Qualitäten, sprich der weiblichen Attribute des Menschen. Sie dienen dem Ausgleich der energieverzehrenden Aktivitäten und fördern die Sanftmut des Kriegers. Genauso wie die Meditation, welche dem Krieger der Entspannung und der Regeneration verhilft und den Geist klärt. Man weiß heute, dass regelmäßiges Meditieren die Achtsamkeit, die Konzentration und Impulskontrolle sowie die Vorstellungskraft stärkt und die Gleichmut fördert. Gleichmut ist ein großes Wort und bedeutet, mit beiden Polen – den Sonnenseiten und den Schattenseiten des Lebens – gleichmütig zu begegnen. Die Meditation macht angeblich auch schlauer und fördert kohärente Hirnwellen, was den Energieverbrauch reduziert und damit gesundheitsfördernd ist, was alleine schon deshalb erstrebenswert sein dürfte.

Als Jugendlicher war ich angetan von Jean-Claude-Van-Dammes Filmen wie «Bloodsport» oder «Karate Tiger». Mit sechzehn Jahren trat ich dann in die Welt der Kampfkünste ein. Bis heute lassen sie mich nicht mehr los. Ich habe in ihnen einen exzellenten Weg gefunden, meinen Körper und Geist zu erfahren und explizit zu schulen. Die Kampfkunst ist mein idealer Spiegel. Ich werde mir selbst bewusst. Die Kampfkünste standen schon immer für Bewusstseinstraining. Ich finde, in der heutigen Zeit wird dieser Begriff aber stark verwässert. Heute, so behaupte ich, verwechseln viele das Selbstbewusstsein mit der Selbstsicherheit. Oder das Vertrauen in eine Sache wird verwechselt mit dem Zutrauen. Da gibt es feine Unterschiede. So merkte ich, dass das Selbstvertrauen erst mit dem fortschreitenden Prozess aufkommt. Vertrauen kommt dann, wenn wir feststellen, dass etwas klappt, auch wenn es mal schwierig ist. Wenn wir erkennen können, dass der Plan insgeheim aufgeht. Zu Beginn eines Prozesses braucht es lediglich das Zutrauen: Sich den Erfolg zuzutrauen und den Mut aufzubringen, den gewagten ersten Schritt zu tun. Was noch nicht heißt, dass da keine Zweifel sind oder, dass der Erfolg auch wirklich eintreten wird. Bleiben wir handlungsorientiert anstatt ergebnisorientiert, hilft uns das, immer erfolgreich zu sein und Selbstvertrauen und Selbstwirksamkeitsüberzeugung aufzubauen. Die Zweifel, so sagten mir unternehmerische Menschen schon früher, verschwinden nie. Du wirst aber lernen, mit ihnen selbstbestärkend umzugehen.

Stelle dir einen Samurai vor, der ohne zu zögern in eine Schlacht zieht. Der gewillt ist, sein Leben immer und überall hinzugeben. Sogar dann, wenn er für jemand anderes, beispielsweise den Shogun, kämpfen sollte. Der bei Versagen gar den ritualisierten Suizid bereitwillig akzeptiert. Wie selbstbewusst und rein musste ein solcher Mensch sein? Für mich ist ein solcher Mensch der Inbegriff eines selbstlosen Menschen. Dieser Mensch haftet nicht an - an nichts und niemandem. Nicht einmal an seinem Leben. Opfere dein Leben nicht für andere. Das würde ich persönlich nie tun, ausser es betrifft meine Liebsten. Meine Familie und meine Freunde. Für mich bedeutet ein ausgeprägtes Selbstbewusstsein die Hingabe an die eigene Werte. Ohne sich dabei von Umständen oder einer fremden Masse beirren zu lassen. In diesem Sinne finde ich das Leben des Ronin wesentlich erstrebenswerter. Der Samurai diente seinem Chef. Sein Herr bestimmte über seinen Alltag. Der Ronin hingegen war ein herrenloser

Samurai. Er war nur sich selbst verpflichtet. Lebe selbstbestimmt wie ein Ronin. Sorge gut für dich, trainiere dich körperlich und mental, dann sorgst du gleichzeitig für deine Liebsten. Du wirst zum Felsen in der Brandung für deine Liebsten und die Menschen, die dir begegnen.

Ich habe schon mehrfach Bruce Lee erwähnt. Das kommt davon, dass ich durch das jahrelange Studium der Kampfkünste viele seiner Erfahrungen teilen darf. Ich erkenne heute viel mehr in Bruce Lees Aussagen, als ich es noch zu Beginn meines Trainings tat. Aber auch andere grosse Kampfkünstler fanden philosophische Worte, um den Weg der Kampfkünste zu umschreiben. Deren Bedeutung ist aber oft nur jenen zugänglich, die sich demselben Weg verschrieben haben

Ein prägendes Motto der Kampfkünste ist das Folgende: «Kämpfen lernen, um nicht (mehr) kämpfen zu müssen.» Dies trifft den Nagel auf den Kopf, denn je stärker du wirst, desto sanfter wirst du sein. Das alles bezieht sich auf die Kriegskunst, doch ebenso auf das Leben an sich. Nur erkennen wir es erst in den zahlreichen Herausforderungen im Alltag. Die wir dann über die Jahre hinweg immer gelassener annehmen können. Aus der Selbstverteidigung weiss man, dass sich ein Täter immer ein Opfer aussucht - leichte Beute sozusagen. Auf einen selbstbewussten Menschen wird kaum ein Übergriff erfolgen und ein selbstbewusster Mensch wird auch keinen Übergriff vollziehen. Er oder sie ist kein Opfer und damit nicht angreifbar. Ein potenzieller Täter fühlt die Energie des selbstbewussten Menschen und dessen Ausstrahlung. Der Täter wird gar nicht auf die Idee kommen, einen Angriff zu starten. Oder im Extremfall wird er schnell wieder von seinem Opfer ablassen. Der Täter ist selbst ein Opfer. Ein Täter wird in dieser Sichtweise zum Täter, weil er sich selbst verloren hat und sich seiner selbst nicht bewusst ist. Wahrscheinlich nie war. Ein Täter ist ein Opfer und steht buchstäblich neben sich. Der Täter lässt sich zu Straftaten oder Ähnlichem hinreißen, da er sich von Umständen aus der äusseren Welt beeinflussen lässt. Er kann sich und seine Handlungen nicht bewusst steuern, fühlt sich in die Enge getrieben und der Meute ausgeliefert und kann Emotionen nicht regulieren. Dadurch verfällt er dem Sog der Entfremdung. Weg von sich selbst und tief in die Krise.

Das Kriegshandwerk ist demnach eine Kunst des Erkennens. In China gibt es die ruhmreichen Kampfkunst-Akademien. Nicht nur, dass die Schüler dort professionell und täglich in Kung Fu ausgebildet werden. Nein, sie gehören später zu den Top-Berufsleuten, denen nebst den harten Fakten einer klassischen Schulbildung auch die weichen Faktoren im harten Kung-Fu-Training vermittelt werden. Die Abgänger solcher Akademien sind äußerst beliebt bei den chinesischen Arbeitgebenden. Die Kampfkunst ist eine Art der Pädagogik. Weshalb es übrigens mit der auf Kampfkunst beruhenden Budo Pädagogik, eine eigene Pädagogik-Fachrichtung gibt. Dabei gilt es zu erwähnen, dass man nicht, nur weil man sich in Kampfkunst übt, auch den tatsächlichen Kampf suchen muss. Lieber ein Krieger im Garten, als ein Gärtner im Krieg – lautet ein Sprichwort. Vielmehr ist es schon sehr von Vorteil für die eigene Persönlichkeit, die Kämpfe in sich zu erkennen und sich durch sie hindurch zu kämpfen. Dann nämlich verliert sich der Wunsch nach dem tatsächlichen Kampf irgendwann von selbst. Doch als junger Kampfkünstler möchte man sich noch mit Kontrahenten in Turnieren messen und seine Stärke erproben. Doch mit fortschreitender Praxis verliert sich dieses Bedürfnis zusehends.

Ich muss ehrlich sein. So gern ich es sehe, dass die Jugendlichen in China in den Kampfkünsten ausgebildet werden, so ungern sehe ich, dass es sich dabei um eine uniformierte Ausbildung handelt. Jeder Schüler wird dem anderen gleichgesetzt. Alle Schüler werden gleich ausgebildet. Das kann für die Gemeinschaft nützlich, für das Individuum aber sehr einschränkend sein. Die Kampfkünste sind immer ein individueller Weg. So soll man sich an einem Stil orientieren, aber diesen nicht als sakrosankt hinnehmen. Die individuelle Entwicklung ist zu ermöglichen. So auch in einem fortschrittlichen Schulsystem. Das Ziel ist es, Individualisten zu fördern, die dank ihrer individuellen Entfaltungsmöglichkeit mit allen anderen Menschen auskommen, deren Individualität ebenso stehen lassen können und sich füreinander einsetzen. Für mich sind dies selbstbewusste Ronins. Aber klar, auch ein autonomer Mensch muss sich unter gewissen Umständen in die Gesellschaft einordnen und das gelingt besonders gut, wenn sich das Individuum erfüllt und vollkommen wertgeschätzt fühlt. Dann nämlich entfallen die Machtstreitigkeiten aufgrund Unsicherheit. Aber das Thema hatten wir ja schon…

Heute interpretiere ich den Ronin, den herrenlosen Samurai von früher, etwas zeitgemäßer und bezeichne diese Art von Krieger als den modernen Rebellen.

Bruce Lee war ein solcher Rebell. Ich bin ein solcher Rebell und du sicherlich in vielen Bereichen auch schon. Egal ob du dich dem Weg der Kampfkünste verschreibst, ob du dich der Yoga-Praxis hingibst oder ob du dich täglich in der Natur bewegst. Finde deine Art des Bewusstseinstraining und der Persönlichkeitsentwicklung. Tue es, um dich rundum zu entfalten und dich wohlzufühlen, dann dienst du automatisch auch der Gemeinschaft perfekt zu. Du brauchst keineswegs zu kämpfen. Höre hin, erfahre und nimm an, was da auch immer kommen mag. Reflektiere und erarbeite Strategien zur Verbesserung deiner Lebenssituation. Die Freiheit wird dann deine ständige Begleiterin sein. Sei eine Rebellin, sei ein Rebell.

Entwicklungsstufen des Menschen

Das Leben ist ein Kampf, höre ich noch immer oft von meinen Klientinnen und Klienten. Wenn ich sie dann frage, wie sie es denn solange ausgehalten hätten, antworten sie einstimmig: «Weil ich gekämpft habe!» In der Praxis der Kampfkunst wurde mir bewusst, dass sich der Mensch über drei Stufen entwickelt. Ich selbst erkannte mich noch vor ein paar Jahren in diesem Kampf, ohne bewusst darüber nachzudenken. Ich meine, gemerkt habe ich es, als ich immer müder wurde und weniger kämpfen wollte. Wenn du nicht mehr weißt, wozu du kämpfen sollst, ist auch der Sinn weg – und Sinnlosigkeit führt zu Unzufriedenheit und Aufgabe. Ständig an vorderster Front zu kämpfen bedeutet, ständig gegen die Widerstände zu halten und kontrollieren zu wollen. Weil wenn man die Kontrolle nachlässt, schlagen dir die Fäuste ins Gesicht. Doch Kontrolle heißt nicht, ständig anzugreifen! Der offensive Angriff ist nämlich nur ein Bedürfnis nach Sicherheit. Zu kämpfen bedeutet, sich nicht geschlagen zu geben. Gegen oder für etwas zu kämpfen. Schmerzen zu ertragen und Ängste zu transformieren. Zu kämpfen bedeutet aber auch, mit Anstrengung und Aufwand etwas erreichen zu wollen - für etwas zu kämpfen! Für Geld, Ruhm und Liebe! Doch ist das wirklich nötig im Leben? Heute bin ich der klaren Meinung, dass es nicht nötig ist. Werde ich nicht angegriffen, muss ich nichts tun. So bin ich nicht gezwungen zu kämpfen. Wenn ich aber ständig im Gefühl lebe, dass ich angegriffen werde, dann kämpfe ich irgendwie an allen Fronten, weil ich gar nicht weiss, woher die Bedrohung eigentlich kommt. Doch wie komme ich dazu, dass mich alle in Ruhe lassen. Dass mich niemand herausfordert und einen Kampf provoziert? Nun, auch hier antworte ich wiederum mit dem Bewusstwerden der eigenen Unsicherheiten, Glaubenssätzen, Erwartungshaltungen, Ängsten und Selbstzweifeln und Kompensationshandlungen. Die Selbstreflexion dient der Selbsterkenntnis. Wahrscheinlich wirst du erkennen, dass die wahren Gegner in dir selbst stecken und nicht da draußen in den Büros und auf den Straßen der Welt lauern. Der Endgegner ist in deinem Kopf!

Indem ich mir selbst bewusstwerde, nämlich über das was mich in meinem Innern antreibt und wonach im mich sehne, kann ich mich dem Endgegner stellen lernen. Habe ich mit dieser Persönlichkeitsentwicklung erst einmal so richtig begonnen, erkenne ich, dass es rein gar nichts zu verlieren gibt. Mein Training fokussiert heute nicht mehr das Kämpfen und den Widerstand. Mein Training dient mir heute als Spiegel und fokussiert die vertrauensvolle Hingabe. Naja, von Vertrauen ist noch lange keine Rede, doch von mutigem Zutrauen schon. Ich erkenne mich vorzüglich in den Widerständen des Lebens und lerne mich besser zu verstehen. Ich werde mir buchstäblich selbst bewusster. Die drei Entwicklungsstufen beschreibe ich demnach wie folgt:

Stufe 1 – Akzeptanz
In meiner Jugend war ich gezwungen den Angriff über mich ergehen zu lassen und die Schmerzen, die damit einhergingen, einfach auszuhalten. Ich war ein junger Mann, der nicht gerade strebsam war. Auf den Abbruch einer Schreinerlehre folgten ein paar Monate als Temporär-Arbeiter, bis ich das Angebot für eine Ausbildung zum Bauzeichner bekam. Ich war noch immer nicht strebsamer und musste während dieser

Ausbildung regelmäßig zu mehr Einsatz ermahnt werden – auch unter Androhung einer Lehrvertragsauflösung. Was soll ich sagen, ich wollte zwar eine Lehre machen, jedoch mit dem geringsten Aufwand. Zudem sagte mir man schon in der Schulzeit, dass ich in Mathematik schlecht wäre und bei mir festigte sich ein Glaubenssatz, dass ich Mathematik nicht könne. So hatte ich auch keine Motivation, mich darin zu verbessern. Doch als Bauzeichner ist Mathematik eben eine zentrale Komponente. Als Scheidungskind fehlte mir zudem das Kontrollorgan, waren meine Eltern doch getrennt und meine Mutter stets besorgt, das Geld nach Hause zu bringen. Mit 19 Jahren zog ich in meine erste Wohnung. Eine Wohngemeinschaft mit einem guten Freund. Ohne Geld und ohne grosse Motivation, aber irgendwie schien es keine andere Lösung zu geben. Während meiner Ausbildung verdiente ich kaum ausreichend Geld, um mich über Wasser zu halten. Es gab Zeiten, da bekam ich ein paar Franken von Freunden, was mir wieder ein Brötchen fürs Mittagessen einbrachte. Und meine Scham bestärkte… In der Regel war am Ende des Geldes aber sehr viel Monat übrig. Irgendwie habe ich es trotzdem hinbekommen. Und doch, die tiefrote Minuszahl auf dem Bildschirm des Bankomaten ist heute noch präsent in meinem Kopf und steuert nach wie vor mein Handeln. So blieben meine jungen Erwachsenenjahre geprägt von unfreiwilligem Verzicht. Ich trieb irgendwo in den stürmischen Gewässern meiner Jugend und strampelte. Oder kampfsportmässig ausgedrückt. Ich wurde von der einen Ecke des Rings in die andere gekickt, ohne groß etwas selbst bewirken zu können. Diese Schläge waren hart. Ich fühlte mich maximal ausgeliefert und hielt einfach irgendwie mit. Sich abzustrampeln und dagegenzuhalten, um nicht unterzugehen, ist kräftezehrend und demotivierend! Keine Zeit für Kreativität und Selbstverwirklichung. Kopf runter und durch, war meine mir aufgezwungene Devise. Ich riss mich ab dem zweiten Lehrjahr und nach erneuter Ermahnung am Riemen, lernte ausgiebig und holte mir das Fähigkeitszeugnis als Bauzeichner dann doch noch…

Nach der erfolgreichen Abschlussprüfung zum Bauzeichner kamen die goldenen Jahre für mich. Endlich hatte ich ein Einkommen, das sich erstmals sehen lassen konnte. Ich leistete mir vieles Partynächte, reiste nach San Francisco zum Sprachaufenthalt, machte die Auto- und Motorradprüfung – begann sogar zwischendurch mal mit dem abendlichen Architekturstudium in Zürich, was ich aber bald wieder aufgab, denn dafür reichten meine Mathe-Kenntnisse definitiv nicht aus - und wollte reisen und mich amüsieren. Am besten täglich. Ich kaufte mir ein Auto und ein Motorrad. Ich genoss intensiv und warf das Geld raus, was meine damalige Freundin, wie schon beschrieben, nicht wirklich verstand. Sie war der Ansicht, das Geld müsse auf die Bank, damit es sich vermehren und mich für Ausfälle absichern kann. Ich war da anderer Meinung, denke aber heute klar nachhaltiger und zukunftsorientiert. Doch als Selbständigerwerbender und mit vielen Ideen gespickte Persönlichkeit, fließt eben auch viel Geld in die Umsetzung dieser Ideen und weniger auf das Sparkonto.

Apropos Geld-Mindset: Das ist definitiv ein Thema, womit ich mich nach wie vor noch schwertue. Ich weiss, dass wenn ich der Freude folge, ich dafür auch entlohnt werde. Doch die alten Glaubenssätze, dass ich hart arbeiten müsse und das Geld so oder so wieder verloren geht, halten sich hartnäckig. Ich bin sehr bestrebt, davon loszukommen und mich auf Fülle zu konzentrieren. Doch wer einmal einen klaren Mangel gespürt hat, wird diesen wohl ein Leben lang spüren. Ich muss also immer sehr achtsam sein, worauf ich meinen Fokus lege. Vielleicht kennst auch du diese Gedanken?

Wie ich im ersten Kapitel geschrieben habe, wurde mir bewusst, dass da draußen viele Verpflichtungen lauern. Dass sich die Menschen abstrampeln müssen, um etwas erreichen zu können. Dass die Menschen etwas leisten müssen, um etwas darzustellen. Getrieben von Verlustangst wollen die Menschen die Kontrolle. Einigen von uns gelingt dies vorzüglich. Allenfalls ist diese Gabe bereits in die Wiege gelegt, weil sie bereits erfolgsorientierte Eltern haben. Erfolg zieht bekanntlich weiteren Erfolg an, weshalb es naheliegt, dass auch die Kinder mit mehr Selbstvertrauen und diesem Mindset in die Welt entlassen werden. Was wiederum dazu führt, dass sie bereits in frühen Jahren meinen, die Kontrolle übernehmen zu können. Doch welche Kontrolle? In meiner Wahrnehmung ist die Kontrolle ein Trugschluss. Zumindest, wenn es um die Kontrolle der äusseren Umstände geht. Es gibt sie nicht. Was mich zur zweiten Stufe bringt.

Stufe 2 – Dominanz

Auch ich bewegte mich stark im Strom des Lebens, wurde hin und her geschlagen. Jedoch mit dem Unterschied, dass ich im Vergleich zu meinen Jugendjahren, nun immer mehr die Kontrolle über mein Leben übernehmen konnte. In den Coachings erlebe ich diese treibende Kraft unmittelbar, denn insbesondere die Menschen, welche sich coachen lassen, sind stark leistungsorientiert. Zumindest diejenigen, welche das Coaching aus eigener Tasche bezahlen und nicht krank sind. Wenn wir leisten und aktiv sind, fühlen wir uns sicher. Aktivität gibt uns eine Richtung und Orientierung. Der Mensch versucht damit die Kontrolle aufrechtzuerhalten, doch dieses Handeln aus Unsicherheit schürt damit noch mehr Angst, nämlich die Angst vor Kontrollverlust. Oder die Angst, Geld, Status und Macht zu verlieren, was auch bedeutet, dass man die Dinge nicht unter Kontrolle hat. Gedanken wie: «Was, wenn ich die Kontrolle verliere? Irgendwo in der Gosse lande?» Daran denken wir jeden Tag. Wir wollen nichts verlieren und versuchen das Leben zu unseren Gunsten zu beeinflussen. Doch was gibt es denn überhaupt zu verlieren?

Ich halte mich heute an das folgende Motto: «Gib der Angst ein Gesicht, um damit der Angst das Gesicht zu nehmen.» Was mir immer besser gelingt. Alleine deshalb, weil ich Menschen mit denselben Herausforderungen begleiten darf. In jedem Coaching, welches ich anleiten darf, wird mein früheres Ich gespiegelt. Zwischendurch erkenne ich mich in meiner Klientschaft wieder und erfahre immer noch mehr über mich selbst. Wenn ich mich verstehe, erkenne ich mich im anderen Menschen und kann genau deshalb echtes Verständnis für die andere Person aufbringen. «Each one, teach one», wie man zu diesem wechselseitigen Spiel sagen könnte.

Ich spreche heute offen und ehrlich über meine Stolpersteine im Leben und genau deshalb fühle ich mich mit anderen Menschen verbunden. Auch die Klienten begleite ich alltagsnah und sehr ehrlich. Ich teile meine Geschichten regelmäßig und sie fühlen sich dadurch wirklich verstanden. Ich brauche nichts mehr zu verstecken, weil ich gelernt habe, Verletzlichkeit und Fehlbarkeit zuzulassen und einzugestehen. Ich erbringe meine Leistung nicht mehr, um etwas zu werden, sondern um mich selbst auszudrücken.

In der Kampfkunst sieht man dieses Spiel der Kräfte sehr deutlich, weshalb ich den Kampf oft als Metapher nehme, um es meinen Klienten zu verdeutlichen. Der Kampf ist geprägt vom Handeln aus der Angst. Sich selbst etwas beweisen zu wollen, ist meist der Antrieb, sich den ersten Kämpfen zu stellen. Bei mir war es auch das Gefühl, dass ich mich gerne als Kämpfer sehen wollte. Doch meinte ich auch, dass viele es erwarten, dass man kämpft. Zudem, die aktiven Kämpfer sind bei den Mädels beliebt. Kämpfen wie in den Filmen «Bloodsport» und «Karate Tiger». Sich allenfalls für eine größere Sache und für Schwache einsetzen und ehrenvoll zu kämpfen. Ich mag einfach dieses Männlichkeitsideal.

Zurück zum Kampf. Die ersten Kämpfe sind schmerzhaft und fordern deinen Willen. «Überleben» heißt das Motto. Oder eben, akzeptieren, dass man eben geschlagen wird. Bloss nicht untergehen und standfest bleiben. Durchhalten um jeden Preis. Die Kampfkunst ist die Charakterschmiede schlechthin. Aber nur für diejenigen Menschen, die durchhalten.

Irgendwann hast du dich dann eben durchgebissen. Du kannst nun kämpfen und dominierst vermehrt die Zweikämpfe. Nun zeigst du dich gerne, bist bestrebt, dein Können überall zur Schau zu stellen. Du liebst es, wenn dir die Menschen hochachtungsvoll loben. Wenn sie bewundernd über dich reden. Doch etwas vergisst man dabei oft, denn was man angeeignet hat, kann man wieder verlieren. Und schon wieder sind wir bei der Verlustangst. Diese Angst sitzt dir als Phantom im Nacken. Du leistest, du kämpfst und du dominierst. Du greifst ständig an, nicht um zu gewinnen, nein, um nicht mehr getroffen zu werden und zu verlieren. In der ersten Stufe bist du der Rookie – du hast alles zu gewinnen, nichts zu verlieren. Doch in der zweiten Stufe bist du der Profi und der kann bekanntlich nur noch verlieren und nichts mehr gewinnen. Deine Anerkennung, deine Freunde, deine Position und zuletzt gar die Achtung vor dir selbst kannst du verlieren, wenn du dich ausschliesslich über dein Können definierst. Der Mensch auf der zweiten Stufe leistet ohne Unterbruch. Er will die Kontrolle festhalten und lässt nie vom Angriff und der Dominanz ab. Darum gilt hier: Macht sucht, wer Ohnmacht spürt.

Das geht solange, bis eines Tages das Leben noch härter zuschlägt und ihm die Kontrolle entreißt. Der Kämpfer ist zu ungestüm. Durch die Dominanz werden wir anfällig für Fehler und wir schwächeln – die Energiereserven schwinden. Sobald wir schwächer werden, wird der Gegner stärker und nutzt seine Chance.

Stufe 3 – Loslassen

Was also ist mein Ziel? Oder besser, mein Bestreben in diesem Leben? Ich möchte die Weisheit erlangen, unterscheiden zu können, was ich tatsächlich beeinflussen kann und wo ich mich in Geduld und Hingabe üben darf. Hier, auf der dritten Stufe, geht es um das Loslassen und treibenlassen und zwischendurch korrigierende Paddelschläge vorzunehmen. Durch das stetige Kämpfen wird die grobmotorische Stressantwort immer mehr zur feinmotorischen Stressantwort – die Selbstverteidigung wird zur Kampfkunst – und du traust dir zu, die Zügel der Dominanz locker zu lassen und dich dem Fluss des freien Kampfes hinzugeben und dich situativ und intuitiv zu bewegen. Denn ein guter Kämpfer kann einfach mal geschehen und die Kräfte ruhen lassen… und blitzschnell zum Konter übergehen, sobald sich die Chance ergibt. Du wirst intuitiv wissen, wann du deinen Intellekt einzusetzen hast und wann du dich nur von deiner Wahrnehmung und Intuition führen lassen sollst. Das Leben selbst ist nicht leistungsorientiert. Es lässt sich nicht erzielen. Trotzdem gibt es Zeiten, in denen wir Leistung erbringen müssen. Dann, aber nur dann, macht es Sinn, dich selbst ein wenig anzuspornen. Mehrheitlich aber, genießt du den Weg der Meisterschaft. Immer im Bewusstsein dessen, dass es eben kommt, wie es kommen soll. Das ist das aktive Geschehen lassen. Das ist die pure Freiheit und Lebenslust, zumindest für mich. Man sagt, durch diese stetigen Wandel bleiben wir kognitiv flexibel und körperlich wie mental gesund.

Was uns widerstandsfähig macht

Wie ich herausgefunden habe, existiert seit einigen Jahrzehnten die Resilienzforschung. Begonnen hat sie in den 1950er Jahren auf der Insel Kauai. Der wildesten und ursprünglichsten Insel des hawaiianischen Archipels. Die US-amerikanische Forscherin Emmi Werner untersuchte 700 Kinder. Diese Kinder wuchsen in schwierigen Lebensverhältnissen auf. Einige von ihnen waren später beruflich erfolgreich und gründeten Familien, andere brachen die Schule ab und wurden straffällig. Das war die Geburtsstunde der Resilienzforschung. Es ging im Ursprung darum herauszufinden, was Menschen in extrem belastenden Situationen psychisch gesund erhält. So kamen dann auch Studien an spezifischen Forschungsgruppen wie Holocaust-Opfern und weiteren belasteten sozialen Gruppierungen zustande.

Diese Wissenschaft sorgt sich um die Frage, wie die Menschen psychische und emotionale Widerstandskraft aufbauen und so ein besseres und gesünderes Leben führen können. Immer auch mit dem Fokus auf die ganzen wirtschaftlichen Zusammenhänge, denn auch die AOK-Versicherung in Deutschland hat im Oktober 2016 eine grosse Studie mit rund 18'000 Teilnehmenden durchgeführt. Diese Studie trumpft mit alarmierenden Ergebnissen auf. Sie zeigen eine deutliche Zunahme von Arbeitsunfähigkeit aufgrund psychischer Störungen. Das ist zumindest die Aussage im Buch «Der resiliente Mensch» des Autors Raffael Kalisch. Auch in der Schweiz widmete sich die Eidgenössische Koordinationskommission für Arbeitssicherheit E-KAS in den Jahren 2014 und 2015 vollumfänglich der

Sensibilisierung von Arbeitnehmenden und Arbeitgebenden. Und jetzt, im Jahr 2024, finden wir die mentale Gesundheit beinahe auf jeder Titelseite und es kommen immer mehr Trainingsprogramme für die Hirngesundheit und mentale Leistungsfähigkeit sowie psychomentale Gesundheit auf den Markt.

Psychische Erkrankungen sind an der Tagesordnung im weltweiten Arbeitsmarkt und schädigen die Wirtschaft ungemein. Was uns alle bluten lässt. Zu erkennen ist dies an den jährlich steigenden Gesundheitskosten.
Seit 2014 wird intensiv geforscht. Und zwar ganzheitlich. Sowohl aus wissenschaftlicher als auch gesellschaftlicher und ökonomischer Sicht. Und wo das alles? In Mainz, am ersten europäischen Resilienz-Forschungszentrum (DRZ). Mit dem verheißungsvollen Namen Mainzer Resilienz-Projekt (MARP) und der Fragestellung, was Menschen während einer starken psychischen Belastung, also unter Stresseinflüssen, gesund erhält. Das MARP steckt noch in den Kinderschuhen, aber wir dürfen auf die Ergebnisse gespannt sein.

Der Schutzfaktor des Individuums ist die Gabe, stolz auf sich zu sein. Sagt der Psychotherapeut Karl-Günther Theobald von der Opferschutzorganisation Weißer Ring. Er nennt dies die Selbstwirksamkeitsüberzeugung. In meinen Augen ist diese Formulierung sehr treffend. Ich würde gar sagen, dass die Suche nach der notwendigen psychischen und emotionalen Widerstandskraft stark mit der Suche nach den Einflussfaktoren für die hohe Lebensqualität einhergeht. Obwohl ich sehr gespannt bin auf die Ergebnisse der Resilienzforschung in den kommenden Jahren, lasse ich mich nur ungern von fremden Studien beeinflussen. So versuche ich in meinen Trainings, aber auch in meiner ganzheitlichen Lebensführung, mich den Einflussfaktoren auf die Lebensqualität im Eigenstudium anzunähern. So verzichte ich hier auf die Wiedergabe von Studienergebnissen aus der aktuellen Resilienzforschung. Es ist aber wichtig zu wissen, dass sich in diesem Bereich so einiges tut, was hoffentlich dem einen oder anderen Mitmenschen die Augen öffnen kann.

Rebellische Impulse

Rebellion ist die Lösung

Ich möchte dir Osho vorstellen. Osho ist ein durchaus bestechender, aus Indien stammender spiritueller Lehrer, der mich immer mal wieder inspiriert und einst das wahre Wesen des Rebellen definierte. Im Buch «The rebellious Spirit» findet man seine Antwort: «Meine Vorstellung von Rebellion und von einem Rebellen ist sehr einfach. Der Rebell ist ein Mensch, der nicht wie ein Roboter lebt, der nicht von seiner Vergangenheit konditioniert ist. Religion, Gesellschaft, Kultur … alles was von gestern ist, mischt sich in keiner Weise in sein Leben ein. Er lebt individuell – nicht wie eine Speiche am Rad, sondern als eine organische Einheit. Sein Leben wird nicht von jemand anderem bestimmt, sondern von seiner eigenen Intelligenz. Der ureigene Duft seines Lebens ist der der Freiheit – nicht nur, dass er in Freiheit lebt, er erlaubt auch jedem anderen, in Freiheit zu leben. Er erlaubt niemandem, sich in sein Leben einzumischen, noch mischt er sich in ein anderes Leben ein. Für ihn ist das Leben so heilig – und die Freiheit ist das höchste Gut, dass er alles für sie opfern kann: Ehrbarkeit, Status, sogar das Leben selbst. Die Freiheit bedeutet für ihn das, was Gott für die sogenannten religiösen Menschen in der Vergangenheit war. Die Freiheit ist sein Gott.»

Deutlich provokant knallt dir Osho seine persönlichen Wahrheiten an den Kopf. Sehr direkt und unverblümt nimmt er den Menschen der Vergangenheit ins Visier und öffnet dem fremdbestimmten Menschen von heute eine neue Sichtweise. Osho bezog sich auf die

Freiheit. Harald Welzer nannte es prägnant, «selbst denken». Ich sehe genau darin den Inbegriff von Freiheit. Wir müssen dabei aber noch zwei Dinge berücksichtigen: Fühlen und zulassen. Osho sagte dazu in seinem Buch «Mut – lebe wild und gefährlich»: «Das Herz ist bereit, immer zu riskieren. Das Herz ist ein Spieler. Der Kopf ist ein Geschäftsmann. Der Kopf will alles berechnen. Er ist clever. Das Herz aber ist nicht berechnend.»

Der Mensch wird zum Rebellen, sobald er versteht, dass er genug gelitten hat. Im Buddhismus wird das Leben als kontanter Leidensweg aufgefasst. Dieses Leid muss aber nicht zwangsläufig mit Krankheit und Elend einhergehen. Es reicht bei manchen Menschen eine spürbare Unzufriedenheit. Diese Unzufriedenheit führt dazu, dass man sich Fragen stellt. Wenn wir auf diese Emotionen nicht reagieren, fressen sie uns auf. So erfordert das Erwachen eines Rebellen ein gewisses Maß an Selbstbewusstsein. Im Minimum benötigt der gepeinigte Mensch den Entschluss, so nicht weiterzugehen und alles daran zu setzen, sich aus dieser Unzufriedenheit zu lösen. In meinem persönlichen Umfeld sehe ich ausreichend Unzufriedenheit. Nur scheint diese noch nicht so richtig tief zu sitzen. Denn die betroffenen Personen tun bisher kaum etwas dagegen. Oder besser gesagt, sie tun nichts für die Verbesserung der Situation, sondern lenken sich gekonnt ab.

Der Rebell sucht sein Heil. Er will sein Leben auskosten und zwar so, wie es ihm gefällt. Nach seinem Geschmack und im Einklang mit seiner Natur. Aber wie sieht ein solches rebellisches Leben aus? Geleitet von Wünschen, Träumen und einem Ruf (Berufung) findet der Rebell individuelle Wege, sein Wesen auszudrücken. Du wirst einen Rebellen erkennen, wenn du ihn siehst. Er zieht dich in seinen Bann und du wirst ihm folgen wollen. Aber achte auf den folgenden Satz des japanischen Philosophen Bashô: «Folge nicht den Spuren der Meister, sondern suche, was sie gesucht haben.»

Rebellion ist die Herausforderung

Das Heilsein auf ein Wort wie Freiheit zu begrenzen, ist für das eigene Verständnis und die Orientierungshilfe nicht dienlich. Jeder Mensch wird die Freiheit unterschiedlich definieren. Die Freiheit ist aber das übergeordnete Ergebnis, welches aus dem Heilsein entsteht und auf unserem Selbstbewusstsein gründet. Das Heilsein lässt sich besser einer Vorstellung zuordnen als die Freiheit. Das eigene Heil erlangt der Mensch, der sich der Vielzahl der Einflussfaktoren bewusst ist und bestmöglich danach lebt. Ohne jedoch der Selbstoptimierung zu verfallen. Denn die Optimierungsgedanken gründen auf der Fremdbestimmung, auf Angst und Scham, und wurden im Kopf gebildet. Die Selbstoptimierung ist gar ein neuer Lifestyle-Trend und viele Coaches verdienen einen Haufen Geld damit. Ich aber verstehe darunter das Führen eines bewussten Lebens. Aus dem Herzen und nicht aus dem Verstand. Der Intellekt soll die Intuition ergänzen und nicht kontrollieren. Im spirituellen Sinne würde ich sagen, dass du dein Heilsein finden wirst, wenn du dich wieder der grossen Ordnung, dem Kosmos und Gott zuwendest. Im Prinzip brauchst du nämlich gar nichts zu tun, sondern vielmehr einfach loslassen – und du findest den Frieden und das Göttliche in dir. Diese wunderbare Erfahrung mache ich jedes Mal, wenn ich mich in der Meditation vertiefe.

Die vielen Einflüsse des Lebens können dich erschlagen. Sie alle zu berücksichtigen, braucht ein grosse Portion Achtsamkeit und ein tiefes Verständnis für deren Zusammenhänge – oder zumindest einen wachen Geist und ein achtsames Auge sowie

Interpretationsgeschick. Es gibt kein Patentrezept, aber es gibt Möglichkeiten, diese Einflüsse zu erfahren und für dich nutzbar zu machen und deine eigene Wahrheit zu kreieren. Im Dickicht der Wahrnehmungen, Gefühle und Emotionen, die Übersicht zu behalten, ist eine Herausforderung an sich. Öfters mal ruhig zu werden und zu beobachten und vielleicht sogar subjektiv unterfordert durch den Alltag zu gehen, lässt uns das grosse Ganze erkennen – das Big Picture!

Alle Fragen der Menschheit drehen sich scheinbar immer um das persönliche Glück und darum, den Sinn im Leben zu finden. Ich habe da nichts Neues hinzuzufügen, sondern kann die Antworten meiner Vorgänger nur plausibilisieren. Die Glücksforschung nennt dazu sieben Schlüssel der Resilienz, die zu mehr Widerstandskraft und einer ausgeprägten Anpassungsfähigkeit des Menschen führen sollen. Ein resilienter Mensch verfügt demnach über die Fähigkeit, die aktuelle Situation zu akzeptieren (Nr. 1) und anzunehmen. Ich sage zu dieser Fähigkeit auch Gelassenheit. Der resiliente Mensch ist optimistisch (Nr. 2) und geprägt durch eine starke Selbstwirksamkeitsüberzeugung (Nr. 3). Die wiederum auf Eigenverantwortung (Nr. 4) gründet. Der resiliente Mensch verfügt über starke Bindungen (Nr. 5) und kann Hilfe annehmen. Der resiliente Mensch ist ein Macher. Er lebt mit Zielen (Nr. 6) und ist lösungsorientiert (Nr. 7).

Die Widerstandskraft und Flexibilität sind zentral für ein gelingendes Leben. Der resiliente Mensch nimmt an, was kommt und gestaltet dort, wo es ihm möglich ist. Die alten Lebenslehren beschreiben den resilienten Menschen auch mit Charakteristiken wie Achtsamkeit,

Loslassen, Dankbarkeit und Berufung sowie Selbstbestimmung. Auch von Selbstliebe ist oft die Rede. Wie soll man also da noch den Überblick behalten? Probiere es anfangs doch einfach mal mit etwas mehr Loslassen von alten Konventionen. Wahre Meisterschaft wird dadurch erlangt, den Dingen ihren Lauf zu lassen. Es gibt Dinge, die brauchen wir nicht beeinflussen zu wollen. Sie sind wesentlich grösser und komplexer und so können wir sie wohl kaum beeinflussen. Verwirre dich nicht allzu sehr durch die Suche nach Antworten im grossen Stil. Die vermeintliche Kontrolle aufzugeben und den freien Willen dort einzusetzen, wo er dich weiterbringt, da findet sich die wahre Meisterschaft. Boah, in der Theorie hört sich das immer so gut an…

Das Leben unterliegt dem Wandel, der uns alle und vor allem ständig betrifft. Wir können uns dem Wandel nicht entziehen. Wir kämpfen aber oft dagegen an, weil uns der Wandel verunsichert. Darum dient es mir, wenn ich mich an diesem Ausspruch orientiere und der für perfekt für Mentaltraining spricht: «Die beste Art die Zukunft vorherzusagen, ist es, sie zu kreieren.» Unsicherheit begegnen wir mit Vorhersehbarkeit. Wenn du weißt, was du willst und wie du dorthin kommst, dann gibt dir das Sicherheit, auch wenn der Weg mit Schlaglöchern gespickt sein wird. Dabei kämpfe nicht stetig, sondern korrigiere mit ein paar Paddelschlägen den Kurs und reduziere deine Aktivitäten auf das Wesentliche. So liegt in der Ruhe die Kraft und du erkennst in der Achtsamkeit die Möglichkeiten, die das Leben auf dem Weg für dich bereithält. Deinen freien Willen hast du dort, wo sich dir die Möglichkeiten bieten. Situationen oder Wandlungen kommen und gehen. Wir können sie nur bedingt beeinflussen. Unseren Umgang mit der Situation haben wir aber voll in der eigenen Hand. Die Folge einer Situation, also dein Verhalten darauf, wird gestützt durch deinen Intellekt. Zu diesem Zeitpunkt kannst du mit deiner Intelligenz punkten und bewusst Einfluss nehmen. Dein Gehirn und deinen Verstand nutzen – doch nur, wenn du das gelernt hast. Im Mentaltraining tust du genau das. Du trainierst deine Stresskompetenz.

Eine Situation künstlich herbeizuführen, bringt ebenso nichts. Du verrennst dich dabei. Alles kommt, sofern es kommen soll. Und genau immer zur richtigen Zeit. Dagegen anzukämpfen oder die natürlichen Prozesse beschleunigen zu wollen, lassen dich ausbrennen. Wir sollten aufhören, immer zu wollen. Keine Kontrolle. Dann erlangen wir unsere Gelassenheit und erhalten die Gesundheit. In China nennt man dieses aktive Inaktive «Wu Wei». Man sagt zutreffend, dass man dem Sprossen nicht beim Wachsen hilft, wenn man ihn aus dem Boden zieht. Genauso ist es im Leistungssport. Ein Ziel vor Augen ist wichtig, aber nur um zu zielen. Nicht um sich darin festzubeißen. Das Ergebnisziel dient der Richtung und muss klar definiert sein, viel wichtiger aber sind die Handlungsziele zum Ergebnis hin und die Haltungsziele, nämlich die Art und Weise, wie du denken und fühlen musst, um diese Zielhandlungen tatsächlich auch tun zu können.

Als Sportmentaltrainer arbeite ich mit Visualisierung, der Verankerung von Bildern und positiven Gefühlen. Fortlaufend, aber nur während der Vorbereitung auf einen Wettkampf. Während des Wettkampfes ist Konzentration, Flexibilität, Handlung und «Mushin-no-shin» angesagt. Der Begriff kommt aus dem Japanischen und bedeutet so viel wie «Geist ohne Geist». Wir tun einfach und lassen einfach alles fließen. Ohne Gedanken an die Strategie, das Ziel, die Handlung an sich oder sonstige Einflüsse. Wir sind eins mit uns selbst und handeln intuitiv. Immer im Vertrauen darauf, dass es gut und richtig kommen wird. Das gelingt aber nur, wenn wir dieses «fließen lassen» gelernt haben und wir unseren Kompetenzen vertrauen können.

Das Leben sortiert sich von Zeit zu Zeit neu und bereitet dir eine neue Basis. Ein Fundament, worauf du bauen kannst. Und das Schöne dabei ist: immer mit Alternativen. Du hast jeweils die Wahl in jeder Situation. Es führen bekanntlich viele Wege nach Rom. Mit dem richtigen Gespür für deine Bedürfnisse wirst du mit etwas Übung genau wissen, was zu tun ist. Du kannst dann ohne zu kämpfen darauf zugehen und die Erfolge ausschöpfen.

In der Praxis der Kampfkünste fand ich die Plattform, mich in allen wesentlichen Bereichen mit ein wenig Selbstoptimierungswille zu schulen und die Einflussgrößen eines Lebens in Balance wahrzunehmen. Man könnte sagen, ich lerne in der Praxis der Kampfkunst, wahrlich aus der Mitte zu leben. Wenn wir es verstehen, uns selbst ganzheitlich wahrzunehmen und diese Selbstwahrnehmung ohne Zwang zu schulen, dann werden uns immer mehr Möglichkeiten zuteil und unser Leben wird lebendiger. Voller Spannung, Spiel und Spass.

Der persönliche Ausdruck – Unternehmer und Mönch

Ich weiss mittlerweile, welche Faktoren für mein Heilsein bestimmend sind. Ich weiss auch, dass Vertrauen die Gelassenheit in mein Leben bringt. Bedenke aber, das Vertrauen kommt erst im Laufe des Weges und nicht von heute auf morgen. Ich kann es nicht oft genug schreiben: Der Weg muss mit dem ersten Schritt betreten und dann Schritt für Schritt begangen werden. Dann irgendwann stellt sich die Gelassenheit ein, aber nur dann, wenn wir die Dämonen auf dem Weg besiegt haben. Um ein Gefühl von Sicherheit zu bekommen, müssen wir uns in die Unsicherheit begeben – so einfach gesagt ist das!

Die Gelassenheit ist in meiner Wahrnehmung eine passive Ausprägung. Sie ist die Tugend des Mönches. Sie lässt zu, ohne zu werten. Sie stellt sich ein, sobald ich die Dinge und Gefühle loslassen kann. Loslassen der Kontrolle, die der egozentrische Mensch von heute über alle Geschehnisse zu erlangen versucht. Ich schrieb aber auch von dem persönlichen Ausdruck, der zu einem treibenden Faktor im Leben und zu deinem persönlichen Glück führen kann. Der persönliche Ausdruck, dieses «Ikigai: Wofür es sich zu leben lohnt», wie es in Japan genannt wird, ist in meiner Wahrnehmung die aktive Ausprägung. Sie ist die Tugend des Unternehmers. Ich trage das Herz eines Unternehmers, aber auch das Herz eines Mönches in mir. Genauso du – ich denke sogar, dass du auch den Zwiespalt spürst. Hin und hergerissen zwischen diesen beiden Polen. Das unternehmerische Herz pocht oft stärker, obwohl ich mich sehr nach dem Puls des Mönches sehne. Im Idealfall ergänzen sich die beiden gleichwertig und du pendelst gekonnt zwischen ihnen hin und her. Beide Ausprägungen sind in mir. Auf den ersten Blick scheinen sie sich zu konkurrenzieren. Dieser erste Blick war erstmals irritierend für mich und ich dachte, ich müsse mich für die eine oder andere Seite entscheiden. Was absolut falsch wäre. Und das solltest du dir merken. Alle Seiten brauchen ihren persönlichen Ausdruck. Sie müssen ihren Ausdruck erhalten!

Sowohl die Charaktereigenschaften des Unternehmers als auch diejenigen des Mönches suchen den Ausdruck und haben ihre Berechtigung. Mein Leben braucht die Polarität. Nein, jedes Leben baut auf dieser Polarität auf. Auf den vermeintlichen Gegensätzen, welche sich anziehen, abstoßen... oder eben, sich bedingen. Nur müssen wir uns dessen erst bewusst werden. Ich glaube, wir alle haben zwei oder gar mehrere Gesichter in uns – die lieben Rollen und Masken, die wir darstellen. Hier findet sich die Essenz der Rhythmisierung: Den Alltag in einen Rhythmus bringen, um sowohl den Mönch als auch den Unternehmer ausleben zu können. Im Folgekapitel «Weisheit des Rebellen» gehe ich näher darauf ein.

Mir stellte sich lange die Frage, wie ich sowohl den Unternehmer als auch den Mönch in Einklang und zum Ausdruck bringen kann? Heute gelingt mir das hervorragend. Ich habe gelernt zu erkennen, wer sich gerade meldet und seinen Ausdruck sucht. Ich achte auf das Bedürfnis nach passiver Gelassenheit und Achtsamkeit und lasse bewusst los von Kontrolle. Dies gelingt mir über die Meditation. Andererseits werde ich sofort aktiv, wenn sich mir eine Idee und Eingebung zeigt. Dann heißt es, sofort umzusetzen – so entstanden viele großartigen Dinge. Wie bringe ich diese beide Pole in ein und dasselbe Leben, ohne mich irgendwo dazwischen zu verlieren? Diese Frage solltest du dir echt mal stellen. Du brauchst dich nicht für die eine oder andere Seite zu entscheiden. Du trägst beide Herzen in dir. Lass sie pochen und zwar mit hoher Frequenz. Beide Pole unter einen Hut zu bringen, war auch für mich die grosse Herausforderung. Aber es ist möglich und gar zwingend, wenn du ein hohes Mass an Sinnhaftigkeit und Lebensfreude erfahren möchtest. Genau darum geht es mir nämlich: Einerseits liebe ich dieses Aktive, andererseits lähmt es mich. Ich liebe aber auch die Ruhe und Gelassenheit. Ich suche sie gar täglich, denn das Leben ist mit Gelassenheit so viel angenehmer und durch Achtsamkeit so spannend. Trotzdem weiss ich, dass Emotionen unser Leben bestimmen, und aufwühlende Emotionen rütteln ganz schön an der Gelassenheit. Die Impulskontrolle hilft dir, nicht auf jede Emotion gleich zu reagieren, auch wenn der Drang zur Affekthandlung groß ist, kannst du lernen, dich in sie zu entspannen und sie damit zu verabschieden.

Ich frage mich, ob die konstante Gelassenheit überhaupt möglich ist? Und wenn ja, wie sieht so ein Leben aus? Als Mönch im Kloster, ohne die vielen Freuden eines öffentlichen Lebens? Ohne mich, was aber nicht bedeutet, dass ich diese Askese nicht verstehe. Ich verstehe sie sogar sehr gut. Von Zeit zu Zeit wünsche ich sie mir sogar. Ich weiss, dass es im Alltag schwierig ist, sich Zeit für sich zu nehmen und auch wirklich bei sich zu sein. Doch ist es ein Entscheid, dies doch zu tun. Voll bei sich anzukommen. So verstehe ich die Mönche und Nonnen in den Klöstern. Die sich zurückziehen und täglich nach dem höheren Selbst streben. Die nächst höhere Bewusstseinsstufe erlangen möchten. Ohne Ablenkung von aussen, denn darum sind sie ja im Kloster.

Ich hatte meinen Kopf mit so vielen Fragen gefüllt, dass ich kaum noch die Übersicht behielt. Die zahlreichen Coaching-Ratgeber schlagen mit Begrifflichkeiten um sich und überhäufen dich mit Wahrheiten. Sie bestätigen dir die Einflussfaktoren für ein selbstbestimmtes Leben. Doch geben sie dir wirklich die Hilfsmittel, die eigentlichen Werkzeuge an die Hand, die du für das selbstbestimmte Leben brauchst? Meiner Meinung nach zeigen sie dir nicht, wie ihre Ratschläge umzusetzen sind. Können sie auch gar nicht, denn jeder Mensch ist individuell. In der Regel wollen Coaches helfen. Sie wollen aber auch ihre Leistungen verkaufen. Was völlig in Ordnung ist. Jeder Coach hat seine eigenen Prozesse zu verarbeiten und kann dir wertvolle Tipps an die Hand geben. Ihre Tipps haben aber immer nur für sie selbst Gültigkeit. Was für andere stimmig ist, muss nicht zwangsläufig für dich zutreffen. Darum arbeite ich mit meiner Klientschaft in Experimentform – Wir erarbeiten gemeinsam ein Experiment, mit dem Ziel, eine bestimmte Handlung für 30 Tage auszuführen und dann auszuwerten, wie die Ergebnisse sind und ob man an der Handlung festhalten möchte. Dies klappt super und ist ein typisches Kompetenzerwartungstraining, wie es im Mentaltraining gerne angewendet wird.

Finde die eigenen Antworten, lass dich aber von anderen Menschen gerne auch inspirieren. Nichts zu tun ist nämlich keine Option. Ich selber schätze die aufrichtigen Worte von Gleichgesinnten, die ihre Erfahrungen kundtun, ohne gleich immer eine Antwort nachzuliefern. Denn wir alle sollten wissen, dass die Antworten immer individuell sind. Deine eigene Wahrheit erfährst du, wenn du bereit bist, diese selbst zu erfahren. Wenn du bereit bist, nach ihr zu suchen. So finde ich es weitaus hilfreicher, die Geschichten anderer Menschen zu hören und daraus meine eigene Geschichte zu entwerfen. Vielfach erhältst du in den Coaching-Ratgebern eine Bestätigung, aber sicherlich keine Lösung für deine Lebensaufgaben. Ich mag darum die Geschichten von Menschen, die Fehler machen. Von imperfekten Strategien und erfolglosen Handlungen. Einfache Erzählungen von Menschen mit gleichen Bestrebungen, wie ich sie spüre: die eigene Lebensqualität zu steigern und das Glück und somit das Heilsein zu finden. So glaube ich, dass wir im Grunde alle gleich sind. Wir stammen aus der gleichen Quelle – Brüder und Schwestern. Wir streben alle nach demselben Ziel: Die spirituelle Leere zu füllen und Gott in uns zu finden. Was auch immer der Begriff «Gott» für dich bedeuten mag.

Tolle Worte wie Gelassenheit, Achtsamkeit, Vertrauen und Mut etc. sind nur Worte, solange ich diese nicht selbst erfassen und erleben kann. So liegt es schlussendlich immer an mir selbst, die Fülle meines Wissens - den Ratgebern sei Dank - zu reduzieren und das persönliche Erleben ins Zentrum zu stellen. Mich selbst wahrzunehmen und zu reflektieren. Wie die chinesische Geschichte vom Meister und seinem Schüler uns lehrt: Du musst erst deinen Geist leeren, um ihn mit neuen Antworten füllen zu können. Ansonsten läuft die Teekanne über. Wenn du deinen Geist nicht leerst, bist du irgendwann voll. Dann passt nichts mehr rein. Um was reinzupacken, musst du loslassen und dich von bisher angehäuftem Wissen trennen. Dich allenfalls von bisherigen Überzeugungen lösen. Und hey, dieser Wandel geschieht ein Leben lang. Und alleine deshalb schon solltest du nicht zwanghaft nach Antworten suchen. Es geht um jeden Tropfen, der den Stein schlussendlich höhlt. Finde den Anfängergeist in allem, was du tust.

Als ich begann, mir Fragen zu stellen, stieß ich auf eine Vielzahl von Antworten. Auf so viele, dass ich wiederum erkennen musste, dass ich wirklich gar nichts wusste. Bruce Lee formulierte nach meiner freien Interpretation diesen Frage-Antwort-Prozess sehr treffend mit den folgenden Worten: «Als Beginner in den Kampfkünsten lernte ich einen Schlag und einen Tritt nur ein Tritt ist. Als fortgeschrittener Schüler erkannte ich, dass ein Schlag nicht nur ein Schlag und ein Tritt nicht nur ein Tritt ist. Heute als erfahrener Kampfkünstler weiss ich, dass ein Schlag doch nur ein Schlag und ein Tritt doch nur ein Tritt ist - so schlage, wenn du schlagen musst und trete, wenn du treten musst!»

Auch hier bestätigt sich die Essenz des Lebens: Sich flexibel einer Situation hinzugeben und dann den freien Willen zu nutzen, um zu gestalten. Wie bereits geschrieben: Die Situation selbst können wir nur bedingt beeinflussen, aber unsere Reaktion und unsere Aktion stehen und fallen mit unserer mutigen Einstellung zum Leben. Die Kampfkunst spiegelt genau dieses Wechselspiel von dem vermeintlich passiven Zulassen und dem aktiven Agieren. Der geübte Kämpfer pendelt flexibel zwischen den komplementären Polen und weiss sich situativ anzupassen. So spielt es für ihn keine Rolle, welche Art von Gegner ihm gegenübersteht. Der Kämpfer weiss die Situation anzunehmen, wie sie ist, und er weiss sich selbstbestimmt in der aktuellen Situation zu bewegen. Die Situation ist gegeben, die Reaktion darauf aber individuell und die Aktion flexibel. Das grosse Ganze bringt die Situation hervor. Der freie Wille des Kämpfers und dessen Flexibilität gestalten aber seine individuelle Wirklichkeit. Die eigene Realität. Bruce Lee sagte auch: «Be water, my friend.» So sehe ich das auch. Der Fluss des Wassers ist gegeben. Die Reaktion des Wassers auf Widerstände ist aber flexibel. Je nachdem, wie es die Situation erfordert.

Abschließend erlaube ich mir diesbezüglich ein Fazit. Es gibt keine Kontrolle, aber es gibt die kognitive Flexibilität – übrigens, eine trainierbare Exekutivfunktion des Gehirns. Deine Fähigkeit, dich situativ anzupassen und daraus dein Bestes zu machen, beanspruchst du täglich. Du handelst ohne zu kämpfen, nur mit dem fundierten Vertrauen in deine Fähigkeiten und Fertigkeiten sowie in die wohlwollenden Fügungen des Lebens. Lebe deinen persönlichen Ausdruck. Bildlich gesprochen: Drücke der Situation deinen persönlichen Stempel auf! So bitte ich dich, folge nicht der aktiven Selbstoptimierung, wie sie heutzutage viel zu oft praktiziert wird, weil man der Angst nicht ins Auge blicken möchte. Wir wissen ja mittlerweile, dass sie ein kräfteraubender Kampf ist. Wir wollen nicht kämpfen, denn dies ist die reine Energieverschwendung. Wir wollen, wie das Wasser auch, den Weg des geringsten Widerstandes gehen und den persönlichen Ausdruck leben. Dabei hilft dir vielleicht mein persönliches Trainingsmotto: **"Finde den Komfort im Dyskomfort."**

Die größten Kritiker – Und ich mach es doch

Dieses Buch dient deiner Motivation, deiner Inspiration und deiner Orientierung. Und doch, ich komme nicht drum herum, auch etwas ausführlicher über Widerstände zu schreiben. Kritik ist nicht immer motivierend. Kritik ist gar oft energieraubend und blockiert die Motivation. Dieses Thema schweift etwas ab vom bisher Gehörten, soll dir für die Zukunft aber Mut machen. Denn du bist laufend mit Kritik konfrontiert. Damit meine ich nicht nur die Selbstkritik. Sie ist zwar auch Bestandteil deiner Entwicklung, aber hier meine ich die direkte und indirekte Kritik anderer Menschen.

Jetzt, da du beschlossen hast, dein Leben selbst in die Hand zu nehmen, du gemäss deiner Ideale zu handeln gewillt bist und damit auch Fehlbarkeit und Verletzlichkeit auf den Plan rufst, wirst du definitiv mit Kritik umgehen lernen müssen. Wo gehobelt wird, da fallen Späne. Oder auch, wenn du dich bewegst, dann schlagen diese Handlungen immer Wellen auf und diese irritieren definitiv deine Mitmenschen. Sie bringen sie allenfalls in Instabilität und dieses Gefühl von Unsicherheit löst Widerstand aus. Die Kritiker lauern demnach überall. Sie sind dir gar am nächsten. Die Kritiker sind deine Freunde, deine Familie oder gar Partnerin und Partner. Doch auch fremde Menschen können dich kritisieren und angreifen.

Ich darf an dieser Stelle sagen, dass mich meine Lebenspartnerin in meinem Tun unterstützt. Was für die persönliche Wegbereitung sehr wichtig, aber nicht unverzichtbar ist. Die Trennung damals, welche unsere Partnerschaft transformierte, rührte daher, dass ihre

Unterstützung zu bröckeln begann, weil wir beide uns in einer sehr unsicheren Lage befanden und kein Auge für den jeweils anderen mehr hatten. Jeder war mit seinen inneren Kämpfen beschäftigt und so kamen auch die Kritiker von aussen an uns heran und wirkten auf uns ein.

Je näher dir ein Mensch steht, desto mehr Einfluss hat er oder sie auf dich. Dieser Mensch kann dich klein halten oder aber ganz groß werden lassen. Dieser Mensch weiss im Optimalfall alles über dich und kennt die Gründe für dein Bestreben und dein Handeln. Dieser Mensch weiss, dass du, wenn du dir selbst näherkommst, auch ihm oder ihr näherkommen kannst. Eine Beziehung ist harmonisch, wenn beide Partner sich zu ähnlichen Teilen weiterentwickeln und sich selbst näherkommen können. Das aufrichtige Dienen am Partner oder der Partnerin wird damit zur Tugend und die Beziehung lebt auf. Und sie wird auf Verständnis und Mitgefühl basieren. Das ist es, was ich nun in der transformierten Partnerschaft finde und wieso ich sehr dankbar auf die Krisenzeit zurückblicke und darin die grosse innere Befreiung sehe. Nicht für die Partnerschaft als solche, sondern den Wandel, den ich vollziehen durfte. Die funktionierende und beflügelnde Partnerschaft ergibt sich automatisch, wenn die Transformation der Individuen gelingt.

Die Menschen in deinem Umfeld können dich unterstützen. Sie können dich aber auch unbewusst oder bewusst klein halten. Dich gar sabotieren. Beides wirst du kennenlernen oder hast es schon erlebt. Was mich wieder zur Fremdbestimmung bringt. Sie lauert überall. Du wirst hören, dass du egoistisch handelst. Du wirst vernehmen, dass sich dein Umfeld über dich auslässt und gar Wetten über dein Scheitern abschließt. Du wirst feststellen, dass du nicht so wertgeschätzt wirst, wie du es gerne angenommen hast. Im Grunde genommen wirst du erkennen, dass du dir vorerst selbst am nächsten bist und die wichtigste Geige in deinem Leben spielst. Egal, wo du hinrennst, deine Persönlichkeit und dein Wesen werden immer schon dort sein. Wenn du dir dessen bewusstwirst und es annehmen kannst, dann steht dir die Welt offen und deine Mitmenschen werden sich früher oder später gar an deinem Tun orientieren. Ghandi sagte: «Sei du selbst die Veränderung, die du in der Welt sehen möchtest.» Sein Beispiel zeigte bekannterweise Wirkung. Du wiederum wirst dich aufrichtig auf die Mitmenschen einlassen können, auch wenn sie dich zuvor getadelt, attackiert und sabotiert haben. Im Grunde genommen wollen wir alle dasselbe - wir wollen geliebt, anerkannt und wertgeschätzt werden und das bei maximaler Autonomie und Freiheit. Wenn du das für dich erkennst, kannst du diese Haltung ins Leben tragen und den Menschen in diesem Sinne zudienen. Genau deshalb wirst du all die Dinge, die du noch vermissen solltest, plötzlich finden. Wer fragt, dem wird gegeben. Wer sich dem Leben anbietet, der wird Angebote bekommen!

In der Erfolgsliteratur spricht man von drei Stufen – schon wieder die Drei - die es auf dem Weg zum Erfolg zu durchlaufen gilt. Und worauf wohl auch das bekannte Motto «Never give up» gründet.

Auf der ersten Stufe, wenn du deine Wünsche und Bedürfnisse erstmals nach aussen trägst, werden die

Menschen dich wohl belächeln und machen sich vielleicht lustig über dich. Als Randbemerkung frage ich mich, wen es wundert, dass sich immer weniger Menschen mit Nahestehenden austauschen und nur noch mit einem Therapeuten über ihre Gefühle sprechen. Zurück zum Thema: Die Menschen, die dich belächeln, sind dir nicht fremd. Im Gegenteil, sie stehen dir sehr nahe. Denn sie meinen, dich zu kennen. Eine fremde Person weiss nichts über dich und wird demnach zuhören und dich im schlimmsten Fall einfach nicht verstehen. Sie wird dich nicht tadeln. Eine nahestehende Person tut dies jedoch. Sie tut dies, weil sie Veränderung scheut. Allenfalls gibst du dieser nahestehenden Person gar Halt und durch deine neuen Gedanken und deine Handlungen gefährdest du deren Stabilität. Du zwingst die Person, sich selbst den Spiegel vorzuhalten und sich allenfalls anpassen zu müssen. Auch diese Person ist fremdbestimmt. In dem beschriebenen Fall nun aber durch dich. Und hier möchte ich sagen, dass genau in dieser Situation dein Selbstbewusstsein der Schlüssel ist. Die Fremdbestimmung hört auf, wenn du dich durch und durch kennst und dadurch an nichts und niemandem anhaftest. Situationen sowie Menschen kommen und gehen und es ist sinnvoll, nicht dagegen anzukämpfen, sondern sich darauf einzulassen. Wenn wir aber jemanden durch unsere Handlungen in die Unsicherheit führen, dem sollten wir dann wieder auf die Beine helfen und seine Sicherheitsgefühl stärken.

Nun zur zweiten Stufe. Wenn wir, trotz der kleinhaltenden Kritik und mangelnden Wertschätzung, die erste Stufe hinter uns lassen können, weil wir einfach wissen, dass wir nicht mehr zurück können und dem Ruf in uns folgen wollen, der wird nun allenfalls mit Sabotage rechnen müssen. Die direkte Attacke auf deine Wünsche und Bedürfnisse. Belächeln war früher, heute wissen die unsicheren Mitmenschen um den Ernst deiner Sache und greifen dich an. Sie attackieren und sabotieren dich. Wenn nicht direkt dich selbst, dann manipulieren sie dein Umfeld. Da ich mir meiner Sache sicher war und immer stärker daran glaubte, tadelte mich niemand direkt. Mein Umfeld ließ mich gewähren. Obwohl ich mir sicher bin, dass hinter meinem Rücken getuschelt wurde. Es kümmerte mich kaum. Ich war ja nicht dabei. Ich kann heute sagen, dass mich damals schon der Rebell durchdrang und ich mich gar von Widerstand bestärken ließ. Anfänglich mit dem Gedanken, es allen zu zeigen. Später dann nach dem Satz von Bruce Lee: «Wenn du angegriffen wirst, musst du irgendetwas richtig machen, denn man greift immer nur den an, der den Ball hat.»

Jahre später erfahre ich eines Abends von meiner Partnerin, dass sie bei der Arbeit von ihrer Kollegin massiv bearbeitet wurde. Eine direkte Attacke, die massiv unsere gemeinsamen Pläne unter Beschuss nahm. Obwohl ich gar nichts mit dieser Kollegin am Hut hatte. Auf die Details gehe ich nicht ein, aber es trug sicherlich zur Trennung bei. Sie solle doch diesen Spinner – damit meinte sie mich - austauschen und sich auf einen anderen Mann einlassen. Was sie dann auch tatsächlich tat. Dieser Ratschlag wurde ergänzt durch die Aussage, dass meine Freunde gleich über die Sache denken würden. Spaßig nicht. Ein Mensch, der mir überhaupt nicht nahesteht, versucht meine Partnerin zu manipulieren. In dem beschriebenen Spiel bin ich nur Statist, aber die Pläne wurden unter Beschuss genommen. Das gesamte Umfeld manipuliert aus Unsicherheit heraus, aus Sicht ihren eigenen Schmerzen früherer Erfahrungen beurteilen sie die Leben anderer und aktivieren damit deine Selbstzweifel. Bleib wachsam und bleib am Ball. Punkten können nur diejenigen, die dranbleiben und den Ball haben. Denzel Washington sagte es so schön: «Wer nur lange genug vor einem Frisörladen herumhängt, der wird eines Tages einen Haarschnitt bekommen.»

Die dritte Stufe ist dann die logische Konsequenz – nämlich die Bewunderung. Sicherlich gibt es auch die Neider, jedoch kommt mir persönlich heute viel Zuspruch entgegen. Doch viele werden halt auch getriggert in ihrer eigenen Trägheit, Unsicherheit und Faulheit und eben, ihrer Angst. Wenn du jemanden zurücklässt, der dich sabotieren und klein halten wollte, der wird dich vielleicht meiden wollen. Die Frage ist, willst du an einer solchen Beziehung noch festhalten? Ich habe es versucht, musste aber feststellen, dass sich letzten Endes dann doch zu viel verändert hat.

Auf der dritten Stufe wirst du zur Inspiration für andere Menschen. Und alleine deswegen lohnt sich die Mühe. Rudolf Wölzer sagte dazu im Film «From Business to Being» die von mir frei interpretierten Worte: «Erfolg ist zu wissen, dass durch meine Anwesenheit auf Erden, das Leben eines anderen Menschen ein wenig besser war.»

Diese Worte sind Inspiration und Lebensmotivation pur für mich. Und ich sage heute gar, wenn du dein Leben lebst, ohne das Leben eines anderen Menschen besser zu machen, dann verschwendest du deine Zeit.

Lass dich demnach nicht unterkriegen. Suche die Gründe für das belächelt werden, die Attacken und die Sabotage und frage dich, wie du damit umgehen möchtest. Gib dem Widerstand ein Gesicht. Schwäche dadurch die Furcht und sage dir: Und ich mach es trotzdem, denn es fühlt sich einfach richtig an!

Weisheit des Rebellen

Selbstbestimmung durch Rhythmus

Die Erkenntnisse und Erfahrungen und deren Umsetzungsbarkeit im Alltag wollte ich für mich auf irgendeine Art greifbar machen. Du tust gut daran, die – wie ich es gerne nenne – «komplexe Einfachheit» aufzusplittern und dir eine Landkarte zurechtzulegen. Ansonsten verliert man sich nur zu gerne in den Details und ist eher verwirrt als klaren Geistes.

Meine Landkarte zeigt fünf Elemente. Die Elemente finden sich vorwiegend in den fernöstlichen Lebenslehren. Da ich mich in den Kampfkünsten zuhause fühle, war es naheliegend, dass ich diese Elemente als Grundlage nahm und sie für meine Orientierung neu formulierte. Fünf Elemente, die mich in meinem Leben begleiten und mich mir näherbringen sollen. Im Grunde sind es Rahmenbedingungen, welche auch Miyamoto Musashi, dem wohl bekanntesten Schwertkämpfer aus dem antiken Japan, für sein Vermächtnis «Gorin-no-sho» (Das Buch der fünf Ringe) als Orientierung dienten. Ich interpretierte diese Elemente neu und bereitete meinen eigenen Lebenspfad, der mir eine fließende Entwicklung hin zum persönlichen Glück ermöglichen sollte. Die fünf Elemente zieren heute meinen Oberarm als Tattoo und erinnern mich täglich an mein Fundament.

Inhaltlich finden wir die Elemente auch in der bereits erwähnten Interpretation der Lebensweise auf Okinawa sowie in der Epigenetik. Wenn auch nicht als Elemente ausgewiesen, bilden die Inhalte die

Grundidee für die Suche nach ewiger Gesundheit und vollkommenem Heilsein. Diese Suche ist zwar bei jedem Menschen unterschiedlich ausgeprägt, sie basiert aber meines Erachtens immer auf denselben Grundpfeilern. Oder eben auf diesen fünf Elementen.

Element Erde – die Weisheit des Seins

Was bedeutet es zu sein? Sind wir bereits oder müssen wir erst werden? Man könnte meinen, es handelt sich beim Element Erde um die Grundfrage der Existenz. Sind wir auf Erden, um die Wahrhaftigkeit Gottes zu manifestieren, oder sind wir hier, um uns erst mit Gott oder – um es in der Sprache der Wissenschaft auszudrücken – mit der Quelle zu verbinden?

In den Kampfkünsten wird das Element Erde den Grundkenntnissen und dem Fundament zugeschrieben. Den sogenannten Basics: dem festen Stand und der Handhabung der Körperfunktionen, wie z.B. der Atmung. Oder banal ausgedrückt: Es geht um die Grundkondition. Man könnte auch sagen, dass ein Grundverständnis der natürlichen Prinzipien vorhanden sein muss, worauf dann in der weiteren Praxis aufgebaut werden kann. Der Acker muss gepflügt werden, bevor die Saat gesetzt werden kann. Wayne Dyer schrieb: «Wir sind bereits seit der Geburt. Alles was wir sind, ist seit der Zeugung in uns vorhanden.» Davon bin ich heute fest überzeugt. Das Element Erde beschreibe ich als die Weisheit, zu wissen, was mich ausmacht und woher ich komme. Worin liegen meine Wurzeln?

Alles hat irgendwann seinen Anfang. Im Leben eines Menschen ist es die Geburt. Von da an beginnt der Mensch seinen persönlichen Ausdruck zu leben. Die Geburt ist also die Grundlage für unsere Wirkung im Aussen. Alles was du bist, ist bereits vorhanden. Es sind deine Ressourcen, die es in erster Linie zu entdecken gilt. Sowohl du als auch ich sind mit Gaben beschenkt worden. Wie könnte man sich sonst die Talente und Fähigkeiten erklären. Bei einigen von uns sind diese Gaben gar schon im frühen Kindesalter sichtbar. Wenn es dann die Eltern zulassen, dürfen diese Gaben schon von früh ausgelebt oder ausgedrückt werden. Andere Menschen wiederum hoffen ein Leben lang, diese Gaben zu finden. Sie verfallen dem Selbstzweifel, weil sie denken, gar nicht beschenkt worden zu sein. Sie versuchen dann auf irgendeine Weise, sich selbst im Kopf ihre Gaben zu erschaffen, und sind sich dadurch nie sicher, ob es sich dabei wirklich um eine echte Gabe handelt oder ob sie nur in ihrem Kopf als Hirngespinst entworfen wurde.

Wer bin ich, das ist die Kernfrage für unsere Entwicklung auf Erden. Sich zu ergründen und den Acker zu pflügen, das ist das Element Erde. Die Weisheit des Seins bedeutet in meinen Augen die Selbstwahrnehmung und die Selbsterkenntnis. Dich zu kennen hilft dir, die stürmischen Zeiten im Leben anzunehmen und zu wissen, worauf du bauen kannst. Sie ist deine Wurzel, die dich fest im Boden verankert. Sie gibt dir Kraft und du schöpfst daraus deine Energie. Alle Nährstoffe kommen aus der Erde. Die Erde ermöglicht die Grundversorgung des Organismus. Sie ist die Routine und verschafft dir Ruhe im Wandel. Schau dir einen Baum über die vier Jahreszeiten hinweg an. Er ist immer im Wandel und doch fest verankert im Leben. So kann es dem Menschen ergehen, der sich einlässt auf die grosse Frage: «Wer bin ich und wozu bin ich hier?» Alleine durch diese Frage entsteht Klarheit darüber, was wichtig ist, um in die Aktion zu gelangen und dem eigenen Leben den Stempel aufzudrücken. Aus dieser Frage schöpfst du Kraft und wirst nicht zum Spielball der

Gezeiten. Oder um es gemäss der Praxis der Kampfkunst zu beschreiben: Du wirst handlungsfähig und brauchst dich nicht verprügeln zu lassen. Du weißt dich zu wehren. Zwar noch nicht auf einem hohen Niveau, aber du kannst dich zumindest wehren. Das sind die Basics. Das ist das Fundament Erde. Alle weiteren Bemühungen werden erst durch die Basis ermöglicht. Das solltest du dir bewusst machen. Im besten Fall wirst du es erleben wollen. Dann kannst du sicher sein, dass dein Fundament nicht einfach im Kopf entwickelt wurde, sondern dass es sich um einen ehrlichen inneren Ausdruck handelt. Die Gabe ist von Geburt an in dir. Finde sie, denn sie gibt dir eine enorme Kraft und Stabilität sowie den nötigen Antrieb im Leben. Wenn du es nicht tust, werden andere Menschen über dein Leben entscheiden und du bleibst der Ball im Spiel, ohne je selbst gespielt zu haben.

Unter dem Element Erde verstehe ich aber auch ganz banal die Grundlage für ein Leben mit einer hohen Lebensqualität. So spielt der für dich passende Rhythmus eine zentrale Rolle für dein eigenes Spiel. Ein optimaler Rhythmus ist es dann, wenn du dich in der Balance von Aktivität und Passivität wiederfindest. Oder wie ich es zuvor beschrieben habe: Wenn der Unternehmer und der Mönch in Einklang sind. Wenn du dich sowohl ausdrücken als auch nach innen richten kannst. Und ein passender Rhythmus ist es auch, wenn die weiteren Rahmenbedingungen gegeben sind. Dies sind Dinge wie ein gesunder und leistungsfähiger Körper, aber auch die für dich angepasste Ernährung und ein stabiles Umfeld. Die Gemeinschaft der Menschen, die dich unterstützen und die deine Gabe verstehen. Die sich allenfalls auch schon sehr ihrer selbst bewusst sind. Die angemessene Gemeinschaft der Freunde und Bekanntschaften sind der Fels in der Brandung und lassen dich aufblühen.

Erkenne die wahren Bedürfnisse in dir drin und schaffe dir eine Möglichkeit, sie alle so bewusst wie möglich auszuleben. Das ist Rhythmus. Das ist das authentische, selbstbestimmende Leben und das ist das Element Erde.

Element Wasser – Die Weisheit des Geistes

Was bedeutet es, klaren Geistes zu sein? Unser Geist ist ein mächtiges Werkzeug, solange wir verstehen, dass er nur als Werkzeug zu bedienen ist. Das Element meint, die Essenz für unser Leben zu erkennen. Festzustellen, dass wir ganzheitlich betrachtet ein Individuum in einem grossen Ganzen sind. Dass wir Energie in einem materiellen Körper sind. Zu erkennen, dass bereits alles vorhanden ist. Energie ist immer da, ob wir wollen oder nicht. Man kann sie nutzen, aber nicht eliminieren. So sind wir. Und vieles davon erkennen wir erst, wenn wir das Fühlen zulassen. Die Emotionen zulassen, sie mit unserem Geist lenken lernen, denn sie sind Energie, die sich zwar nicht greifen, jedoch fühlen lässt. Dem Körper sei Dank. Die Weisheit des Geistes ist nun das Element, in welchem wir diese Emotionen, diese Energie auch mental wahrnehmen oder – besser gesagt – geistig bewusstmachen können. Nicht nur fühlend, sondern auch denkend. Wir können die Energien vergegenwärtigen, reflektieren und lenken. Dazu ist unser Gehirn und das Bewusstsein da. So bezieht sich das Element Wasser auf die Geisteshaltung.

Miyamoto Musashi, der die Essenz der Schwertkunst mit der Essenz des Lebens verglich, schrieb im «Buch der fünf Ringe», dass es ohne die Kenntnis der anderen Schwertschulen keine eigene Essenz zu finden gibt. Ich verstehe das so: Ich selbst begab mich während meiner bisherigen Praxis der Kampfkünste immer wieder in andere Dojos (Orte des Weges in den Kampfkünsten), um mein Wissen mit dem Wissen anderer Schulen zu ergänzen. Ich wollte die Grundprinzipien der Künste verstehen lernen. Es war demnach so, dass ich mich mit geistigem Bewusstsein auf die Suche nach dem Erfahrungsschatz anderer Praktizierenden machte und so die eigentliche Essenz hinter den Künsten zu finden versuchte. Ähnlich machte dies Bruce Lee, was ihn erkennen ließ, dass die Essenz in der offenen Geisteshaltung liegt und nicht in einem beschreibbaren Muster. Was verglichen mit meiner persönlichen Erfahrung zur Schlussfolgerung führt, dass es kein Muster zu erkennen gibt, welches wir dann bewusst kontrollieren können. Die Kontrolle ist folgerichtig eine klare Illusion.

Auch wenn in der modernen Zeit noch so viele Modelle entwickelt werden, um ein gewisses System oder gewisse Wirkungsweisen zu beschreiben und vorhersehbar zu machen, am Ende kommt doch immer das Unvorhergesehene zum Ausdruck. Dann bezieht man sich gerne auf das Gesetz von Edward A. Murphy (amerikanischer Ingenieur), welches sich auf die Fehlerquellen von komplexen Systemen oder auf das menschliche Versagen bezieht und besagt, dass alles, was schiefgehen kann, auch schiefgehen wird. Die Weisheit des Geistes ist somit die offene Geisteshaltung, die die Selbstreflektion beinhaltet, deren Ergebnisse aber nicht für sakrosankt hinnimmt.

Die offene Geisteshaltung – oder die Geisteshaltung des Wassers – beinhaltet demnach einen gewissen Anfängergeist. Eine kindliche, unschuldige und unbelastete Haltung des Geistes. Mushin, wie du schon mal gelesen hast. Eine geistige Einstellung, die uns Möglichkeiten erkennen, aber auch bisherige Glaubensmuster über den Haufen werfen lässt. Das Element Wasser steht für Stärke, Konstanz, Lebensenergie und Flexibilität. Die Geisteshaltung des Wassers weist uns darauf hin, immer mal wieder die Teekanne zu entleeren, um sie dann mit neuen Eingebungen füllen zu können. Das ist das Element Wasser.

Element Feuer – Die Weisheit des Mutes

Was bedeutet es, mutig zu sein? Warum ist der Mut eine so starke Tugend? Im Grunde liegt im Element Feuer die Selbstwirksamkeitsüberzeugung zugrunde. Der Mut ist die Tugend, die unseren persönlichen Ausdruck erst ermöglicht. Sofern wir – wie in den ersten beiden Elementen Erde und Wasser beschrieben – erkennen, was uns ausmacht und, dass wir nichts zu kontrollieren brauchen, können wir uns nun dem Element Feuer widmen.

Die Erde ist der Acker, den wir vorzugsweise pflügen und dem die Saat innewohnt. Das Wasser verleiht der Saat die Kraft zu wachsen und das Feuer bringt sie zum Glühen. Das Feuer macht den Acker fruchtbar. Für viele ist das Feuer erwärmend, aber auch mit einer immensen Gefahr behaftet. Ein unkontrolliertes Feuer kann zerstören, was uns für gewöhnlich veranlasst, aus Angst unser Feuer zurückzuhalten. Aus diesem Grund ist es wichtig, sich seiner Sache sicher zu sein. Oder noch viel besser ausgedrückt: sich selbst sicher zu sein. Selbstbewusst und zuversichtlich, denn darin liegt die Kraft für die Aktion. Ansonsten bleiben wir fremdbestimmt und immer in unserem Bau. Wir stecken dann im Acker fest und verkriechen uns vor der erhellenden Sonne. So kann das Licht im Leben nie aufgehen. Die Saat wird nie aufgehen, und wir können nie aufblühen und zu unserer vollen Grösse gelangen. Die Weisheit des Mutes liegt also darin, trotz der Angst vor Fehlbarkeit und Verletzlichkeit die geplanten Schritte zu tun. Es geht um die Entscheidung, den Sprung zu wagen und das Wachstum anzugehen. In den Kampfkünsten kommt für jeden Kampfkünstler irgendwann der

Zeitpunkt, in welchem es heißt, zu springen und auch den Schmerz in Kauf zu nehmen. Nämlich dann, wenn er oder sie in den Angriff übergeht und den Siegestreffer erstrebt, jedoch auch den persönlichen KO bewusst in Kauf nimmt. Das ist die Geburt des Kriegers. Das ist der Grund, warum ich die Kampfkünste als die perfekte Bewusstseinsschulung sehe und nie mehr ohne diese Praxis leben möchte.

Sobald also der erste Schritt getan ist, folgen grosse Sprünge. Den Rhythmus hast du im Element Erde kennengelernt, daraus folgen deine täglichen kleinen Schritte. Diese sind mit zunehmender Zeit mit immer weniger Angst verbunden. Irgendwann dann wird dein Wille grösser sein als deine Angst und du wirst springen und die Freiheit von der Lähmung der Angst erlangen. Endlich deinen wahren Ausdruck leben. Die Selbstbestimmung findet sich somit im Element Feuer, denn Mut ist nicht die Abwesenheit von Angst, sondern die Fähigkeit, trotz dieser Angst zu handeln. Und was ist mit den Fehlern, die passieren werden? Das bereits bekannte Element Wasser beinhaltet auch die Antwort auf diese Frage.

Die fließende Energie des Lebens spielt mir in die Hände und ich kann lernen, sie zu nutzen. Dabei halte ich mich an nichts fest, sondern ich nutze die Chancen, die sich mir anbieten. Dabei spielt dann der Intellekt eine tragende Rolle, denn daraus leite ich die Lösungen ab. Ich nenne das die zielgerichtete Energie, welche ich mit ein wenig Übung ebenfalls nutzen lernen kann. Die Kampfkünste kultivieren diese zielgerichtete Energie und stellen sie regelmäßig auf die Bewährungsprobe.

Ich habe davon geschrieben, dass die Herausforderung dort liegt, wo aktives Gestalten und passives Geschehen zu unterscheiden sind. Nun ist dies gemäss Wu Wei kein passives Geschehen lassen, sondern ein Handeln durch Nichthandeln. Also wiederum eine bewusste Aktivität, welcher wir aber nicht anhaften und worauf wir uns nicht versteifen. Im Geiste des Mushin handeln, ohne wirklich zu handeln. Nun gibt es in unserem Leben immer Situationen, welche wir ergebnisorientiert umzusetzen haben. Zum Beispiel Aufträge für unsere Arbeitgeber oder die sportlichen Ziele im Wettkampf. Wir arbeiten in solchen Situationen also ergebnis- und zielorientiert. Mit der Orientierung an den Elementen ist es dir möglich, Situationen anzunehmen und das Beste daraus zu machen. Die zielgerichtete Energie zu nutzen und mutig die Herausforderungen des Lebens anzugehen.

Das Element Feuer steht für den Mut und die bekannten ersten Schritte in die Fülle. Das Feuer wünschen sich viele Menschen, doch die meisten halten es zurück. Das Feuer ist die Schaffenskraft und ich hoffe, dass auch du den Mut eines Tages wahrlich ausleben kannst. Das ist das Element Feuer.

Element Wind – Die Weisheit der Wandlungen

Warum ist es so wichtig zu verstehen, dass das Leben einem immerwährenden Wandel unterliegt? Sobald ich mich mit dem Feuer konfrontiert sehe, bin ich versucht, damit zu spielen und mich in alle möglichen Situationen zu begeben, vielleicht übermütig zu handeln. Ich mache, also kontrolliere ich. Das scheint die gängige Einstellung zu sein.

Was aber, wenn plötzlich der Wandel eintritt und sich die Umstände blitzschnell ändern? Es ist aber nicht nur dieser Aspekt, sondern häufig ist auch der Umstand anzutreffen, dass man an einem Vorgehen festhält, nur weil man sich zu einem Zeitpunkt dafür entschieden hat. Schwierig, davon abzuweichen, scheint es dann, wenn noch andere Menschen darin verwickelt sind. Man findet dann das klassische Gedankengut: Wer A sagt, muss auch B sagen. Was ich heute klar dementieren muss. Es lebt sich wesentlich aufrichtiger, wenn ich auch dazu stehe, meine Meinung zu ändern und mich auf die Variante C zu konzentrieren. Ob es anderen Menschen passt oder nicht. Das Leben besteht aus diversen Möglichkeiten und alle existieren zur gleichen Zeit. Wenn wir uns dieser Chance der Wandelbarkeit bewusstwerden, steht uns alles offen, und zwar zu jeder Zeit. Wir können aber auch die Umstände immer ändern. Das ist die Weisheit der Wandlung. Wir erkennen daraus, dass es gilt, an nichts anzuhaften, und dass wir nichts kontrollieren brauchen. Da draussen im Universum existieren Kräfte, die wir wohl nie richtig erfassen können. Ob wir nun von irgendwelchen Energien, von Gott oder der Quelle gesteuert werden oder nicht, das spielt für unser Leben prinzipiell

keine Rolle. Aber es kann den Unterschied machen! Akzeptieren ist die Devise und Loslassen von Kontrolle die Chance auf ein reichhaltiges Leben aus dieser Quellkraft. Sie ist da, darum nutze sie. Unsere bisherigen Erfolge geben uns Kraft. Wir sollten lernen, das zu lieben, was wir haben. Schätzen lernen, was uns umgibt, und darauf aufbauen. Annehmen und ausschöpfen, was sich uns offenbart. Bescheidenheit ist auch in den Kampfkünsten eine der grossen Tugenden. Sie zeigt sich, indem wir uns in der Gesellschaft zurücknehmen. Das geht dann am besten, wenn wir uns nicht über andere Menschen stellen. Die Wandlung zähmt also unseren Übermut. Mit zunehmendem Bewusstsein fällt dir das dann immer leichter. Ich lerne in der Praxis der Kampfkünste, mich mit dem zu begnügen, was mir zur Verfügung steht. Von Zeit zu Zeit wird mir dann mehr zuteil, woran ich aber immer weniger anhafte, denn alles ist im Wandel und vergänglich.
Das Element Wind steht für die Gelassenheit, den Wandel anzunehmen und mit großer Freude dem künftigen Leben entgegenzutreten. Alles ist im Wandel. Immer und jederzeit. So auch meine hier aufgeführten Erkenntnisse. Das Leben ist ein dynamischer Prozess, und was heute noch richtig scheint, kann morgen schon falsch sein. Dies sollten wir akzeptieren lernen.

Das Element Wind steht für die Akzeptanz des Wandels. Der Wind über dem Acker kann das Feuer weiter entfachen oder aber die Saat verwehen. Diese kann aber auch anderswo wieder erblühen. Der Wind ist die Veränderung, die Altes auflöst und Neues erschafft. Das ist das Element Wind.

Element Leere – Die Weisheit der Wahrheit

Was soll ich heute noch glauben? So viele vermeintliche Wahrheiten werden täglich bekannt, welche irgendwann dann wieder komplett überholt sein werden. Heute lachen wir über Denkweisen, welche wir vor Jahrhunderten noch für in Stein gemeißelt hielten. Das Dumme daran ist, dass der Mensch sich an den Studien festhält, ohne selbst nachzudenken. Wir orientieren uns an den Wetterprognosen. Wir orientieren uns an den Aussagen von Ärzten. Wir orientieren uns an Politikern. Und wir nehmen die Worte von fremden Menschen für bare Münze, wenn es darum geht, unser eigenes Schicksal zu beschreiben. Viele Menschen denken, sie hätten die Weisheit mit Löffeln gegessen und geben etwas weiter, was hoffentlich – zumindest für sie – stimmen mag. Oder aber, du und ich quatschen anderen Menschen ihre Wahrheit nach, bis sie zu unserer eigenen Wahrheit geworden ist. Das alles ist für mich nicht akzeptabel. Darum ist das fünfte Element die Leere. Sie umschreibt die Weisheit der Wahrheit. Was Folgendes bedeutet: Es handelt sich dabei immer um meine eigene Wahrheit.

Miyamoto Musashi schrieb in seinem «Buch der fünf Ringe» zum Element Leere nur gerade zwei Seiten. Wieso? Aus genau diesem Grund, da seine Worte nur seine Wahrheiten widerspiegeln. Die eigene Wahrheit kannst immer nur du selbst für dich finden und du kannst sie auch nur spärlich mit einem anderen Menschen teilen, denn es bleiben für andere Menschen nur gelesene oder gesprochene Worte. Selbstverständlich kannst du mit anderen Menschen philosophieren, aber auch dann bleibt es immer noch die

Wahrheit des Individuums. Dein Verständnis für die Bedeutung seiner Worte bleibt aber aus. Wie es das Wort Bedeutung schon sagt, deuten wir etwas. Wir bewerten oder beurteilen etwas und knüpfen dazu an einer mir bereits bekannten Thematik an. An etwas, was wir bereits schon erkannt haben. Nur so können wir neue Erkenntnisse erlangen und Schlüsse daraus ziehen. Wir bauen sozusagen unser Fundament aus oder setzen in unserem Acker sprichwörtlich neues Saatgut, was die ursprüngliche Saat optimalerweise begünstigt und nicht konkurrenziert. Wenn also bei einer Erzählung eines Menschen widersprüchliche Aussagen auftauchen, dann weiss man, dass da die Aussagen eines anderen Menschen kopiert wurden. Wir bilden immer neue Synapsen. Sie sind die Schaltkreise in unserem Gehirn. Altes Wissen wird mit neuem Wissen verbunden. Wir knüpfen an unseren Ressourcen an. Zu erkennen, dass es immer nur die eigene Wahrheit ist, erleichtert den Umgang mit den Mitmenschen. Man wird nicht mehr versucht sein, einen anderen Menschen zu überzeugen. Wir finden unsere Wahrheit, wenn wir den bereits erwähnten Anfängergeist aus dem «Element Wasser» hegen und pflegen. Wir starten täglich neu, haben immer eine Wahl und können alles immer und zu jeder Zeit ändern. So ändern sich auch unsere Wahrheiten, was wiederum dem «Element Wind» zuzuordnen ist. Wenn es um die eigene Wahrheit geht, ist unsere spirituelle Komponente ebenfalls von Bedeutung.

Spiritualität kann sowohl esoterisch, theologisch und philosophisch sowie aus Sicht des Schamanismus und Naturwissenschaft erklärbar gemacht werden. Sie kann aber auch ganz einfach die Grundlage unseres

Handelns sein und zu mehr Nächstenliebe, Menschlichkeit und zu aufrichtigem Dienen führen. Im Endeffekt ist die Spiritualität eine Form von Selbstbewusstsein, die sich durch tugendhaftes Wirken auszeichnet. Mit moralischen und ethischen Grundsätzen. Mit Mitgefühl und Humanität. Spirituell zu sein heißt aber auch, dass ich meinem Leben mehr Geist einhauche. Einen tieferen Sinn beimesse und mich viel bewusster im Alltag bewege. Achtsamer lebe, freundlicher lebe und aufrichtiger lebe – einfach inspiriert bin! Dass ich den unerklärlichen Dingen und Geschehnissen auf der Welt mit Staunen und tiefer Achtung begegne, ohne mich immerzu um eine Erklärung zu bemühen. Die Spiritualität spielt im Leben des Menschen eine grosse Rolle. Viele nennen es Religion, ich jedoch glaube, dass der wahre Kern der Sache in der geistigen Nähe zum Mystischen liegt. Wir können vieles nicht erklären und müssen demnach wohl oder übel vertrauen. Vertrauen in die eigene Wahrheit. Die es irgendwann in unserem Leben zu entdecken gilt. Die Spiritualität ist eng verbunden mit unserer Suche nach Sinn. Die Sinnsuche ist ein wesentlicher Bestandteil unseres Wesens. Der Mensch braucht die Sinnhaftigkeit. Er will den Geist in der Sache erkennen.

Was man daran erkennt, dass die Anhäufung von materiellen Gütern nicht wesentlich glücklicher macht, wenn man die Zeiten vergleicht, als man noch viel weniger materiellem Wohlstand hatte. Blickst du aber Menschen in die Augen, die wirklich einen Sinn in ihrem Tun erkennen, dann erkennst du in deren Augen die aufrichtige Freude. Die Augen strahlen, sie sind beseelt, weil sie einen Sinn in ihrem Engagement finden. Die Gründe der Sinnhaftigkeit sind aber so unterschiedlich wie die vielen Richtungen der Spiritualität selbst.

Die Rückkehr zur Spiritualität ist heute überall zu spüren. Die spirituelle Leere spüren viele. Es ist ein riesiges Bedürfnis des Menschen, wieder etwas mehr Wertigkeit im Leben zu schaffen. Wertigkeit oder Lebensqualität entsteht, wenn wir aus unserem Innersten leben können. Unserer Natur entsprechend. Wie wir wissen, ist unsere Natur individuell und so zeigt sich die Lebensqualität bei jedem Menschen unterschiedlich. Du findest die verschiedensten Wahrheiten. Du brauchst nicht alle zu verstehen, aber erkenne die Grundpfeiler deiner eigenen Wahrheit und lebe sie.

Das Element Leere steht für die tiefe Bedeutung der eigenen Wahrheit. Die vermeintliche Leere ist demnach die wahrhaftige Fülle. Was sich nach einem Widerspruch anhört, ist in meiner Wahrheit die eigentliche Essenz des Lebens und nur schwer zu erreichen. Der Acker ist gepflügt, die Saat gesetzt und der Funken gezündelt. Der Wind entfacht das Feuer und schlussendlich endet doch alles in der Leere. Wieder bei mir selbst, als reines Bewusstsein – oder eben, wieder bei der Quelle. Eins zu sein mit der Quelle, dem allumfassenden Bewusstsein oder einfach mit Gott. Ich bin das, was Worte nicht auszudrücken vermögen und worüber nur noch philosophiert und spekuliert werden kann. Das ist der Pfad der Spiritualität. Das ist die Weisheit der Wahrheit. Das ist das Element Leere.

Fertigkeiten des Rebellen

Selbstbewusstsein und Fertigkeiten – Das Fundament

Unser Selbstbewusstsein finden wir auf drei voneinander abhängigen Ebenen. Der körperlichen, der geistigen und der seelischen Ebene. In den Kampfkünsten, aber auch im Yoga und ähnlichen spirituellen Praktiken geht es darum, die drei Ebenen Körper, Geist und Seele miteinander zu verschmelzen und eine eventuelle Trennung aufzuheben. Kurz gesagt: sie wieder in Einklang und Balance zu bringen. Oder wie es bei den fortgeschrittenen Praktikern der Künste zu sehen ist, diese Symbiose zu erhalten und zu vertiefen.

Um die Symbiose zu erreichen, gibt es meiner Auffassung nach fünf zentrale Schlüsselfertigkeiten, welche auch im klassischen Coaching und im Leistungssport zur Anwendung kommen und dir diesen Verschmelzungsprozess ermöglichen können. Mit der Fähigkeit, diese fünf Fertigkeiten zu stärken, erhältst du Einblicke in dein Wesen und schaffst dir eine Grundlage für das aktive Gestalten deines Lebens. Dein Alltag wird sozusagen trainierbar, aber auch lebendiger, emotionaler und auch anspruchsvoller. Die nachfolgenden fünf Schlüsselfertigkeiten sind die Leitplanken:

- Selbstwahrnehmung
- Selbstreflexion
- Selbsteinschätzung
- Selbstbehauptung
- Selbstregulation

Wie du erkennen kannst, komme ich nun zur rationalen Anleitung. Zur sachlichen Ebene dieses Buches. Obwohl auch in diesem Teil des Buches ein übergeordnetes Verständnis der Zusammenhänge aufgezeigt werden soll. Für mich hat es sich gelohnt, mich mit den Schlüsselfertigkeiten auseinanderzusetzen. Als Sportler und Kampfkünstler war ich schon immer damit konfrontiert, jedoch nie so bewusst. Im Karate habe ich davon gehört, jedoch können die «Lehren im Hintergrund» erst mit zunehmender Praxis verstanden werden. Heute nutze ich diverse Tools zum Training der Schlüsselfertigkeiten und leite sie im Coaching und Training an. So beabsichtige ich nachfolgend die Kernbereiche eines Trainingsplanes zu interpretieren. Im Grunde genommen handelt es sich, wie schon erwähnt, um ein Training, wie es in den Kampfkünsten oder im Leistungssport zur Anwendung kommt. Mein Ziel ist klar. Ich will, dass wir gemeinsam eine Orientierung für unsere Praxis erhalten, um täglich effizient an unserem Selbstbewusstsein arbeiten zu können. Du erkennst, dass hier der Unternehmer und Sportler für dich schreibt. Nicht mehr der spirituelle Mönch aus dem Kapitel «Weisheiten des Rebellen».

Von Fertigkeiten spricht man, wenn man sie sich aneignen und trainieren kann. Im Vergleich zu den Fähigkeiten, welche bereits gegeben sind und von Geburt an in uns schlummern. Doch zuallererst ist es wichtig zu erkennen, welche der drei Komponenten Körper, Geist und Seele welchen Part in deinem Leben übernimmt. Danach können wir uns der eigentlichen Schulung der fünf Schlüsselfertigkeiten widmen.

Mein Wandel vom einstigen Immobilienspezialisten zum derzeitigen Trainer und Coach beanspruchte alle drei Komponenten. Jeder Sportler und jeder Unternehmer wird von Körper, Geist und Seele geleitet oder beeinflusst. Auch wenn man annehmen mag, dass der Sportler nur den Körper und der Unternehmer nur den Kopf zu gebrauchen hat. Das war im Sportcoaching schon immer klar, da wir uns vorstellen können, dass ein Sportler mit belastenden Herausforderungen im Alltag kaum Spitzenleistungen erbringen kann. Gleichermaßen ist es bei Einsatzkräften wie der Polizei, des Militärs oder bei Rettungskräften, welche allesamt starken psychischen Belastungen ausgesetzt sind. Wenn bei Polizisten oder Militärs die Seele nicht stabil ist, können keine anspruchsvollen Einsätze durchgeführt werden. Die beiden Beispiele zeigen die enorme Wichtigkeit eines ganzheitlichen Trainings und zwar präventiv, nicht reaktiv. Den Seelsorger im Nachhinein beizuziehen ist zwar nützlich, aber ein präventives Training im Voraus ist durchaus sinnvoller.

Da alle drei Komponenten immer gemeinsam aktiv sind, ist eine Aufteilung in die drei Bereiche nicht zielführend für ein besseres Verständnis der Schlüsselfertigkeiten. Im Gegenteil, es ist zwingend, dass ich für das Verständnis und damit für die Trainierbarkeit die einzelnen Verbindungen zwischen Körper, Geist und Seele aufzeigen kann.

Selbstwahrnehmung – Deine Wahrnehmungen verstehen

Am Anfang jeder Wandlung steht ein Impuls. Woher dieser kommen mag, blenden wir hier mal aus. Die Antworten darauf liegen in den «Weisheiten des Rebellen» begraben und sind selbst zu entdecken. Was wir aber beurteilen können, ist die Empfindung, welche ein solcher Schlüsselmoment in uns auslöst. So sind wir beim Ausgangspunkt einer Wandlung, nämlich dort, wo wir uns fragen, was los ist und was wir tun können. Ob im Leistungssport, dem Unternehmertum oder im Leben an sich, überall nehmen wir den Impuls wahr und versuchen diesen einzuordnen. Tun wir es nicht, handeln wir aus dem Unbewussten, und das ist sowohl im Leistungssport als auch im Unternehmertum nicht zielführend oder vielleicht gar schädlich. Die Fertigkeit zur Selbstwahrnehmung ist die erste Schlüsselfertigkeit, die wir trainieren können und worauf alle anderen Fertigkeiten aufbauen. Sie ist der Grundstein für die künftigen Erfolge und Wirkungen im Alltag.

Die Selbstwahrnehmung ist die Fertigkeit, das Leben und uns selbst lesen zu lernen. Oder zumindest, die gerade aktuelle Situation einzuordnen. Wir sollten verstehen, dass uns das Leben wohlgesonnen ist und uns freundlicherweise laufend Signale sendet. So werden wir auf Abwegen manchmal nicht gerade sanft daran erinnert, dass wir etwas an unserem eingeschlagenen Weg oder unserem Verhalten ändern müssen, um wieder auf den für uns passenden Weg zu kommen.

Dies geschieht meiner Auffassung nach auf drei Ebenen:

1. Gefühle, Emotionen
2. Körperliche Signale
3. Ereignisse im Alltag

Es sind dies zum einen die Gefühle und Emotionen, welche uns wertvolle Hinweise übermitteln. Wir können lernen, sie zu deuten. Dabei kann dir niemand helfen. Weder ein Coach noch ein Berater, denn die Wahrheit steckt in dir. Das ist schon die wichtigste Erkenntnis, die du für dich annehmen darfst. Deine Selbstwirksamkeit, also die Fähigkeit, eigenverantwortlich zu handeln, ist von dieser Erkenntnis abhängig. Hörst du nur auf die Berater und Coaches oder auf die Familie und deine Freunde, dann bist du konstant fremdbestimmt. Niemand kennt dich so gut wie du dich selbst. Niemand weiss, was wirklich in dir vorgeht. Auch kein Therapeut. Doch können Fachleute dich in die Selbsterfahrung bringen.

Mein persönlicher Wunsch, oder gar mein tägliches Bestreben liegt also darin, meine Selbstwirksamkeit zu stärken und dadurch von der Fremdbestimmung zur Selbstbestimmung zu gelangen. Mittlerweile gelingt mir das schon ganz gut. Ich nehme zwar die Meinungen anderer Menschen an, mache mir aber immer selbst meine Gedanken dazu. Die Selbstzweifel nehmen dadurch ab. Und darauf kannst du wetten: Von Selbstzweifeln wirst du nie ganz befreit sein. Das Selbstvertrauen nimmt im Gegenzug aber deutlich zu, was dich immer mehr in Richtung Selbstwirksamkeit führt, weil das gesteigerte Selbstvertrauen die adäquaten

Handlungen hervorbringt und damit das Kontrollgefühl stärkt.

Zurück zu den Gefühlen und Emotionen. Sie sind prinzipiell einfach mal reine Energie und immer da. Jeder Impuls wird zuerst im Körper wahrgenommen, denn wir wissen aus diversen Studien, dass dein Körper schon vor deinem bewussten Wahrnehmen einer Situation das System hochgefahren hat und dass die kleinen Helferlein im Körper schon bei der Arbeit sind, um die Balance des Organismus aufrechtzuerhalten. Wir erkennen das deutlich, wenn wir mit einer unangenehmen Situation konfrontiert werden. Unangenehm ist sie dann, wenn sie nicht unserer Routine entspricht. Was beispielsweise bei neuen Herausforderungen im beruflichen Alltag oder bei drohender Gefahr auftritt. Die Gefühle und Emotionen sind demnach ein intuitives Zeichen, dass sich etwas tut. Wenn wir diese Gefühle oder Emotionen nun verdrängen und ihnen keine Beachtung schenken, handeln wir unbewusst. Wir sind dann immer reaktiv. Proaktiv sind wir erst, wenn wir die Gefühle und Emotionen zu deuten wissen, sodass wir im Anschluss geistig eine Lösung zur Regulation der Wirkungen im Körper erarbeiten können. Hier kommt dann das Mentalcoaching oder eben der Intellekt ins Spiel. Das Beispiel mit den Wirkungen im Körper erkannte ich besonders gut in den Kampfkünsten. Durch die regelmäßige Anwendung der immer gleichen Techniken erschaffen wir ein Gedächtnis im Körper, worauf wir bei einer eintreffenden Situation (dem Impuls) unbewusst gemäss unserem konditionierten Verhalten reagieren. Das ist der Grund, weshalb insbesondere in der Selbstverteidigung unser gewolltes Verhalten so realitätsnah wie möglich trainiert werden muss.

Sobald nämlich das Trainierte mit dem Eintreffenden übereinstimmt, handeln wir unbewusst nach den antrainierten Mustern. Wir sind darauf konditioniert. Man spricht dann von der Körpererinnerung. Merke dir also: Je mehr du trainierst, deine Gefühle und Emotionen wahrzunehmen, desto besser kannst du dich vorbereiten. Andererseits geschehen alle Handlungen nach festgefahrenen Mustern der Vergangenheit und es ist dann wohl Glücksache, wie eine Situation ausgehen wird. Ob zugunsten oder zulasten deiner Lebensqualität.

Die körperlichen Signale sind ebenfalls kleine, manchmal auch grosse Helferlein. Sie helfen uns, wenn wir uns mal wieder in den Gedanken verloren haben und nur noch aus dem Intellekt handeln wollen. Wieso wir aus dem Kopf heraus handeln wollen, ist mittlerweile bekannt. Wir versuchen einer Situation mächtig zu werden und wollen die Kontrolle. Kontrolle deshalb, weil uns das Unbekannte Angst macht. Ich selbst habe die Hilfestellung meines Körpers gespürt, nämlich damals, als ich eine Lungenentzündung als mein schmerzhaftes Helferlein zur Seite bekommen habe. Atemwegserkrankungen sind nach meiner Recherche mit emotionalen Belastungen verbunden. So zumindest in der TCM oder in der Wissenschaft der Psychosomatik. Ich traf damals eine reine Kopf-Entscheidung aus einem typischen Sicherheitsbedürfnis heraus. Die Entscheidung wurde gar durch mein Umfeld begünstigt. Ich nahm eine Arbeitsstelle an, entgegen dem mulmigen Gefühl in der Magengrube, nur weil ich dachte, dass ich dann auf der sicheren Seite stehe. Es fühlte sich nach meinem Entscheid so an, als hätte ich meine Seele verkauft!

So zeigte mir mein Körper liebevoll, dass es die falsche Entscheidung war. Meine Selbstreflektion verhalf mir damals dazu, das zu tun, was richtig war. Ich kündigte die Anstellung per sofort und ohne jegliche Absicherung. Die Symbiose von Körper, Geist und Seele war wiederhergestellt. Meine Intuition habe ich damals untergraben, was mir hoffentlich nie wieder passieren wird. Merke dir, deine Intuition ist ein wichtiges Instrument und sie sollte kultiviert werden. Nimm wahr, höre hin und lass es wirken. Das Bauchhirn ist wesentlich mächtiger, als du denkst. Es kann dir den richtigen Weg zeigen. Wir haben nur verlernt, es für unser Wohl zu nutzen.

Schicksalsschläge sind es, die uns immer mal wieder daran erinnern, dass wir weder unsere körperlichen Wahrnehmungen noch unsere geistigen Eingebungen ernst genommen haben. Dass wir uns womöglich von unserer Natur entfremdet haben. Irgendetwas in der Aussenwelt verleitet uns dazu, mal wieder innezuhalten und wahrzunehmen. Ein gutes Beispiel für ein Ereignis im Alltag war damals, als ich einen Autounfall hatte. Ich wurde buchstäblich im Leben ausgebremst. Es gab eine Zeit, in der ich gefühlsmäßig irgendwo im Universum festhing. In meiner Beziehung hing der Segen bereits schief. Ich spürte den Druck, mehr aus mir machen zu müssen. Die Schmetterlinge im Bauch waren ausgeflogen oder noch nie richtig eingekehrt. Ich merkte auch, dass meine langjährige Beziehung, die ich zuvor geführt hatte, auch mit diesem subtilen Leistungsdruck behaftet war. Immer und überall war ich damit konfrontiert, dass Menschen um mich herum klüger und sich ihrer selbst und ihres Lebens sicher schienen.

Ich stolperte durchs Leben und versuchte mich über Wasser zu halten. Ich fand mich wieder auf der Stufe, wo Menschen an mir vorüberzogen und ich stehen zu bleiben schien. Ich empfand den enormen Druck, mich selbst dem Leistungsdruck hinzugeben und Karriere zu machen. Aus diesem Grund leaste ich mir einen Audi, zog mir schicke Hemden über und tat so, als wäre ich einer von ihnen. Zu dieser Zeit entstanden die visionären Pläne, selbst ein erfolgreicher Unternehmer zu werden. Mir sagte damals ein Freund sogar: «Ich habe stets gewusst, dass mehr in dir steckt.» Seine Aussage bestätigte mich damals zusätzlich. Heute weiss ich, dass meine Wahrnehmungen damals echt waren und nicht bloss eine Einbildung.

Das war dann die Geburtsstunde des Unternehmers in mir. Ich dachte, ich müsse es allen Menschen zeigen, dass mehr in mir steckte. Ich nahm an, ich müsse einem vorgegebenen Bild entsprechen. Nämlich dem, wie die anderen zu sein. Wahrscheinlich suche ich heute genau deshalb nach einer starken Selbstbestimmung, weil ich über mein Leben hinweg laufend die Fremdbestimmung erfahren habe. Überall um mich herum sah ich privilegierte Menschen. Sie studierten an Hochschule und Universitäten und waren sehr auf ihre Karriere und die Anhäufung von Besitz fokussiert. Was ich damals für normal hielt und annahm, dass auch ich so sein müsste. Ich fühlte mich vergleichsweise unwürdig. Es waren die Selbstzweifel, die mich dazu brachten, mein Leben anzupacken. Rückblickend gesehen einfach mit der falschen Motivation.

Aber zurück zum Thema. Ich wollte auch ein Unternehmer sein und mir den Respekt verschaffen, den ich nach meiner gedanklichen Vorstellung verdiente. Doch dann geschah das Unerwartete und eine liebevolle Macht bremste mein Vorhaben aus. Vielleicht muss ich sagen, dass sie mich dazu gezwungen hat, innezuhalten. Ich verlor meinen Audi auf einer Kreuzung, inmitten des Feierabendverkehrs, und zu der Zeit, als ich zu einem Termin unterwegs war. Ich hetzte umher, ohne irgendeinen Plan. Meine Eile, etwas zu werden, ging auf der Straße in Rauch auf, weil ich umherirrte. Irgendwo im leeren Raum. Meine damaligen Pläne wurden nicht ganz ausgebremst. Die Beziehung aber ging mit dem Audi zum Schrottplatz und ich durfte mich mal wieder so richtig um mich selbst kümmern. Ich kam stärker zurück.

Dein Selbstbewusstsein ist der Schlüssel zu deiner Seele. Sie wird dir den Weg leiten, wenn du dich mal verirren solltest. Ein Irrtum ist etwas völlig Normales, solange du daraus gestärkt hervorgehen kannst. Was lässt dich nach einem Niederschlag wieder aufstehen? Immer und immer wieder?

Ich glaube, es ist der Wille, mehr aus dir zu machen und den Status Quo nicht zu akzeptieren. Selbstverständlich lässt dich auch die Wut oder die Angst wieder aufstehen, aber meist kannst du diesen Prozess nicht unendlich weiterführen. Irgendwann bist du ausgebrannt und zu erschöpft. Dann wirst du resignieren und dich geschlagen geben müssen. Um es in den Worten des Kampfkünstlers auszudrücken: Entweder durch einen Knockout oder durch die Unterwerfung.

Was dich aber wirklich am Laufen hält, ist dein Kämpferherz. Es ist deine Selbstliebe und die Liebe zum Spiel. Es ist die Leidenschaft, die das Leiden schafft. Die dir aber zeigt, dass du aus dem Herzen lebst, und das wird nie und nimmer falsch sein. Solange dein Feuer lodert, ist alles in Ordnung. Wenn aber dein Engagement auf dem Wunsch basiert, es allen zeigen zu wollen, dann dürfte es längerfristig zu immer mehr Selbstzweifeln führen.

Ich hörte mal in einem Film den nachfolgenden Dialog, der sehr treffend beschreibt, was es mit unserer Selbstwahrnehmung und damit mit unserem Selbstbewusstsein auf sich hat. Da sagt der eine: «Auf der Welt geschieht so viel Ungerechtes. Viel Leid herrscht weltweit. Welches Recht habe ich, bei all dem Leid mein eigenes Leben zu genießen?» Daraufhin erwidert der Gesprächspartner kurz und knapp: «Und welches Recht hast du, es nicht zu tun?»

Dieser Dialog bringt es auf den Punkt. Sofern wir uns bewusst sind, was um uns herum geschieht, sind wir gar verpflichtet, unsere Möglichkeiten auszuschöpfen. Meinst du nicht? Im Optimalfall erkennen wir unsere Möglichkeiten und nutzen unser Potenzial, um das Leid zu mindern. Das geht aber nur, wenn wir zuerst uns selbst helfen. Es ist dann ein aktives Gestalten und nicht ein passives Hinnehmen. Aristoteles sagte: «Wo deine Talente und die Bedürfnisse der Welt sich kreuzen, dort liegt deine Berufung.» Dieser philosophische Ansatz dient meiner Orientierung. Ich denke immer daran, sobald mich wieder einmal das schlechte Gewissen wegen den Freiheiten plagt, die ich mir nehme.

Dazu möchte ich schreiben, dass für gewöhnlich das schlechte Gewissen dann aufkommt, wenn ich mich zu sehr ins Zentrum stelle und mich übervorteilen will. Dieser Umstand nimmt mit zunehmendem sich selbst bewusst sein ab, denn mein Engagement folgt vermehrt meinem Herzen. Erkenne dich selbst, tue deine Sache aus reinem Herzen und du wirst dir und anderen Menschen viel Gutes tun.

Selbstreflexion – Deine Werte erkennen

Gutes tun – was kann ich Gutes tun? Unsere Taten basieren, sofern wir selbstbestimmt unterwegs sind, auf unseren Werten. In meinem Fall gar auf einer starken Ideologie. Diese Ideologie zeigte sich bereits in frühen Jahren und bestimmt heute deutlich mein Handeln. Meine Projektideen erwachen immer aus dem Bedürfnis, meine Talente für das Wohl der Gemeinschaft einzusetzen. Ich stehe gerne auf der Seite der Schwächeren.

Die Ideen für neue Projekte kommen von ganz alleine. Aus dem Inneren und mit klaren Konturen. Ein krampfhaftes Brainstorming mit kalkulierten und im Kopf skizzierten wirtschaftlichen Größen ist dann nicht mehr nötig. Ich ernte sprichwörtlich die einfache und leicht bekömmliche Kost, die dem Acker und der Saat des eigenen Seins entspringt. Meine Ideologie kommt also davon, dass ich ein harmoniebedürftiger Mensch bin. Wie ich im Kapitel «Streben nach Selbstbestimmung» geschrieben habe, brauche ich den tiefen Frieden. Ich liebe die Klarheit und Ruhe, die dem Frieden entspringt, und die Schaffenskraft, die darin steckt. Ich bin ein kreativer Denker und Denken braucht Ruhe und Gelassenheit. Kreativität schafft Möglichkeiten. Diese Kreativität liebe ich und ich versuche darum täglich meinen Gedanken nachzuhängen. Andererseits wünsche ich diese Ruhe auch meinen Mitmenschen. Selbstverständlich auch aus Eigennutz, denn wie soll ich zur Ruhe kommen, wenn es mein Umfeld nicht ist? So können wir Menschen uns gegenseitig helfen. Mit diesem Bewusstsein erlangen wir den Frieden und die Harmonie auf der Welt. Und das ist auch schon meine

Ideologie. Ich bin zutiefst überzeugt, dass jeder Mensch auf Erden zu einem neuen Miteinander finden kann. Sofern wir bereit sind, selbstbewusster zu leben. Ist das illusorisch? Finde es doch selbst heraus. Wir sind eine Weltgemeinschaft und wir alle brauchen die Gemeinschaft. Wir können nur miteinander existieren und sollten uns demnach nicht konkurrenzieren, sondern miteinander kooperieren. Schon alleine wegen dir selbst und wegen deinen Liebsten. Im Übrigen wirst du immer mal wieder auf Widerstand stoßen. Nicht mehr so oft von innen, aber oft von aussen. Bleibe unbeirrt am Ball. Spiel dein Spiel und reflektiere dich von Zeit zu Zeit. Zeige Stärke und halte an den eigenen Werten fest, auch wenn es mal wieder Widrigkeiten und Widerstand aus deinem Umfeld gibt – oder besonders dann! Mich verstehen diverse Menschen nicht mehr, da ich annehme, dass sie noch in den Kinderschuhen stecken und in den alten Mustern denken. Sie kultivieren nicht die offene Geisteshaltung, was dazu führt, dass sie die grossen Zusammenhänge nicht erkennen können.

Die Selbstreflexion ist immens wichtig, möchtest du deine Wahrnehmungen verstehen lernen. Dein geistiges Potenzial dient dir, die Geschehnisse zu analysieren und dein Verhalten zu reflektieren. Die Fertigkeit dient dir, alte Überzeugungen über den Haufen zu werfen und neue Wahrheiten zu erschaffen. Im Mentalcoaching gehe ich dem Rhythmus meiner Klienten auf den Grund. Wie sieht ihr bisheriger Alltag aus? Wo sind ihre Widerstände? Welche Wirkungen habt ihr bisheriges Verhalten und wie sind die Klienten damit umgegangen? Man evaluiert die Ressourcen. So kannst du relativ gut und ohne grossen Aufwand dein Leben reflektieren und für deine Herausforderungen im täglichen Leben die Lösungen erarbeiten. Gemeinsam mit meinen Klienten simuliere ich Situationen und visualisiere so die Geschehnisse. Schule dich also in stetiger Selbstreflexion.

Selbsteinschätzung – Potenzial und Grenzen

Was kann es bedeuten, sich selbst besser einschätzen zu können? Neulich wurde ich mit der Frage konfrontiert, ob ich der Meinung sei, dass eine Fremdeinschätzung meiner Fertigkeiten und eine Bewertung meiner Arbeiten sinnvoll sind oder nicht. Ich antwortete darauf, dass ich eine solche Fremdbeurteilung eher hinderlich als förderlich empfinde. Die Augen des Befragers wurden groß, sind wir uns doch gewohnt, immer auf die anderen Menschen zu hören und uns beurteilen zu lassen. Egal, in welchem Alter und in welcher Situation wir uns befinden, überall werden wir anhand von den Erfahrungen anderer eingestuft und bewertet. Ich pfeife auf dieses System und leite meine Klienten an, sich selbst verstehen zu lernen und eben nicht auf andere zu hören, wenn es um ihre Persönlichkeit geht. Sonst werden wir immer nur dieselben Ergebnisse erzielen können. Ausgenommen sind natürlich die Ermahnungen, wenn allenfalls Menschen und deren Umwelt zu Schaden kommen sollten.

Wenn ich aber irgendwo nicht reinpassen sollte, dann soll es so sein. Und wenn ich irgendwo reinpasse, dann braucht es keine Fremdeinschätzung mehr. Dann erübrigt sich ein detailliertes Qualifikationsgespräch. Weil ich dann am richtigen Platz bin und scheinbar auch erwartungsgemäß gewirkt habe.

Als ich noch Bewerbungen für eine Arbeitsanstellung schrieb, zelebrierte ich dabei mein Selbstbewusstsein. Ich stellte meine Stärken in den Vordergrund und zeigte auf, warum genau diese Stärken im jeweiligen Unternehmen gebraucht werden. So bewarb ich mich nie auf eine ausgeschriebene Arbeitsstelle, sondern ich empfahl mich als Person mit meinen Stärken. Wenn der Verantwortliche eines Unternehmens meine Stärken als nützlich einstufte, wurde ich eingeladen zum Gespräch und erhielt für gewöhnlich auch ein Job-Angebot.

Die Geschichte sagt mir, dass dies der richtige Weg zu sein scheint. Denn wenn ich mich auf eine Stelle bewerbe, muss ich die dort ausgeschriebenen Rahmenbedingungen erfüllen. Ich muss zwangsläufig alle aufgeführten Aufgaben erfüllen, auch wenn mir einige davon überhaupt keinen Spaß bereiten und ich allenfalls gar keine Qualifikation dafür habe. Dieser Fakt wurde mir oft bewusst. Bei diesen Arbeiten fragst du dich dann, wann denn endlich wieder Feierabend ist.

In meinen Augen ist es wichtig, sich sein Potenzial bewusst und für andere sichtbar zu machen. Im Gegenzug muss man aber auch seine Grenzen kennen. Meine Grenzen waren dort erreicht, wo es darum ging, ungewollte Arbeiten auszuführen. Wenn ich in einer solchen Arbeit gut wäre, würde ich es ja gerne machen. Ich kann nun entweder die Zähne zusammenbeißen oder aber ich lasse mich gar nicht darauf ein. Die Wahl hast du. Immer und zu jeder Zeit. Die Frage ist bloss, kannst du mit dieser Unsicherheit umgehen, dieses Nichtwollen auch zu kommunizieren? Welche Konsequenzen würde dieser Entscheid wohl haben und wie gehst du damit um? Frage dich, was du bereit bist loszulassen oder was du bereit bist für deine Selbstbestimmung einzustecken. Viele Menschen hängen gar komplett in der Spirale ungewollter Aufgaben, kennen aber ihre Potenziale nicht und werden demnach immer von anderen bestimmt. Der folgende Satz erfasst das Problem perfekt: «Menschen ohne Ziele arbeiten für Menschen mit Zielen.» Die komplette Fremdbestimmung also. Du kannst aber etwas dagegen tun. Du kannst lernen, dich besser wahrzunehmen, dich zu reflektieren und daraus deine Talente, deine Stärken und deine Potenziale zu benennen. Erst dann hast du die Grundlage geschaffen, dich als Person mit deinen Stärken anderen Menschen überhaupt anzubieten. Deine Fähigkeiten und deine Fertigkeiten für die Gemeinschaft einzusetzen. Dann wirst du von den Menschen ernst genommen, denn Klarheit in dir bringt Klarheit beim Gegenüber. Es gibt in meinen Augen nichts Schöneres als zu wissen, wer ich bin und was mich ausmacht. Was sich durch mich ausdrücken möchte. Dadurch erkenne ich die vielen Chancen im Leben und ich verstehe, was es heißt, wahrlich frei zu sein, sodass ich mir mein Leben aussuchen kann. So, wie ich es für mich will und nicht wie es andere Menschen für mich vorgesehen haben. Das ist es, was Selbsteinschätzung bedeutet: sich seiner selbst sicher sein!

Um dich aber gleich wieder auf den Boden der Tatsachen zu holen, sage ich dir, dass auch die Selbsteinschätzung nur durch die regelmäßige Übungspraxis gelingen kann. Ich stehe dann vor der Entscheidung, ob ich so bleiben soll, wie ich bin, oder ob ich etwas Neues anpacken und mein Potenzial anderweitig erkunden soll. Umfallen werden wir immer mal wieder und uns eine blutige Nase holen auch, aber die Konstanz des Trainings und unsere Nehmerqualitäten sind für die effiziente Selbsteinschätzung unabdingbar. Das ist die Gewinner-Mentalität. Sich selbst zu erproben, daraus zu lernen, immer nach einem Niederschlag wieder aufzurappeln und andere Wege zu finden. Bis dann irgendwann das Licht am Tunnel sich zeigt und du deine ersten Erfolge feiern darfst. Als Lohn für die Mühe stehen dir irgendwann alle Türen und Tore offen. Du hast dir neue Möglichkeiten geschaffen.

Ich hoffe, du verstehst nun auch die Wichtigkeit der korrekten Selbsteinschätzung. Wir hören oft von einer fehlerhaften Einschätzung. Viele Menschen haben alle erdenkliche Mühe, sich selbst einzuschätzen. Warum? Weil sie es gewohnt sind, sich an anderen Menschen zu orientieren. Und du weißt bestimmt, dass es wesentlich einfacher ist, andere Menschen einzuschätzen, als dich selbst. Du drückst die Menschen in eine Schublade, wovon du denkst, dass die Inhalte zu dem Menschen passen werden. Mir passiert das auch. Wir bewerten einen Menschen aufgrund seines Aussehens und seines Verhaltens. Wir scheinen echte Menschenkenner zu sein, wenn es um andere geht und richten einen Menschen vorurteilshaft, obwohl wir rein gar nichts von ihm oder ihr wissen. So hat die Selbsteinschätzung auch eine Parallele zur Bewertung anderer Menschen. Wir wissen, dass andere Menschen viele unserer Seiten nicht kennen. Wieso maßen sich die Menschen an, mich beurteilen zu können? Sie wissen ja selber auch, dass sie mehr sind, als ihre Mitmenschen in ihnen sehen. Löse dich so gut es geht von den Meinungen anderer. Täglich und immer bewusster. Du bist mehr, als du denkst. Erkenne dich selbst und lerne dich korrekt nach deinen Potenzialen einzuschätzen. Daraus wirst du grosse Erfolge schöpfen und plötzlich wollen andere Menschen von dir lernen.

Selbstbehauptung – Innere Natur leben

Für gewöhnlich handelt der Mensch primär zur Deckung der Grundbedürfnisse. Schlaf, Schutz, Wärme und Nahrung. Einige Modelle zählen auch die Fortpflanzung dazu, was ich für mich nicht mache, denn die Fortpflanzung zähle ich zur Lust. Oder hast du schon mal jemanden gesehen, der trotz Hunger und Armut bewusst an die Fortpflanzung denkt? Die moderne Welt hat immer noch diese Grundbedürfnisse zu decken, die Handlung dazu zeigt sich einfach subtiler als in den vergangenen Jahrhunderten menschlicher Geschichte.

So ist der Mensch noch immer von der Verlustangst geprägt und versucht sich überall vor diesem Verlust zu schützen. Vor dem Verlust von Geld und anderen materiellen Gütern. Aber insbesondere vor dem Verlust von Zugehörigkeit, Anerkennung, Würde und Ehre. Wir Menschen der modernen Welt haben Angst, unser Gesicht zu verlieren – wir schämen uns und Scham ist eine sehr deutliche Emotion.

Die Überwindung der Angst wird in Veränderungsprozessen deine grosse Herausforderung sein, die du bewältigen lernen darfst, um überhaupt die effektive, konfliktlösende Zielhandlung vornehmen zu können. Nur weil wir etwas wollen und auch wissen, dass wir es auch können, bedeutet das noch bei Weitem nicht, dass wir es auch tun werden! Viele grosse Pläne habe ich gesehen, nur selten ist was daraus geworden. Immer nur, weil die Angst vor Verlust, grösser war als der Wille zum Gewinn.

Es geht bei diesen besagten Fällen darum, dass nebst dem Willen, auch die Kompetenzen da wären, dass am Schluss aber die Angst doch immer grösser war, als der Wille und der damit verbundene Mut.

Bei meinem Einstieg in die Selbständigkeit spürte ich Angst, glaube mir. Aber der Wille war durch intensives Vorbereiten irgendwann grösser als die Angst, und ich unternahm die ersten Schritte! In die Selbständigkeit wollte ich schon lange. Gewagt habe ich es nie. Gekonnt hätte ich es wahrscheinlich schon früher, aber das weiss man nie. Ich wusste es erst dann, als ich den Sprung gewagt hatte. Was dir helfen kann, diese Angst zu besiegen, ist es, diese Angst wahrzunehmen und zu reflektieren. Dich selbst anhand deiner bisherigen Erfolge einzuschätzen und dir – aufbauend auf deinen Ressourcen – eine Strategie zurechtzulegen, verschafft dir das benötigte Kontrollgefühl. Wenn du die Ängste anschaust, verlieren sie ihre Wirkung. Du erkennst darin, dass es nichts zu befürchten gibt, denn wenn du dich davon befreien kannst, irgendeinem anderen Menschen Rechenschaft abzulegen, dann wird sich auch diese Angst mindern. Verschwinden wird sie nie. Auch die Selbstzweifel nicht. Aber – und das darfst du mir glauben – dein Wille wird irgendwann einfach grösser sein als die Angst und du wirst sie bezwingen. Deinen Willen kannst du stärken, indem du dein Ideal fokussierst und die Vorhersehbarkeit erhöhst. Voraussicht fördert die Sicherheit und die notwendigen Schritte fühlen sich nicht mehr so schwer an. Dein Mut zum ersten Schritt hängt mit diesem Willen zusammen. Mut ist nicht die Abwesenheit von Angst, sondern die Tugend, die es dir ermöglicht, dein Ziel trotz der Angst in Angriff zu nehmen. Begib dich täglich zum Training. In allen

Situationen, die dir widerfahren, hast du die Chance, dich zu schulen. Schule deine Fertigkeiten, bis dieses Training zur Routine wird.

Der Mensch gehört in eine Sippe, er war nie ein Einzelgänger. Wir brauchen die Gemeinschaft. Dadurch sind wir in einer gewissen Abhängigkeit. In einer Abhängigkeit, die uns Schutz gewährt, uns aber genauso gut klein halten kann. Um das zu verstehen, müssen wir etwas weiter in der Geschichte zurückblicken. Als es rein um die Grundbedürfnisse ging, hatte jedes Mitglied der Sippe eine ihm zugeteilte Aufgabe. In der Regel fühlte sich der eine wohl auf der Jagd. Ein anderer beim Hüttenbau oder als Bäcker. Egal worin die Aufgabe lag, die Sippe war kooperativ. Das sehen wir noch immer an den Ureinwohnern, auch wenn sie heute öfters die moderne Lebensweise annehmen und nach der Lustbefriedigung streben. Jeder wusste damals, was zu tun war, und trug somit zum Funktionieren der Sippe bei. Heute finden wir diese Symbiose kaum noch. Nur noch wenige Menschen wissen, was ihre Aufgabe ist. Alle anderen suchen den Sinn im Dasein. Wenn sie keinen finden, ist die einzige Beschäftigung die Befriedigung der Lust. So erfahren sie über eine kurze Dauer neue Freude. Sie müssen aber wohl oder übel immer schneller immer mehr haben, um die Leere im Innern zu füllen. Ich bin bereits im ersten Kapitel «Streben nach Selbstbestimmung» oberflächlich darauf eingegangen. Das erklärt meiner Meinung nach, warum wir so oft der Lust nachjagen. Wir wollen die Leere und Sinnlosigkeit mit materiellen Dingen oder Sex und Drogen füllen. So gelangten wir immer mehr von der kooperativen Sippe zum eigennützigen Individuum. Sind die Grundbedürfnisse weitestgehend gedeckt, kommt dieses Handeln aus der Lust zum Vorschein. Wir streben nach mehr Lustbefriedigung, da wir nur noch Freude empfinden, wenn wir unsere Lust befriedigen können. Individualität ist gut, solange sie auf Sinnhaftigkeit basiert und in der Sippe wirksam wird.

Ich habe geschrieben, dass die Sippe auch schädlich sein kann. Immer dann, wenn sie dich klein zu halten versucht. Ein Paradebeispiel ist der Spruch «Schuster, bleib bei deinen Leisten». So hätte es sich wohl angehört, damals in der Sippe. Die Angst entspringt genau an diesem Punkt. Irgendjemand hat dir mal gesagt, dass du bei deinen Leisten bleiben sollst. Wenn das laufend passiert, sobald du mit neuen Ideen und verrückten neuen Erkenntnissen aufwartest, fragst du dich irgendwann selbst, ob du spinnst und nicht doch besser bei deinen Leisten bleiben solltest. Speziell am Beispiel dieser Sippen-Geschichte erkennen wir die Fremdbestimmung. Wahrscheinlich heißt es an diesem Punkt dann Abschied nehmen von der Sippe, oder aber du bleibst und lebst entfremdet von deinen Bedürfnissen. Und das nur, weil du denkst, dass du nicht mehr wert bist. Nur weil das mal jemand durch die Blume zu dir gesagt hat. Nur darum, weil du dich selbst nicht kennst und deine Bedürfnisse unterdrücken musst. Als Spinnerei abtust. Nur darum, weil du dich von der Angst leiten lässt. Von der Angst, nicht geliebt zu werden. Einige können damit umgehen. Eine Zeit lang zumindest.

Wenn du dich für dich und deine Autonomie entscheidest, dann kommt deine persönliche Quest. In der Mythologie ist die Quest eine Heldenreise. Der Ritter zieht aus und kommt mit dem abgetrennten Kopf des

Drachen als Held zurück in die Sippe. Der Drache symbolisiert deine vermeintlichen Makel oder einfach alle Komponenten, welche mit deinem mangelnden Selbstwertgefühl einhergehen: Selbstzweifel, Schuldgefühle, Ängste und vermeintliche Fehlbarkeiten. Ich dachte anfangs meiner persönlichen Quest, dass ich nach meinem Aufbruch völlig alleine dastehen werde. Ich war damals aber überzeugt, dass ich es allen zeigen werde und auf niemanden angewiesen bin. Darum nahm ich das Alleinsein in Kauf. Heute denke ich anders. Ich denke, dass ich genau wegen meiner persönlichen Heldenreise so leben kann, wie ich tatsächlich bin.
Marianne Williamsons Gedicht passt hierzu perfekt:

«Unsere tiefste Angst ist nicht, dass wir unzulänglich sind. Unsere tiefste Angst ist, dass wir unermesslich machtvoll sind. Es ist unser Licht, das wir fürchten, nicht unsere Dunkelheit. Wir fragen uns: Wer bin ich eigentlich, dass ich leuchtend, hinreißend, talentiert und fantastisch sein darf? Wer bist du denn, es nicht zu sein? Du bist ein Kind Gottes. Dich selbst klein zu halten, dient der Welt nicht. Es hat nichts mit Erleuchtung zu tun, wenn du dich kleiner machst, damit andere um dich herum sich nicht verunsichert fühlen. Wir sollen alle strahlen wie die Kinder. Wir wurden geboren, um die Herrlichkeit Gottes zu verwirklichen, die in uns ist. Sie ist nicht nur in einigen von uns – sie ist in jedem Einzelnen. Und wenn wir unser eigenes Licht erstrahlen lassen, geben wir unbewusst anderen Menschen die Erlaubnis, dasselbe zu tun. Wenn wir uns von unserer eigenen Angst befreit haben, befreit unsere Gegenwart andere ganz von selbst.»

Die Kenntnis deiner eigenen Werte – oder eben deiner Ideologie – bringen dich vom Bedürfnis der Lustbefriedigung zum sinnvollen Handeln. Der Sinn ist der wahre Treiber unseres Handelns. Hollywood-Stars haben viel Geld, können sich alles leisten und jede Lust befriedigen. Trotzdem gibt es bei diesen erfolgreichen Menschen die höchste Scheidungsrate und die größte Suchtabhängigkeit. Wie ist das möglich, sind sie doch beliebt, stinkreich und können alles haben? Ganz offensichtlich ist es nicht das Bestreben des Menschen, bloss die Lust zu befriedigen. Der Mensch braucht einen Grund, um glücklich zu sein. Nicht das Glück oder die unmittelbare Lust streben wir an, sondern eine tiefe Befriedigung im eigenen Tun. Sprich, wir brauchen einen Lebenssinn, um uns wirklich Gutes zu tun und wahres Glück zu erfahren. Wenn wir einen Sinn im Leben verwirklichen, stellen sich die Zufriedenheit und das Glücksgefühl von selbst ein.

Die Sinnhaftigkeit ist völlig individuell. Die Beweggründe und Entscheidungsfreudigkeit hängen von unterschiedlichen Faktoren ab. Sie sind zwar getrieben von sogenannten «Sinn-Universalien» wie Liebe, Hoffnung, Schönheit, Gutes oder Wahres, und doch sind die Handlungsgründe bei jedem Menschen unterschiedlich. So ist es wichtig, dass wir uns nicht an anderen Menschen orientieren. Wir sind angehalten, die Sippe zu verlassen und unsere Heldenreise anzutreten. Um nach unserer Quest geläutert zurückzukehren. Das sinnvolle Handeln anderer kann dich zwar inspirieren, es ist aber nur selten dein Eigen. Wir sollten aufrichtig dem persönlichen Sinn folgen – unser Wahres finden und leben! Ich persönlich orientierte mich früher oft an den Beweggründen anderer Kampfkünstler, was ich aber irgendwann hinter mir lassen konnte. Weil ich merkte, dass ich das nicht bin. Und zwar nur dadurch, weil ich mir selbst bewusster wurde. Weil ich meiner Ideologie Treue schwor und dadurch meinen Lebenssinn (mein Ikigai) fand.

Ich fasse zusammen: Für dich heißt es zu entscheiden, wie du einerseits leben möchtest und ob du andererseits bereit dazu bist, auch einige Sachen loszulassen. Entschließe dich, deine persönliche Heldenreise anzugehen. Im Zen sagt man, dass das Leben an einem Punkt startet und in einem Kreis endet. Für mich bedeutet diese Weisheit, den ersten Schritt zu tun und nie mehr damit aufzuhören. Die Umlaufbahn zu betreten und die Widrigkeiten, die da kommen mögen, zu bewältigen, bis du irgendwann zum Endpunkt deiner Reise gelangst und feststellen wirst, dass da gar kein Ende ist. Nach der Quest ist vor der Quest! Zwar wirst du mit dem Kopf des besiegten Drachen zurückkehren, jedoch wartet da draußen bereits der nächste Drache auf dich - hol ihn dir, Tag für Tag! Stärke deinen Willen, schwäche deine Angst und handle trotz deiner Furcht. Das ist die Gewinner-Mentalität und du hast sie in dir. Du bist ritterlicher, als du denkst.

Selbstregulation – Balance erhalten

Als ich damals meinen ersten Drachen erlegt hatte und reflektierte, welche bedeutenden Schritte ich gemeistert hatte, empfand ich tiefen Frieden und ein Gefühl für Gott. Heute bin ich gespannt auf den weiteren Verlauf des Lebensweges und freue mich darauf, mir täglich neu zu begegnen. Übrigens, wie du dir vorstellen kannst, nimmt die Anzahl der Drachen da draussen laufend ab. So denke ich, dass die europäischen Ritter des Mittelalters gleichzusetzen sind mit den japanischen Samurai. Sowohl die Ritter als auch die Samurai vertraten die ritterlichen Tugenden, welche ich mit der Gewinner-Mentalität gleichzusetzen wage. Sie schulten sich in ihrem Bewusstsein durch die Kunst des Kampfes. Sie wussten, dass die wahre Kraft des Ritters in ihren Herzen bereits vorhanden war. Sie wussten aber auch um das Gesetz der Balance. Kein Samurai oder Ritter konnte von Schlacht zu Schlacht ziehen, ohne dabei seelischen Schaden davonzutragen. In diesem Sinne wäre es spannend zu erfahren, ob es im düsteren Mittelalter oder in der Blütezeit der Samurai bereits Krankheiten wie die Depression gab – sehr wahrscheinlich schon.

Von den Rittern weiss ich nicht viel. Mich faszinierten die Samurai. Sie haben Heldenmut und Demut zugleich. Sie sind stetig bereit, ihr Leben zu geben oder gar es sich selbst zu nehmen. Welche Weisheit steckte wohl hinter diesen Menschen, die sowohl die brutalen Kriegskünste als auch die sanften Künste wie Dichtung, Malerei, Kalligrafie und Theater ausgeprägt zelebrierten? Ich bin überzeugt, sowohl die Ritter als auch die Samurai wussten ihre Leistungsfähigkeit, Fokus und

Emotionen perfekt zu regulieren. Sie nutzen das Gesetz der Balance, um von den Strapazen der Schlacht keine tiefen seelischen Wunden davonzutragen. Wir sehen das heute auch im Leistungssport, in dem es auf sehr hohem Niveau darum geht, seine Leistungen stetig zu verbessern. Angeblich waren gar die Gladiatoren im alten Rom Veganer, weil ihre Regeneration dadurch wesentlich verbessert werden konnte.

Die bewusste Selbstregulation wird heute im Unternehmertum kaum trainiert. Der moderne Unternehmer strengt sich an und lebt laufend unter Strom. Zum Ausgleich finden wir diese Unternehmer dann als Teilnehmer des Iron Man auf Hawaii und trumpfen auch dort voll auf. In meinen Augen ist das fatal für den ganzen Organismus. Was für ein Krampf. Was für ein Leistungsdruck. Nicht wirklich gesund... aber machbar!

Die Kunst des Kriegers ist es, sich auch in den weichen Künsten zu schulen und auch mal dem harten Zweikampf den Rücken zu kehren und sich gesundheitsfördernden Trainingselementen wie der Meditation oder anderen Achtsamkeitsübungen hinzugeben. Diese Hingabe sehen wir beispielweise meisterhaft an der Kampfkunst Taiji, die heute meist zum Zweck der Entspannung und der Erhaltung der Mobilität ausgeübt wird und nur noch bedingt der Selbstverteidigung wegen praktiziert wird. Zudem, stelle dir den Menschen vor, der sich heute hingebungsvoll seiner Malerei und seinen Kindern widmet und tags darauf aus dem Bett steigt, eine Teezeremonie abhält und sich danach vermeintlich angstlos in die Schlacht stürzt. Dieser Mensch ist für mich pure Selbstkontrolle, denn nur durch die Praxis der weichen Künste und der inneren Einkehr ist ein Krieger in der Lage, den Tod in Kauf zu nehmen und daran nicht zu zerbrechen. Und wir machen uns heutzutage Sorgen über Banalitäten, welche so oder so nur in unseren Köpfen entstanden sind.

Gleichermaßen erschreckend und befreiend waren meine Gedanken, welchen ich eines strahlenden Tages auf die Schliche kam. Ich hatte bisher ein paar Motorradunfälle gehabt, ohne dabei groß verletzt worden zu sein. Ich ertappte mich auf einer Ausfahrt bei der Anfahrt auf eine scharfe Kurve, wie ich zu mir sagte, egal wie es kommen mag, es ist gut so! Und dann beschleunigte ich mein Motorrad auf den Kurveneingang hin – normalerweise macht man genau das Gegenteil. Ich hatte zu diesem Zeitpunkt den Punkt erreicht, an dem ich völlig aufging in meinem Handeln. Mein Geist war völlig klar. Mein Puls war völlig ruhig. Keine Angst, keine Reue, keine Scham, keine Zweifel. Ich war die Situation selbst. Ich hatte den Zustand erreicht, in dem ich wahre Leichtigkeit war. In völliger Balance und ohne jedwede Anhaftung an irdische Dinge. Dazu sollte ich zur Unterstreichung meiner Geschichte noch erwähnen, dass ich zu diesem Zeitpunkt bereits Familie hatte. Diese Wahrnehmung war im Nachhinein wahrhaftig sehr erschreckend für mich. Andererseits fühlte ich mich unendlich frei. Es schien alles möglich. Ich erlebte erstmals diesen Zustand des Aus-der-Mitte-Lebens oder – um einen Begriff aus den Kampfkünsten zu verwenden – den Zustand «Mushin». Ich glaube sehr, dass dieser Zustand das ist, was die spirituellen Führer das Erwachen nennen. Seit diesem Tag glaube ich zu wissen, wonach diese Menschen streben. Für einen Bruchteil meines bisherigen Lebens durfte ich den Duft des Erwachens riechen. Warum übrigens, habe ich schneller durch die Kurve fahren wolle? Weil Geschwindigkeit süchtig macht und die Kurven - in maximaler Schräglage gefahren – richtiggehend geil machen.

Bei der Selbstregulation geht es in meinen Augen darum, dass der Sportler oder Unternehmer, aber auch alle anderen Menschen die Meisterschaft des Ausbalancierens wahrhaftig zu kultivieren versuchen, um nicht an den erheblichen Belastungen ihrer Herausforderungen zu zerbrechen. Die Auswirkungen von anhaltender Aktivität und die damit einhergehenden Stressauswirkungen spüren wir heute täglich. Jeder Mensch jammert mittlerweile über zu wenig Zeit und immer mehr Verpflichtungen. Das sind aber Elemente, über welche wir immer selbst die Kontrolle haben. Wir haben es bloss vergessen.

Und auch wenn ich hier darauf hinweise, die Selbstregulation zu trainieren, heißt das nicht, dass du dir durch die Fähigkeit, Stress zu regulieren, noch mehr an Arbeit auflasten sollst. Vielmehr solltest du den anderen vier Schlüsselfertigkeiten auf den Grund gehen, sodass du die Selbstregulation dann geübt anwenden kannst, wenn es darum geht, deine wichtigste Handlung zu tun und nicht ständig einfach drauflos zu arbeiten.

Meine Trainings- und Coachingprogramme fußen auf drei selbstinterpretierten Säulen, wovon die Selbstregulation die erste Säule darstellt. Die Selbstregulation beabsichtigt die Minimierung von Stressauswirkungen im Körper. Die Stressreaktionen im Körper sind immer gleich. Ob es nun der positive Flow oder der negative Stress ist, immer reagiert der Körper mit Aktivierung und

Erregung. Was ich sagen möchte ist, dass für die gleichen Wirkungen auch gleiche Methoden zur Stressregulation anwendbar sind. Im Leistungssport spricht man dabei von der Regulierung auf ein ideales Leistungsniveau. Die anwendbaren Methoden beabsichtigen sowohl die körperlichen Aktionen als auch die emotionalen Wirkungen auszubalancieren.

Die erste Säule nutze ich somit zur Wahrnehmung von Emotionen, indem ich stressige Situationen für meine Klienten simuliere. Es geht also um Stressmanagement. Ich versuche aber auch, die Klienten bestmöglich anzuleiten, in ihre Mitte zu gelangen und daraus Kraft zu schöpfen. Das ist dann die regenerative Anwendung. Genauso kann ich die Klienten darin anleiten, aus der Mitte zu handeln. Das ist dann die aktive Anwendung. Wenn ich also davon spreche, aus der Mitte zu leben, dann meine ich damit das Zusammenwirken beider Kräfte. Aktivität und Passivität oder Yang und Yin. Irgendwann, so meine Hoffnung, finden auch meine Klienten den Weg in die Mitte und haben die Energie, sich selbst vertiefter zu schulen und sich selbst bewusster zu werden. Darum kommt das mentale Coaching als zweite Säule zur Anwendung.

Wie ich bereits zuvor beschrieben habe, spielt dabei die Selbstreflexion die zentrale Rolle. Aber auch die Methoden zur Stressregulation und zur Aktivierung oder Stabilisierung der intrinsischen Motivation. Das Mentalcoaching wird wie das integrale Coaching noch immer von der Mehrheit der Menschen belächelt. Darum erschaffe ich Situationen für meine Klienten, in denen sie dann deutlich erkennen, dass die mentale Leistungsfähigkeit die Voraussetzung ist für ihre Selbstregulation und die Zielerreichung. Oder um die optimale Leistungsschwelle zu stabilisieren. Wie ich zuvor bereits ausführlich an den Rittern und den Samurai erläutert habe, spielt die Selbstregulation eine ebenso wichtige Rolle wie die vorangegangenen vier Schlüsselfertigkeiten.

Die dritte Säule ist die Selbstbehauptung. Über deren Essenz weißt du bereits genug, aber ich kann dir erklären, wie ich sie trainiere. Ich simuliere auch in der dritten Säule Situationen, welche durch die Klienten gemeistert werden müssen. Natürlich geht es darum, sich selbst unter Druck zu regulieren, um sich dann zu behaupten. Im Leistungssport kennt man die Methoden des Prognose-Trainings. Ein Sportler wird dabei nebst der Selbstbehauptung auch aktiv in der Selbsteinschätzung geschult. Der Sportler bekommt eine Aufgabe gestellt, worauf dieser dann den Ausgang – beispielsweise die Anzahl der beabsichtigten Tore – festlegt und alles daran tun muss, diese Anzahl auch zu erzielen. Dabei wird der Sportler selbstverständlich gestört, sodass auch ein realistischer Druck erzeugt wird. Die Methode ist fantastisch, da ich mit diversen Elementen spielen kann. Ich nutze eine ähnliche Variante in Kombination mit den Kampfkünsten. Im Übrigen sind die Kampfkünste die perfekte Plattform, das Selbstbewusstsein zu fördern. Es werden sowohl die Tugenden der Krieger (Mut, Demut, Ehrlichkeit, Disziplin, Ehre etc.) geschult als auch das taktische und technische Verhalten unter Stress. Bis hin zur eigentlichen Kampftechnik und zu diversen Stress-Regulationstechniken wie die verschiedensten Atem- und Entspannungsübungen. Auch hier ist wieder zu sagen, dass es alleine schon bei der Atmung eine Vielzahl von Techniken zur

Aktivierung, aber auch zur Regeneration gibt. Probiere es aus. Da du dieses Buch liest, bist du sicherlich bereit für eine ordentliche Packung Wissen aus Fernost. Übrigens, die Kampfkünste schulen auch den Umgang mit Schmerz. Für gewöhnlich kehrt der Mensch dem Schmerz den Rücken. In der Kampfkunst lernt man den Schmerz anzunehmen.

Was machst du nun mit den hier gefundenen Informationen? Was machst du, wenn es darum geht, dein eigenes Leben von der Fremdbestimmung zu lösen und über die Selbstwirksamkeit in die Selbstbestimmung zu gelangen?

«Viele Menschen wollen Gewinner sein, bis zu dem Moment, wo es darum geht, zu tun, was Gewinner tun!»

Training des Rebellen

Persönlichkeitsentwicklung

Sobald wir gelernt haben, mit Stressoren bewusst umzugehen und die Wirkungen von Stressoren zu regulieren, sollten wir uns im nächsten Schritt daran machen, die Wirkungen von Stressoren zu eliminieren – nicht, indem wir bereits die eigentlichen Stressoren beseitigen, sondern indem man die Bewertung der Ereignisse reflektiert und das damit verbundene Verhalten und assoziierten Wahrnehmungen neu beurteilt und wo möglich verändert. Man verändert sprichwörtlich den Bezug und die Assoziation, welche mit dem Stressor in Verbindung stehen – das ist das Reframing. Blosses akzeptieren der Ereignisse und des persönlichen Befindens geht jeder Veränderung voran, doch verändert sich durch Akzeptanz die Situation noch nicht. Wenn man seine Leistungsfähigkeit und Widerstandskraft steigern sowie unliebsame Lebensumstände verändern will, muss man lernen, die aktuellen Umstände selbstbestärkend statt selbstsabotieren zu managen. Noch wirkungsvoller als das Managen von Problemen ist die Kreation von Lösungen und die Bestimmung adäquater Verhaltensänderungen, welche diese Lösungen zum Ziel haben. Man sollte sich baldmöglichst darum kümmern, nicht bloss, die mit der Stresssituation einhergehenden körperlichen und psychomentalen Auswirkungen und Symptome, zu hemmen und in den Griff zu bekommen, sondern sollte darum bemüht sein, von solch wiederkehrenden Schlüsselmomenten nicht mehr ständig negativ emotional getriggert und dadurch in seiner Handlungsfähigkeit blockiert zu werden. Dabei handelt es sich um die Neuorganisation des inneren Systems und die Konditionierung eines neuen Verhaltensmusters – eine neue Mentalität entsteht!

Die Wahrnehmung der Realität wird im Konstruktivismus als Realitätskonstruktion und somit als Gestaltung, Erfahrung und Erfindung jedes einzelnen Menschen und nicht als die absolute Wahrheit verstanden – Realität ist relativ, subjektiv und wird nach unserer individuellen Prägung kreiert.

Wie wir mit Informationen umgehen und sie bewerten, zeigt die Art und Weise, wie wir leben. Sind die Lebensumstände nicht nach unseren Vorstellungen, sind wir angehalten die Informationsqualität und damit den neuronalen, mentalen und psychischen Informationsspeicher zu analysieren und das System mit neuen Informationen zu füttern – diesen Vorgang nennen wir lernen. Dieses Lernen ist mit Anstrengung verbunden und die erforderliche Energie muss erst bereitgestellt werden. Aktuelle Langzeitstudien zeigen, dass der Mensch lebenslang lernt und sich auch neue Verhaltensweisen aneignen kann (Neuroplastizität). So lautet die korrekte Frage wohl nicht: «Wer bin ich?» sondern vielmehr: «Wer könnte ich denn sein?»

Ergebnisse aus den Forschungslabors der Neurowissenschaftler widersprechen der Vorstellung, dass der Kern der Persönlichkeit angeboren ist und stabil bleibt. Vielmehr zeigen aktuelle Erkenntnisse aus Langzeitstudien über die Plastizität des Gehirns - also die Formbarkeit des Gehirns - dass sich dessen Nervenzellen fast ein Leben lang neu organisieren können. Mit Folgen auch für den Charakter und die Persönlichkeitsbildung. Die

Neurowissenschaft liefert überzeugende Argumente, dass es nicht möglich ist ein neues Verhalten zu erlernen, solange die Aufmerksamkeit auf dem Vermeidungssystem und somit ausschliesslich auf das Problemerleben gerichtet ist.

Neues Verhalten kann gelernt werden, wenn die Aufmerksamkeit immer wieder auf eine positive Zielformulierung, auf das Ideal und damit auf das Annäherungssystem gerichtet wird. Um das positiv Erlebte und Formulierte zu neuen Gewohnheiten zu festigen, müssen neue neuronale Netzwerke gebildet werden, dazu muss das Erlernte durch positives Verstärkungslernen im Alltag wiederholt werden. Damit Veränderungen in einem Verhaltensmuster geschehen können, müssen aber nicht ganze Muster verändert werden, es genügt meist, Unterschiede in einem oder mehreren Elementen oder in den Verknüpfungsstellen einzuführen. Veränderung wird durch Unterschiedsbildung in den Verhaltensmustern (Reizreaktionsketten) und somit durch die Neuausrichtung der Aufmerksamkeit auf ein anderes Erleben, Fühlen und Verhalten angestossen – es geht darum, Unterschiede in bisherigen Verhaltens-, Denk-, Erlebnis- und Emotionsmustern zu bilden und eine neue, gewünschte und idealisierte Reizreaktionskette auszubilden und zu trainieren – das ist die Entstehung des selbstbestärkenden, bewusst gewählten neuronalen Erlebnismusters. Genau genommen ist jede Reizreaktionskette ein neuronales Erlebnismuster, doch wollen wir der Orientierung halber zwischen negativer Auswirkung und positiver Bestärkung unterscheiden. Während die Reizreaktionskette eher negativ assoziiert ist, soll das neuronale Erlebnismuster positiv konnotiert sein!

Da Menschen sich über einen meist längeren Zeitraum mit ihren als mühsam und vielleicht sogar leidvoll erlebten Realitätsmustern identifiziert haben, geht es im Mentalcoaching zunächst einmal darum, sie in ihrer aktuellen und sehr individuellen Realität abzuholen, damit sie überhaupt kooperieren und sich auf die Begleitung einlassen können. Denn Kooperation mit autonomen, sich selbst organisierenden Wesen setzt voraus, dass sich diese in ihrer jeweiligen subjektiven Weltsicht und Erlebnisweise wertschätzend und akzeptierend abgeholt fühlen. Nur dann wird es als sinnvoll und auch lohnend erlebt, sich aktiv und offen in eine Kooperation einzubringen. Der Trainer und Coach versetzt die Coachees bestmöglich in Zustimmung und in eine entsprechende Offenheit – dies nennt sich Pacing, was nicht als Manipulation zu verstehen ist, sondern als Beziehungsaufbau und Anbahnung einer kooperativen Grundstimmung.

Voraussetzung für ein erfolgreiches Pacing ist die Fähigkeit, sich in die Welt des Gegenübers einzufühlen. Der oberste Grundsatz dürfte beim idealen Pacing lauten, die Coachees immer dort abzuholen, wo sie aktuell stehen. Die individuelle Wirklichkeit muss zwingend gewahrt sein, auch wenn es für den Trainer und Coach eine andere Wirklichkeit geben sollte. Man nutzt die Ressourcen von Coachees, bevor man mit ihnen neue Ressourcen erarbeitet. So wird Veränderung dadurch erreicht, dass in die aktuell vorherrschenden Muster der gewohnten Realität, leichte Unterschiede eingeführt werden, und zwar so, dass hilfreiche Fähigkeiten wieder zieldienlich aktiviert werden. Man organisiert sich zuerst um das Problem herum und lernt

Kompetenzen, die aktuelle Situation besser zu meistern. Im zweiten Schritt konzentriert man sich auf das Kreieren und Erlernen eines neuen Ideals – gemäss der Frage: «Wer bin ich, ohne mein Problem?»

In der Regel ist Lernen nichts anderes, als stetig die gleiche Aktivität zu wiederholen. Wir werden zu dem, was wir tagtäglich tun. Doch das Lernen erfolgt bestenfalls stets auf der Basis von dem, was man bereits schon einmal gelernt hat. Die klare Standortbestimmung und Anamnese sind hierbei von großer Bedeutung. Trotzdem ist es so, dass eine Handlung, die wir zum ersten Mal wahrnehmen oder miterleben - sei es etwas Liebevolles oder etwas Fürchterliches - in uns eine besonders intensive Vorstellung dieser Handlung hinterlässt. Das Gehirn wird sozusagen «überrascht» und damit stark aktiviert. Man lernt aber auch besonders gut durch Beobachtung und Nachahmung (Ideomotorisches Training) und gerne auch relativ Neues, was die Konditionierung des neuronalen Erlebnismusters erleichtern kann – bspw. durch Vormachen des Trainers.

Das alleinige Nachahmen bestimmter Handlungen allein genügt aber noch nicht für eine nachhaltige Verhaltensänderung. Zum einen, weil ein persönliches Embodiment eben sehr individuell und persönlich sein muss, zum anderen, weil das neue Verhalten diszipliniert wiederholt und auf die effektiven Situationen adaptiert werden muss, damit das ausgediente Verhalten überlernt werden kann. Dies gilt besonders für alles was neu ist, denn nur durch stetige Wiederholung und somit durch die klassische Konditionierung findet es auch Eingang in das Langzeitgedächtnis und das neuronale Erlebnismuster wird verkörpert und erlebbar.

Mentaltraining

Mentaltraining ist vielen Menschen bekannt als Methode zur Steigerung von Leistungsfähigkeit und Widerstandskraft im Sport und zur Förderung von Entspannung, Gelassenheit und innerer Kraft ganz allgemein – mittlerweile ist Mentaltraining auch in Firmen und Institutionen angekommen. Auch Krankentaggeld-Versicherungen, Invalidenversicherungen und Jobcoaching-Agenturen profitieren vermehrt von Mentaltraining-Angeboten als unterstützende Massnahme in der Arbeitsintegration und der Therapie von Krankheiten und Verletzungen – das Interesse an Mentaltraining als therapiebegleitende Massnahme wächst zusehends und wird von der Wissenschaft gestützt.

Mentaltrainings trainieren die Exekutivfunktionen des Gehirns. Das Gehirn ist das Steuerungsorgan, welches dafür sorgt, dass Menschen wahrnehmen, fühlen, agieren und reagieren. Genau deshalb ist das Mentaltraining stark körper- und bewegungsorientiert. Kein Bereich steht für sich alleine: Im Kopf laufen alle Fäden zusammen. Wissenschaftlich betrachtet handelt es sich um neuronale Prozesse, um ein Ineinandergreifen unterschiedlicher Systeme. Mentaltrainings haben sich als ein ganzheitliches Trainings- und Coachingkonzept bewährt. Nicht zuletzt im therapeutischen Kontext vermag das Mentaltraining viele gute Dienste zu leisten, denn die tatsächliche Auseinandersetzung mit den körperlichen und emotionalen Aspekten einer Konfliktsituation können darin ideal simuliert und kontrollierbar gemacht werden. Auch wenn Mentaltraining keine Therapieform darstellt, kann es die Fortschritte von

Therapien durch den ausgeprägten Alltags- und Realitätsbezug und die starke Körperorientierung ideal ergänzen und optimieren. So werden die Methoden des Mentaltrainings vermehrt auch von Psychotherapeuten und Ärzten erfolgreich in ihren Praxen eingesetzt.

Das Aufkommen der Neurowissenschaften führte dazu, dass körperorientierte Methoden wie bspw. Qi Gong, Yoga, Feldenkrais, Wing-Wave und Co., - doch genauso das Mentaltraining – und deren Wirkungsweise bezüglich der Stärkung von körperlicher und seelischer Selbstheilungskräfte und der Persönlichkeitsentwicklung erforscht und wertgeschätzt werden. Immer mehr finden körperorientierte Trainings- und Therapiemethoden auch in der westlichen Psychotherapie und der Medizin Anerkennung und werden in die Behandlung von psychosomatischen und posttraumatischen Stresserkrankungen integriert. Zahlreiche empirische Studien belegen inzwischen die Wirksamkeit körperorientierter Methoden gerade im Rahmen von Ressourcenorientierung, Selbstregulation und Selbstwirksamkeit.

Ein sehr eindrückliches System dieser Künste ist das chinesische Yiquan, welches als äußerst effektives, althergebrachtes und empirisch erforschtes Mentaltraining bezeichnet werden kann und einen überzeugenden Werkzeugkoffer bietet, den Körper, das Körperbewusstsein und die psychomentale Gesundheit zu stärken. Yiquan ist eine chinesische Kampf- und Heilkunst und ein längst etabliertes Mentaltraining sowie neurozentriertes Training. Wissenschaftliche Untersuchungen aus neuropsychologischer Sicht zeigen auf, dass Yiquan, Qigong und dergleichen einen skalierbaren

Einfluss auf die mentalen Ressourcen, ja sogar direkt auf die Hirntätigkeit und die neuronalen Strukturen haben können.

Seit einiger Zeit ist auch das Interesse der Neuropsychologie für körperorientierte Trainings- und Therapieformen erwacht. Es konnten zahlreiche Ergebnisse aus der Neuropsychologie das empirische Fundament für die Wirksamkeit solcher Körper-Geist-Übungen vergrößern und neurologische Theorien entstehen lassen. In Studien konnte gezeigt werden, dass sämtliche exekutive Hirnregionen beim Trainieren aktiviert und harmonisiert werden.

Das ganzheitliche Mentaltraining bedient sich der Erkenntnisse dieser wertvollen, althergebrachten und empirisch erforschten Methoden und verfeinert sie mit wissenschaftlich fundierten Trainingskonzepten zu einem hochwirksamen neurozentrierten Training. Die Möglichkeit, durch körperorientierte Trainings- und Therapieformen die Kompetenzen von gesunden und kranken Menschen zu stärken, ihren eigenen Körper wieder bewusster und prägnanter zu erleben und ihre Sinneserfahrungen zu erweitern und zu differenzieren, stärkt ihr Selbstbild und Ich-Gefühl und lässt sie erkennen, dass das Ich nicht vom Körper getrennt ist. Ganz im Gegenteil: Der Mensch ist das Individuum, das sich die Welt handelnd erschließt und so ist Wahrnehmung immer eine aktive Verarbeitung von sensomotorischen Informationen - und damit von Bewegung!

Mentaltraining ist bestens für die Entwicklung einer starken Persönlichkeit geeignet. Dies kann helfen, eine körperlich verankerte und spürbare Identität aufzubauen. Zudem werden die allgemeine Affektregulationsfähigkeit und Impulskontrolle gefördert. Dazu tragen u.a. die nach innen gerichtete Aufmerksamkeit, die Selbstreflexion, die Achtsamkeit für das gegenwärtige Geschehen, der Zugang zur sensomotorischen Wahrnehmung sowie ein klar umrissenes Selbstbild bei.

Als Selbstübungsmethode fördert das Mentaltraining vor allem die Selbstwirksamkeitsüberzeugung und damit das Vertrauen in die eigenen Möglichkeiten und Potentiale. Die Erfahrung, dass man durch regelmäßiges Üben das körperliche und psychische Befinden positiv beeinflussen kann, wodurch man sich zentrierter, kraftvoller, ruhiger, aufgerichteter, zuversichtlicher etc. fühlt, ist essentiell selbstbestärkend. Ein weiterer Wirkfaktor ist die Schulung der Selbstwahrnehmung (Introspektion und Interozeption), die bei Menschen mit psychischen Dysbalancen häufig reduziert ist.

Mentaltraining bietet die Möglichkeit zu erleben, wie sich Emotionen durch Gedanken und Imagination (Innere Bilder), Körperhaltungen, Ateminterventionen und Bewegungen beeinflussen lassen. Das vitale Erleben einer entspannt aufgerichteten Haltung wird zum biopsychophysischen Gesamteindruck des Selbst - zu einem persönlichen Embodiment und neuronalen Erlebnismuster. Das Erkennen von eigenen körperlichen und geistigen Fähigkeiten, Grenzen, Stärken, Routinen und Potenzialen, hilft uns ein stabiles Selbstkonzept zu entwerfen.

Durch die Schulung der Beobachtungsfähigkeit für den eigenen Körper und Geist während des

Mentaltrainings, wächst auch eine verfeinerte Selbstwahrnehmung in Alltagssituationen und verschafft dem Trainierenden ein Gefühl von Kontrolle. Auf intrapersoneller Ebene lernt man beispielsweise aus den meditativen Übungen, dass mentale Prozesse entweder angeregt oder gehemmt werden können - je nach Fokus der Übungen – welche sich auch im Grad der Aktivierung des Körpers zeigen. Als ganzheitliches Übungssystem beeinflusst Mentaltraining bei regelmässiger Ausübung nachhaltig und positiv die psychische Grundverfassung des Menschen. Wird Mentaltraining als therapiebegleitende Massnahme genutzt, so bietet es ein vielschichtiges und differentielles Instrumentarium zur Selbsterforschung - aber auch für die Implementation von neuen, lebenskorrigierenden Erfahrungen durch realitätsnahe Kompetenzerwartungstrainings.

Die Theorie des Embodiment bezieht sich auf die Vorstellung, dass kognitive Prozesse eng mit dem Körper und der sensorischen Erfahrung verbunden sind. Es besagt, dass kognitive Funktionen nicht nur im Gehirn stattfinden, sondern auch in Wechselwirkung mit dem Körper und der Umwelt stehen. Gemäss dieser Theorie werden sensorische und motorische Erfahrungen als grundlegend für die Bildung von Bedeutung und das Verstehen der Welt angesehen. Der Körper dient als Schnittstelle zwischen dem Geist und der physischen Umgebung. Durch das Wahrnehmen und Interagieren mit der Umwelt erhält der Geist Informationen, die seine kognitiven Prozesse und die Art und Weise, wie er die Welt versteht, beeinflussen. Das Embodiment betont die Bedeutung der Körpererfahrung und sensorischen Informationen für das Denken, Lernen und die

Interaktion mit der Welt. Des Weiteren spricht man im Mentaltraining stellvertretend für das Embodiment auch von einem neuronalen Erlebnismuster. Allgemein gesprochen bezieht sich dieser Begriff auf die Aktivierung bestimmter neuronaler Verbindungen im Gehirn. Neuronale Netzwerke bestehen aus einer Vielzahl von Neuronen, die miteinander verbunden sind und kontextabhängig Informationen verarbeiten und übertragen. Das neuronale Erlebnismuster ist ein spezifisches Muster, welches durch erlebte Erfahrungen erlernt und mit Erlebnissen in Verbindung gebracht wird. Dabei werden sensomotorische Reize aus der Interaktion mit der Umwelt im Gehirn verarbeitet und integriert (Priming) und bilden daraus bestimmte Verhaltensmuster, welche die Art und Weise beeinflussen, wie wir die Welt wahrnehmen und uns in ihr bewegen. Wiederholen wir diese Interaktion mit der Umwelt ständig auf die gleiche Weise, bildet sich ein festes neuronales Erlebnismuster aus - die Reizreaktionskette.

Die Kontextbildung (Framing) spielt dabei eine grosse Rolle, denn wir können entscheiden, wie wir die eingehenden Informationen aus der Umwelt interpretieren und welche Bedeutung wir ihnen zumessen. Dies ist besonders dann wichtig, wenn uns nicht gefällt, wie wir mit der Umwelt interagieren und uns im besagten Kontext dabei fühlen. Dies lässt sich ändern und ist Hauptaufgabe des Mentalcoach. Im Mentaltraining erarbeitet man dazu ein adäquates Verhaltensmuster, welches in einen dem Klienten entsprechenden Kontext eingebunden ist und auf vorhergehenden sensomotorischen Reizen basiert, sodass man in den belastenden Situationen seine Mitte aufrechterhalten kann und handlungsfähig bleibt.

Es kann geschehen, dass mentale und körperliche Bewegungen – und seien diese nur mental visualisiert - in einem Menschen Erlebensqualitäten hervorrufen, die bis jetzt in dessen Leben wenig vorhanden, schwierig erreichbar oder nicht erlaubt waren. Dazu kann zum Beispiel gehören, sich «Machtvoll wie ein Riese» oder sich «Frei wie ein Adler in den Lüften» oder «Stark verwurzelt wie eine Eiche» zu fühlen. Das starke Gefühl von festem Boden unter den Füssen zu spüren und in sich zu ruhen – in Kontakt zur eigenen Mitte zu sein - ist das Fundament der psychomentalen und körperlichen Gesundheit. Ist diese Mitte gegeben, können wir uns auch der Welt öffnen.

Erkennt man in der Schlüsselmomentanalyse wie man sich in Interaktion mit seiner Umwelt fühlt und möchte dieses Befinden verändern, kann man das aktuelle Reizreaktionskette dahingehend anpassen, sich im spezifischen Kontext besser zu fühlen. Ist das Problem bspw. eine Angststörung, muss diese Angst konkretisiert werden («Ich habe Angst, dass meine Beine schwach werden und ich unter Menschen ohnmächtig werde»), sodass dann die gewünschte, idealisierte Haltung trainiert werden kann («Ich stehe stark wie eine Eiche, atme ruhig und handle souverän»).

Dazu baut man im Mentaltraining ein selbstbestärkendes, komplett neues neuronales Erlebnismuster auf oder optimiert ein bestehendes im Rahmen eines Ressourcen-Reload. Im Ruhezustand und als mentaler Probelauf konditioniert, kann man diese neue Haltung dann in realitätsnahen Situationen - sogenannten

Kompetenzerwartungstrainings - erproben und wieder die Kontrolle über das persönliche Befinden erlangen.

Wenn man «Steht wie eine Eiche», ändert sich auch die innere Haltung – die Geisteshaltung. Man spürt sich klarer, fühlt sich geerdet, zeigt Rückgrat und steht für sich ein. Eine wesentliche, oft gemachte Erfahrung von Trainierenden ist es, den Kontakt zur eigenen Mitte zu halten und sich gleichzeitig der Welt zu öffnen (Soziale Zugewandtheit) oder eine Stabilität zu entwickeln, die auch flexibles Handeln ermöglicht. Gerade diese Fähigkeit, mit polaren Kräften angemessen umzugehen, kann in diesen Übungen praktisch erfahren werden. In einem ständigen Wechselspiel der entgegengesetzten Kräfte: Von öffnenden und schließenden, hebenden und senkenden, Spannung aufbauenden und wieder lösenden Bewegungsabläufen, bietet sich die elementare Erfahrung von Zusammengehörigkeit verschiedener Qualitäten, wie z.B. die Erkenntnis:

«Ich kann klar abgegrenzt (Autonomie) und gleichzeitig liebevoll zugewandt (Gemeinschaft) sein.»

Die Ressourcen-Orientierung in Coaching, Training und Therapie ist deshalb so wichtig, weil man damit ein bestehendes, erfolgsbehaftetes neuronales Erlebnismuster reaktivieren und es in einen neuen Kontext einbinden kann. So ähnlich, wie wenn man mit einem Fotobearbeitungs-Programm am PC den Hintergrund eines Fotos entfernt, kann man die Person auf dem Bild (und das damit einhergehende Gefühl und Handlungsmuster) in ein neues Szenario einbetten. Das bereits bekannte neuronale Erlebnismuster und damit das Gefühl der Selbstermächtigung wird einer zu verändernden Situation hinzugefügt und damit das Gefühl gestärkt, auch mit den Belastungen dieser aktuellen Situation umgehen zu können - sprich, die konfliktlösende Handlung tun zu können und anstehende Konflikte und Herausforderungen sozialverträglich zu lösen.

Mentale Prozesse

Mentale Prozesse sind gemäss der Hirnforschung die sogenannten Exekutivfunktionen. Damit sind alle neuronal gesteuerten geistigen Kontrollprozesse gemeint, welche man benötigt, um seine Aufmerksamkeit und seine Emotionen zu steuern und zielgerichtet sowie selbstbestärkend zu handeln. Eine Exekutivfunktion des Gehirns ist das Arbeitsgedächtnis (1), welches für die kurzfristige Speicherung und Verarbeitung von Informationen und ihrem Abgleich mit den Inhalten des Langzeitgedächtnisses zuständig ist. Weitere Exekutivfunktionen sind die Inhibition (2), also die Aufmerksamkeitslenkung und Konzentration durch Unterdrückung von Störreizen und Kontrolle von Impulsen, sowie die kognitive Flexibilität (3), das ist die Fähigkeit, die Aufmerksamkeit zu lenken und den Fokus zu wechseln (Refokussierung).

Diese drei Exekutivfunktionen sind eng miteinander verknüpft. Sie bilden zusammen die Grundlage der mentalen Leistungsfähigkeit und Selbstregulation im Alltag. Man braucht sie in Beziehungen zu Mitmenschen, bei der Entscheidungsfindung, der Problemlösung sowie für Bewegungsausführung und Selbstwahrnehmung.

Zombi-Modus

Bestleistungen im Beruf, der Schule oder im Sport, eine erfolgreiche Therapie nach einer Krankheit und einem Unfall, doch auch um unliebsam gewordene Gewohnheiten zu verändern, erfordern nebst einem klar definierten Ergebnisziel auch klar definierte Handlungsziele und Haltungsziele sowie funktionierende Selbststeuerungs-Kompetenzen, doch insbesondere «Mentale Energie», die aber oft aufgrund mangelhafter Regeneration nicht aufgebracht werden kann. Woher diese mentale Energie kommt, beantwortet die Neurowissenschaft und deren Theorie der zwei neuronalen Netzwerke, welche darauf aufbaut, dass das Gehirn als Exekutivzentrale des menschlichen Organismus zwei unterschiedliche Denksysteme nutzt: System 1 und System 2.

System 1 entspricht dem «Abspulen» erlernter, sich wiederholender Verhaltensweisen, also den Dingen, die wir täglich tun, ohne viel darüber nachzudenken – es ist das meist unbewusste, reaktive System. System 1 umfasst das gesamte Repertoire stereotyper Denk- und Verhaltensmuster. Sie sind sozusagen reine Reflexe. Sie erfordern in der Regel wenig Konzentration und damit so gut wie keine mentale Energie. Deshalb kann das System 1 als Default (Voreinstellung) unseres Denkapparates ständig aktiv sein. System 1 ist schnell und effektiv und schützt uns, wenn wir zum Beispiel im Affekt handeln müssen, um uns vor einer akuten Gefahr zu schützen. Wenn wir mit System 1 denken, machen wir im Gegenzug auch leicht Fehler, sobald wir mit neuen Aufgaben konfrontiert werden, die echtes Nachdenken erfordern.

Um solchen Herausforderungen adäquat begegnen zu können, nutzt unser Exekutivzentrum das wesentlich langsamere, nachdenklichere System 2. Nur mit diesem ist es möglich, gewohntes System 1-Verhalten, das für uns selbst oder andere auch schädlich sein kann, zu hemmen und dessen impulsiven Handlungen zu kontrollieren. Das System 1 hilft zwar Energie zu sparen und uns den Alltag zu erleichtern, doch in Veränderungsprozessen ist es wenig hilfreich, meist gar die Veränderung sabotierend, denn das System 1 - und damit die Gewohnheit - hat uns alle fest im Griff. Möchte man erfolgreich eine Veränderung im Leben vollziehen, muss man sich das System-2-Denken zunutze machen, was jede Menge Energie für Achtsamkeit und Impulskontrolle sowie Konzentration und eben, Refokussierung, erfordert – allesamt Kompetenzen, welche im Mentaltraining trainiert werden können.

Für die Entdeckung dieser beiden komplementären Denksysteme wurde Daniel Kahnemann und Vernon L. Smith im Jahr 2002 der Wirtschaftsnobelpreis verliehen. Im Jahr darauf schrieben zwei führende Bewusstseinsforscher – der britische Physiker und Molekularbiologe Francis Crick, der 1962 den Nobelpreis für die Entdeckung der molekularen Natur des Erbguts erhalten hatte, und der US-amerikanische Neurowissenschaftler Christof Koch, die nachfolgenden Zeilen:

«Viele Handlungen als Reaktion auf Sinneseindrücke (Outside-In-Reizreaktionskette) sind schnell, flüchtig, stereotyp und unbewusst. Man könnte sie als kortikale Reflexe bezeichnen. Das Bewusstsein hingegen befasst sich langsamer mit umfassenderen, weniger stereotypen Aspekten der Sinneseindrücke - oder deren

Widerspiegelung in Bildern - und braucht seine Zeit, um über angemessene Gedanken und Reaktionen zu entscheiden. Es scheint ein großer evolutionärer Vorteil zu sein, einen «Zombie-Modus» zu haben, der schnell und stereotyp reagieren (System 1) und ein etwas langsameres System, das Zeit zum Denken und zur Planung komplexerer Verhaltensweisen lässt (System 2).»

System-2-Denken – also das Vergleichen von Verhaltensoptionen im Hinblick auf ihre möglichen Auswirkungen, die Entscheidung für eine neue Verhaltensweise sowie deren Umsetzung - ist anstrengend und benötigt viel mentale Energie. Diese ist jedoch limitiert, weshalb unser Gehirn-System-2 nur im Bedarfsfall, also im Zweifel bzw. bei Unsicherheit einschaltet.

Tor zum Bewusstsein

Das Nervensystem umfasst alle Nervenzellen des menschlichen Körpers. Mit ihm kommuniziert der Mensch mit seiner Umwelt und steuert gleichzeitig vielfältige Mechanismen zur Überlebenssicherung im Körperinneren. Das Nervensystem nimmt Sinnesreize auf, verarbeitet sie und löst Reaktionen wie Muskelbewegungen oder Schmerzempfindungen aus. Wer zum Beispiel auf eine heiße Herdplatte fasst, zieht die Hand reflexartig zurück – und die Nervenbahnen senden gleichzeitig ein Schmerzsignal ans Gehirn. Auch Stoffwechselvorgänge werden über das Nervensystem gesteuert. Das Gehirn beeinflusst unsere Körperfunktionen, speichert Erinnerungen und koordiniert unser Handeln. Zusammen mit dem Rückenmark bildet es das zentrale Nervensystem (ZNS) und geht von dort aus über in das periphere Nervensystem (PNS), welches sich wiederum in das somatische und das vegetative (autonome) Nervensystem unterscheiden lässt.

Das für viele überlebenswichtige Empfindungen und Instinkte verantwortliche Zwischenhirn umfasst u.a. den Thalamus. Der Thalamus ist der Filter, der dem Bewusstsein vorgeschaltet ist. Pro Sekunde strömen unzählige Sinnesreize aus der Aussen- und Innenwelt auf unser Gehirn ein. Sie alle bewusst zu registrieren, wäre unmöglich. Das Zwischenhirn filtert die Informationen, die es für wichtig erachtet, heraus und leitet sie ans Großhirn und damit an unser Bewusstsein weiter. So nehmen wir etwa den juckenden Mückenstich auf unserer Haut und die Stimmen und Bilder aus dem Fernseher wahr. Dass das Bild an der Wand hinter dem TV schief hängt, der Kühlschrank summt und das T-Shirt sich angenehm glatt auf der Haut anfühlt, entgeht unserem Bewusstsein dagegen - sofern wir nicht konkret unsere Aufmerksamkeit darauf lenken.

Der Thalamus bestimmt, was ins Bewusstsein gelangt und was nicht. Dabei ist das primäre Ziel des Gehirns die Steuerung der überlebenswichtigen Funktionen und damit die Sicherstellung der körperlichen Unversehrtheit. Ein Gefühl von Sicherheit gewährleisten wir für gewöhnlich dadurch, dass wir die Kontrolle über die Ereignisse und das körperliche Befinden haben. Das Gefühl von Sicherheit durch Kontrolle ist eine Grundvoraussetzung für unser Handeln, doch genauso für das Unterlassen von Handlungen.

Der Thalamus funktioniert dazu nicht wie eine Ampelkreuzung, sondern ist in wechselseitiger Interaktion mit dem Stirnhirn (Frontallappen), also mit dem Bewusstsein. Wir beeinflussen demnach die Reaktion auf die eingehenden Reize mit unserem bewussten Verstand – die tatsächliche Bewertung der eingehenden Reize, respektive Informationen. Weshalb wir darum wohl auch unterschiedlich auf schmerzvolle Reize reagieren und uns in einer gewissen Weise auch bezüglich solcher stresserzeugenden Reize abhärten können. Man denke dabei an das Training zur Erhöhung der CO2-Toleranz im Sport oder an das Abhärtungstraining in den Kampfkünsten.

Mit dem Stirnhirn können wir gezielt auf das Gehirn einwirken und eine Vielfalt von Neurotransmittern beeinflussen, die mal hemmende, mal verstärkende Funktionen haben: von Glutamat, GABA, Dopamin, Noradrenalin oder Serotonin, bis hin zu den schmerzhemmenden Endorphinen. Die Psychologie wird sprichwörtlich zur Biologie, doch genauso funktioniert dieser Prozess auch umgekehrt und die Biologie wird zur Psychologie. Wissenschaftlich wurde nachgewiesen, dass wenn ein Kind mit einer Spielzeugpistole spielt, auch dessen Testosteronwert und das Dominanzgefühl ansteigen.

Die Menschen tun also gut daran, ihre Aufmerksamkeit stets auf ein Ideal auszurichten – auf die Lösung, nicht auf das Problem. Auf das Annäherungsziel, nicht das Vermeidungsziel. Dieses Ideal sollte so klar wie irgend möglich beschrieben sein. Das Ideal muss optimalerweise anhand qualitativ hochstehender Informationen erarbeitet werden, denn aus der Qualität und der Quantität der Informationen bilden wir uns ein deutliches Zukunftsbild (Idealbild), was uns über den neuronalen Torwächter «Thalamus» ein Gefühl der Kontrolle und Sicherheit vermittelt und die Chancen steigen lässt, auch eine noch ungewohnte Handlung in Richtung des Ziels erfolgreich umsetzen zu können und damit ein neues Verhaltensmuster zu erlernen. Dies ist besonders wichtig, wenn es um die Begleitung von Menschen geht, welche in einer «Erlernten Hilflosigkeit» und im chronischem Krankheitsverhalten (Sickness Behavior) feststecken. Dabei ist das Gehirn der Betroffenen so stark auf das Problem sensibilisiert, dass es sämtliche ungewohnten Handlungen hemmt oder vollumfänglich verhindert.

Haben wir dahingehend ein klares Ziel definiert und die für Verhaltensänderungen unverzichtbaren, noch ungewohnten Handlungen vorgängig bestimmt und klar umrissen, geht es darum, die «Minimale effektive

Dosis» - den überschwelligen Wachstumsreiz - zu bestimmen und die geplante, gewinnbringende Handlung als erstes in mentaler Form (Mentaler Probelauf) und im entspannten und konzentrierten Zustand, dann aber tatsächlich, so realitätsnah wie möglich und unter Berücksichtigung des idealen Leistungszustandes «Im Feuer» (Ernstfall) zu erproben.

Die minimale effektive Dosis beschreibt einen Trainingsreiz, der zur richtigen Zeit und mit der richtigen Dosis erzeugt wird und damit eine Anpassung des Nervensystems und der Muskeln etc. erwirkt. Das Beispiel des Krafttrainings hilft, dies zu veranschaulichen: Wenn ein Muskel trainiert wird, sollte der Trainingsreiz mit der idealen Dosis erfolgen, damit der Muskel sich verdichtet. Zu geringe Reize erzeugen keine Anpassung, doch auch zu intensive Reize sind nicht förderlich und führen eher ins Übertraining als zu Muskelanpassungen – bei Überbelastung verschließt sich das System, denn wir erinnern uns, die körperliche Unversehrtheit zu erhalten ist oberste Priorität. In Veränderungsprozessen also ist es wichtig, die minimale effektive Dosis zu finden, damit der Trainierende die Belastung überhaupt zulässt, durch welche eine Anpassungsreaktion erzeugt werden soll.

Die Kenntnis des Torwächters «Thalamus» und seiner Funktionen zeigt, dass Fokus alles ist – ohne Fokus ist alles nichts! So ist der bewussten Wahl der Aufmerksamkeit eine grosse Bedeutung einzuräumen, denn was man fokussiert, verstärkt sich. Nämlich auch das, worauf man sich unbewusst fokussiert (Vermeidungsziele). Zögern und zweifeln tut man zum einen aufgrund von Unklarheit, also aufgrund mangelhafter Informationen über den gewünschten Idealzustand (Annäherungsziel), zum anderen aufgrund vorangegangener schmerzhafter Erfahrungen. Hierbei haben wir ausreichend Informationen, jedoch nur immer über die Schmerzerfahrung, nicht aber über ein Leben ohne diese Schmerzerfahrung («Wer bin ich ohne mein Problem?»). Um dieses Zögern auszumerzen, müssen Klarheit, Fokus und Konzentration sowie die Selbstregulation gezielt trainiert werden.

Neuroplastizität

Neuroplastizität ist die Fähigkeit des Gehirns, sich strukturell zu verändern, d.h. das Gehirn kann bis ins hohe Alter neue Nervenzellen produzieren, neue neuronale Bahnen ausbilden und nicht oder wenig genutzte Hirnareale reaktivieren; schwach ausgebildete Hirnareale können durch Training vergrößert und damit stärker gemacht werden, andererseits können zu stark ausgebildete Hirnareale durch anderweitige Beanspruchung verkleinert und in seiner Aktivität gehemmt werden – man denke hierbei an die Verkleinerung der Amygdala bei Langzeitmeditierenden. Dadurch wird die Erregbarkeit der verschiedenen Hirnareale wieder in ein gesundes Gleichgewicht gebracht, was bei psychischen und körperlichen Störungen regulierend wirkt. Wie groß die Fähigkeit des Gehirns zur Plastizität tatsächlich ist, wird am Beispiel eines Schlaganfallpatienten deutlich, bei dem gesunde Hirnareale durch konsequentes therapieren und trainieren die Aufgaben geschädigter Hirnareale unaufgefordert erlernen und übernehmen. Genauso wie Muskeln kräftiger werden, wenn man sie viel benutzt und beansprucht, so erweitert auch das Gehirn seine Möglichkeiten, wenn man es stetig aktiviert – das ist das Lernen.

Besonders leistungsfähig und optimal formbar ist das Gehirn, wenn es sich im sogenannten Alphabereich, dem SMR-Hirnzustand 8-12 Hertz (SMR = Senso-motorischer-Rhythmus) befindet, denn in diesem Zustand ist es neben der Leistungsbereitschaft gleichzeitig entspannt und konzentriert - dieser Zustand entspricht der entspannten Aufmerksamkeit, die im Mentaltraining oder der medizinischen Hypnose angestrebt wird, und nicht dem Theta-Hirnzustand 4-7 Hertz, wie viele Klienten fälschlicherweise meinen, in dem eine schläfrig-tranceartige Tiefenentspannung vorherrscht, in der sich der Klient nicht mehr konzentriert einer Aufgabe widmen kann. Weitere SMR-Bereiche sind der Deltabereich (0.5-3 Hertz), der Betabereich (13-38 Hertz) und der Gammabereich (>38 Hertz).

Durch neue Erfahrungen und Lernprozesse entstehen im Gehirn neue Verbindungen von Nervenzellen - die neuronalen Bahnen oder neuronalen Schaltkreise. Diese Verbindungswege bilden sich im Gehirn durch die tägliche Nutzung – sprich durch wiederholte Handlungen - vergleichbar mit einem Gebirgspfad, der durch die tägliche Nutzung durch einen Hirten und seine Herde entsteht. Die Neuronen eines solchen Pfades kommunizieren miteinander über eine Kontaktstelle - die Synapse. Diese Kommunikationswege können ein Leben lang regeneriert werden. Jedes Mal, wenn neues Wissen durch wiederholtes Üben erworben wird, verstärkt sich die synaptische Kommunikation zwischen den beteiligten Neuronen. Eine bessere Kommunikation zwischen den Neuronen bedeutet, dass die elektrischen Signale viel effizienter übertragen werden, wenn ein neuer Weg gebildet oder benutzt wird. Mit jeder Wiederholung des neuronalen Pfades und mit jeder neuronalen Übertragung zwischen den für diese Information zuständigen Neuronen, verbessert sich die Effizienz der synaptischen Übertragung. Die Kommunikation zwischen relevanten Neuronen ermöglicht eine kontinuierliche Verbesserung der Kognition. "Synaptische Plastizität" ist wahrscheinlich die Grundlage für die erstaunliche Formbarkeit des Gehirns.

Während bei der synaptischen Plastizität die Kommunikation zwischen bestehenden Neuronen an der Synapse verbessert wird, handelt es sich bei der Neurogenese um die Bildung und Vermehrung neuer Nervenzellen im Gehirn. Lange Zeit galt es als Irrglaube, dass ein erwachsenes Gehirn ständig neue Nervenzellen bilden kann. Viele Wissenschaftler gingen davon aus, dass abgestorbene Nervenzellen nie wieder durch neue ersetzt werden können. Seit 1944 und insbesondere in den letzten Jahren hat die Wissenschaft jedoch die Existenz der «Neurogenese» anerkannt.

Heute ist man sich einig, dass die Neurogenese in den Stammzellen eines speziellen Zelltyps, der im Gyrus dentatus, im Hippocampus und wahrscheinlich auch im präfrontalen Cortex (Großhirnrinde) vorkommt, durch Zellteilung stattfindet. Diese neuen Nervenzellen wandern dann in weiter entfernte Hirnregionen, wo sie gerade benötigt werden und ermöglichen dem Gehirn, seinen Bedarf an Nervenzellen zu decken – natürlich nur dann, wenn man auch Anreize schafft und dort auch neue Nervenzellen durch Gebrauch der entsprechenden Hirnarale benötigt werden. Forschungen an Tieren und Menschen haben gezeigt, dass der plötzliche Tod von Nervenzellen (z.B. nach einem Schlaganfall) ein wichtiger Auslöser für die Neurogenese ist.

Obwohl man dem Wort «Plastizität» für gewöhnlich eine positive Bedeutung einräumt, bezieht sich Plastizität auf alle Arten der Gehirnveränderung - auch auf Veränderungen, die Funktions- und Verhaltensstörungen bewirken. Das kognitive Training scheint für die

Anregung der Gehirnplastizität wie geschaffen zu sein. Damit können durch «Systematisches Üben» neue neuronale Kreisläufe gebildet und synaptische Verbindungen zwischen den Neuronen gestärkt werden. Doch wichtig zu wissen ist, dass das Gehirn nicht effizient lernt, solange es an tatsächlichen Verhaltensvorteilen fehlt! Es ist daher von größter Wichtigkeit, Trainingsziele speziell auf die individuellen Bedürfnisse der Betroffenen anzupassen.

Damit Neuroplastizität geschieht, braucht es einen hohen Grad an Konzentration. Dazu gibt es zwei Wege: Zum einen durch die Aktivierung des Angstzentrums (Stressreiz), zum anderen durch die Aktivierung des Motivationssystems wie es bspw. die Meditation und Hypnose bewirken. Da sich viele Menschen nicht die Zeit nehmen wollen, in die Faszination der Meditation einzutauchen und noch seltener bereit sind, sich gezielt unbequemen Stressreizen auszusetzen, kann man sich der Hypnose bedienen und sich dabei anleiten lassen. Oder eben, man aktiviert gezielt das Angstzentrum und vollzieht ein Reframing, wie es bspw. in der Expositionsmethode einer Psychotherapie zur Anwendung kommt, bei welcher auf eine Stressaktivierung eine Entspannungsreaktion in Gang gesetzt wird.

Bei Ängsten ist der neuronale Aggressionsapparat aktiviert, der vorerst eine Immobilisation zur Folge hat. Diese Immobilisation muss mittels der ''Basisaktivierung'' durchbrochen werden, indem man dabei Gehirnareale aktiviert, welche zum neuronalen Motivationssystem gehören und eine Handlung und Bewegung simulieren. Die Aktivierung des Motivationssystems führt zur Hemmung des Aggressionsapparats und es kann eine Neubeurteilung und damit ein ''Reframing'' vollzogen werden. Im Fokus steht dabei, sich in die angstbehaftete Situation zu entspannen, indem man den überaktiven Sympathikus (Angstreaktion) mittels Aktivierung des Parasympathikus kontert – also gezielt beruhigend auf das Nervensystem einwirkt.

Reizreaktionskette

Das Gehirn wird heute als selbstorganisiertes System interpretiert. D.h. die Organisation von multiplen Systemkomponenten erwächst aus den Interaktionen und Wechselwirkungen, die zwischen diesen Komponenten bestehen - sie wird dem System nicht von außen aufgezwungen!

«Der Mensch ist das Wesen, das sich die Welt handelnd erschließt. Dabei bringt er mit seinem motorischen System komplexe Funktionsprozesse einer fein orchestrierten Bewegungsregulation hervor, die von emotionalen, motivationalen und kognitiven Prozessen begleitet werden.»

In der aktiven Handlungsausführung gilt es, den Herausforderungen entgegenzutreten, denn ein raffiniertes Belohnungs- und Motivationssystem des menschlichen Gehirns lässt den Akteur ein besonderes Glücksgefühl erleben, wenn eben diese Herausforderung erfolgreich bewältigt wurde. Solche Erfahrungen erweitern die Selbstwirksamkeit und stützen positive Selbstwirksamkeitserwartungen. Der Weg dorthin ist jedoch kein geradliniger. Herausforderungen und Belastungen können Grenzen sichtbar werden lassen - das System in eine Instabilität führen. Diese als Stress wahrgenommene Phase ist zugleich Lernanregung, denn über die Instabilität gilt es in ein neues Gleichgewicht zu kommen. Eine der zentralen Aufgaben des Mentaltrainings liegt in der Schaffung eines stabilen, sicheren Rahmens, der es dem «System Mensch» erlaubt, genau diese Instabilitäten zuzulassen, um neue

Gleichgewichtszustände zu ermöglichen. So basiert Resilienz immer auf einer Transformation der Persönlichkeit.

Dass das Gehirn soziale Zurückweisung und Demütigung hasst und darauf mit Aggression reagiert, hat wohl schon jeder von uns am eigenen Leib erfahren. Das Motivationssystem des Gehirns ist auf das Erlangen von Vertrauen, Zugehörigkeit und Kooperation ausgerichtet. Zugehörigkeit war für die Vorfahren der Menschen über Jahrmillionen ein über allen anderen Aspekten des Lebens stehendes Überlebensprinzip - dieses Prinzip ist bis heute gültig.

Der Aggressionsapparat erweist sich, wie wir jetzt erkennen können, als ein Hilfssystem des Motivationssystems: Bindung, Akzeptanz und Zugehörigkeit sind überlebenswichtig! Sind sie bedroht, reagieren die Alarmsysteme des menschlichen Gehirns. Als unmittelbare Folgen zeigen sich Angst und Aggression. Da in der Evolution kaum etwas Bestand hat, wenn es rückblickend keinen Sinn hat, muss und darf angenommen werden, dass der Sinn der Aggression darin zu suchen ist, dass sie uns ein Verhaltensprogramm zur Verfügung stellt, das uns helfen soll, entstandene Störungen im Bereich der sozialen Zugehörigkeit zu beheben. Wer Ausgrenzung erzeugt, Bindungen bedroht oder die Gemeinschaft zu zerstören sucht, wird als Gefahr wahrgenommen und soll – hier wirken Aggressionsapparat und Motivationssystem dann einträchtig zusammen – bestraft werden.

Die Beziehung zwischen Aggressionsapparat und Motivationssystem erscheint vordergründig als

Gegensatz. Die durch das Motivationssystem biologisch verankerten menschlichen Grundmotivationen sind auf soziale Akzeptanz und Zugehörigkeit ausgerichtet. Der Aggressionsapparat hat demgegenüber das Potenzial, soziale Beziehungen zu gefährden. Da er jedoch vorzugsweise nur dann in Aktion tritt, wenn Bindungen und Zugehörigkeit bedroht sind, ergibt sich zwischen beiden neurobiologischen Systemen eine Synergie. Unter Bedingungen eines verschärften «Ressourcenmangels» steigt allerdings die Wahrscheinlichkeit, dass beide Systeme eine gegeneinander gerichtete Dynamik entwickeln. Die für den Menschen überlebenswichtigen Ressourcen, die einer Verknappung unterliegen können, sind nicht nur materieller Art. Auch Bindungen sind eine von Mangel bedrohte (emotionale) Ressource. Materieller Ressourcenmangel begünstigt emotionalen Ressourcenmangel.

In der Großhirnrinde befindet sich eine Insel für Gefühle und Empfindungen. Die sogenannte «Insula», oder auch Inselrinde genannt, verarbeitet Körperempfindungen. Dort treffen akute Sinneseindrücke, körperliche Zustände, Gefühle und Emotionen zusammen. Einige Quellen berichten, dass in der Insula die Emotionen den Sinnesreizen zugeteilt werden. Wie die Inselrinde diese Informationen verarbeitet und welchen Einfluss sie auf das Verhalten hat, ist jedoch weitgehend unklar. Wissen das fehlt, um beispielsweise die Vorgänge bei Depressionen, Angsterkrankungen und Essstörungen besser zu verstehen. Das Max-Planck-Institut für Neurobiologie konnte aber zeigen, wo die Inselrinde einer Maus Gefühle wie Angst oder körperliches Unwohlsein verarbeitet und wie dies das Verhalten der Maus beeinflusst.

Gefühle und Emotionen haben einen großen Einfluss auf unser Verhalten – so auch auf das Verhalten einer Maus: Riecht zum Beispiel eine Maus einen Fuchs, dann bringt das Gefühl der Furcht sie dazu, ihre Ausflüge in die Umgebung einzustellen und erst einmal mit dem Fressen aufzuhören. Einen ähnlich hemmenden Einfluss haben auch negative Körperzustände wie Übelkeit und Ekel. Solch unterschiedliche negativen Empfindungen und Verhaltensanpassungen sind über die hintere Inselrinde – die Insula umfasst drei Bereiche; Hintere, Mittlere und Vordere - miteinander verbunden und verarbeiten eingehende Informationen auch in dieser Reihenfolge. Die Inselrinde ist quasi die Schaltzentraler der Interozeption, also der Wahrnehmung, Beurteilung und Integration von Sinneseindrücken.

Die Forschenden des Max-Planck-Instituts für Neurobiologie fanden heraus, dass die Nervenzellen der hinteren Inselrinde auf eine Vielzahl von Sinneseindrücken, Emotionen und Körperzuständen reagieren. Die dort verarbeiteten Informationen haben alle eine negative Auswirkung oder Signalwirkung auf das Tier. Interessanterweise können einzelne Nervenzellen dabei auf so unterschiedliche negative Reize wie Bitter, Furcht, Schmerz, Durst und körperliches Unwohlsein reagieren. Sobald die Zellen einen solchen negativen Zustand erkennen, leiten sie die Informationen über zwei unterschiedliche Nervenbahnen zum Mandelkern oder dem Nucleus accumbens weiter. Beide Gehirnregionen sind dafür bekannt, dass sie das Verhalten eines Tieres direkt beeinflussen können.

Die Aktivierung der Nervenbahn von der Inselrinde zum Mandelkern (Amygdala) bewirkt vor allem

Verhaltensanpassungen an Angst, also spezifische Abwehrreaktionen: Die Maus reduziert ihre Nahrungsaufnahme, die sozialen Kontakte und auch das Erkunden der Umgebung. Unterdrückten die Forscher die Aktivität dieser Nervenbahn (Hemmung des Angstzentrums und Aggressionsapparats), waren die Tiere merkbar weniger ängstlich.

Das Gefühl, krank zu sein (Sickness Behaviour) oder starke negative Emotionen sollen Mensch und Tier dazu bringen, sich zu verteidigen und schützen und sich zu schonen und dadurch regenerative Prozess anzustossen. Angsterkrankungen oder Depressionen entstehen, wenn negative Emotionen zu stark oder zu häufig werden. Möglicherweise lernt die Inselrinde aus vorherigen Erfahrungen, so dass die Zellen beim nächsten negativen Eindruck stärker oder schneller reagieren – das Gehirn wird immer sensibler auf solche Reize reagieren und damit regelrecht auf das Negative konditioniert. Es hilft, wenn man lernt, diese Empfindungen zu beobachten, ohne konkret zu bewerten. Dabei hilft es auch eine gewisse Distanz dazu aufzubauen, indem man beispielsweise zu sich selbst sagt: «Da zeigt sich mir eine Enge oder Erregung in der Brust». Eine solche distanzierte Betrachtung schafft mehr Raum zwischen der Empfindung und uns als wenn man zu sich sagt: «Ich habe Angst!»

Die Inselrinde ist wichtig für das Regulieren von Emotionen, aber auch für Empathie und Sozialverhalten. Beim Menschen, Primaten und vielen anderen Säugetieren liegt sie tief verborgen wie eine Insel zwischen den Falten der Großhirnrinde. Mäuse, Ratten und einige andere Säugetiere haben jedoch eine glatte

Großhirnrinde, wodurch die Inselrinde im Vergleich zum Menschen für Untersuchungen zugänglicher wird.

Emotionen sind die Motoren des Lebens und verantwortlich für das Maß an Motivation, das wir empfinden. Emotionen stehen für das Verhalten, das ständig auf die Befriedigung unserer Bedürfnisse ausgerichtet ist – primär, das Überleben und die Zugehörigkeit zu sichern. Emotionen lenken unsere Aufmerksamkeit auf das, was uns schaden oder nützen könnte. So können wir unser Verhalten der jeweiligen Situation adäquat anpassen. Emotionen unterstützen das Überleben und das soziale Miteinander. Darüber hinaus sind Emotionen an Lernprozessen beteiligt, sei es beim kognitiven oder beim körperlichen Lernen. Im Rahmen der Motivation fördern Emotionen sowohl Lust als auch Unlust. Sie beeinflussen unsere Bewertungen, Handlungen sowie Ziele und sind damit eng mit unseren Erwartungshaltungen verknüpft.

Emotionaler Stress ist beim Menschen immer mit Erwartungen verbunden. Dieser Druck entsteht, wenn Erwartungen zu Leistungsstress und Bewertungsstress führen. Der Ausgang von Handlungen und Lebenssituationen ist in vielerlei Hinsicht unvorhersehbar. Dies erfordert ein sehr hohes Maß an geistiger Flexibilität, also die Fähigkeit, sich an verändernde Lebensbedingungen anzupassen. Aufgrund nicht erfüllter Erwartungen bilden sich Misstrauen und Zweifel an der erneuten Erfüllung der Erwartung, was sich wiederum in einem geringen Selbstvertrauen widerspiegelt.

Neurobiologisch gehören Erwartungen zum emotionalen Erleben der Angst und damit der Aktivierung des neuronalen Aggressionsapparats. Da Druck, Stress und Angst auch hirnphysiologisch eng miteinander verknüpft sind, müssen sie gemeinsam betrachtet werden. Fühlt man sich gestresst, stehen dahinter immer Erwartungshaltungen und Glaubenssätze, welche bedroht erscheinen – die Gesundheit, das Wertesystem oder die Zugehörigkeit sind in Gefahr! Man stellt Erwartungen an andere und an sich selbst - und andere stellen Erwartungen an uns. Dieser Erwartungs-Stress äußert sich in einer sympathischen Erregung (Stressaktivierung), welche dazu da wäre, die Dysbalance wieder auszugleichen. Ist dies nicht möglich – das heißt, können wir nichts gegen die Umstände tun – fördert dies das Gefühl der Handlungsunfähigkeit und führt zu dauerhafter Anspannung sowie verstärkt das Risiko für Angststörungen und Panikattacken. Oft ist es die Angst vor gesundheitlichen Folgen, eine Versagensangst, die Angst vor Fehlern und damit die Angst, nicht mehr zugehörig und wertgeschätzt zu sein. Mental starke und resiliente Menschen haben gelernt, diesen inneren Druck anzunehmen und einen selbstbestärkenden Umgang mit dieser Angst zu pflegen.

Erfüllen wir aber die Erwartungen anderer und werden unsere Erwartungen erfüllt, erleben wir hingegen positive Emotionen – das Motivationssystem ist aktiviert - und wir handeln weiter wie gewohnt und sind bestrebt, dass wir diese Erwartungen weiterhin erfüllen und erfüllt bekommen. Bleiben diese Erwartungen aber plötzlich unerfüllt, durchlaufen wir das emotionale Jammertal - wir erleben Enttäuschung, Wut, Angst sowie Scham und Schuld. Wir beginnen, unsere Weltsicht und Werte zu verteidigen und die Anerkennung dessen für uns einzufordern. Oder wir hinterfragen und bezweifeln das eigene Wertesystem. Wir kompensieren unser Mangelgefühl durch offensive, kompensierende Handlungen: Wir drücken jemanden unsere Liebe auf und kämpfen für sie, oder wir verweigern die Liebe durch Rückzug. Immer mit der Erwartung, dadurch wieder gesehen und wertgeschätzt zu werden und zugehörig zu sein. Hinterfragen wir unsere Werte komplett, kann es sein, dass man sich selbst verleumdet und sich eines fremden Wertesystems bedient, was früher oder später zu Frust und noch mehr Aggression führen kann.

Erwartungen resultieren aus vergangenen Erfahrungen und deren Bewertungen. Die ursprüngliche Bewertung einer Situation hat zur Folge, dass man von diesem Schicksalsmoment an mit der Vorstellung durchs Leben geht, dass, wenn es einmal so war, es wieder so sein wird – besonders eingebrannt ist die Erwartung, wenn die emotionale Komponente der Erfahrung sehr hoch war. Dies führt dazu, dass man sein weiteres Verhalten im Alltag dieser einen Vorstellung anpasst - etwas tut oder unterlässt - was dazu führt, dass man versucht, einen ähnlichen Schicksalsschlag zu vermeiden (Vermeidungsziele). Solche Kompensationshandlungen führen in der Regel zu dem, was man eigentlich vermeiden möchte – nämlich zur selbsterfüllenden Prophezeiung und damit zur Entstehung von unverrückbaren Überzeugungen und festsitzenden Glaubenssätzen. Man fühlt sich über dieses immergleiche Verhalten in seinem neuen Weltbild bestätigt und handelt noch stärker vermeidend. Eine «vermeidende Persönlichkeit» entsteht, die der Grund dafür ist, dass eine Lebensveränderung so schwer erscheint. Man erkennt die Probleme irgendwann nicht einmal mehr, weil man sich schon so an die Lebensumstände gewöhnt hat. Diese blinden Flecken aufzudecken, dabei hilft der Mentalcoach.

Wenn wir mit unserem Leben unzufrieden sind oder immer wieder ähnliche Schlüsselmomente erleben, dann liegt das daran, dass wir uns nach Gewohnheit verhalten und sich unsere Erwartungen nicht erfüllen, oder eben, wie es Glaubenssätze so an sich haben, sich ständig erfüllen - je nachdem, aus welcher Perspektive man es betrachtet! Vereinfacht kann man sagen, dass Erwartungen durch Erziehung und individuelle Erfahrungen durch die Interaktion mit der Umwelt entstehen. Diese Erfahrungen bilden ein bestimmtes Wertesystem, welches oft auch soziokulturell geprägt ist. Ein Schlüsselerlebnis zeichnet sich dadurch aus, dass es die Macht hat, ein neues Wertesystem auszubilden, indem bestehende Werte zerrüttet werden und sich eine Transformation anbahnt. Sind Werte bedroht, beginnen wir sie zu rechtfertigen und die bedrohende Partei von der eigenen Position zu überzeugen – doch damit zeigen wir unseren persönlichen Widerstand zum gegenüberstehenden Wertesystem. Das Gefühl, in seinen Werten bedroht und nicht anerkannt zu sein, aktiviert das Angstzentrum und damit den neuronalen Aggressionsapparat - dem Gegenspieler des Motivationssystems.

Im Kampf um die Rechtfertigung der eigenen Werte gewinnt für gewöhnlich derjenige, der mehr Kraft aufbringen kann – wer in der machtvolleren Position ist. Was aber nie eine wirkliche Wende in sozialen Konflikten herbeiführen wird – und schon gar keine gleichwertige Beziehung schafft. Ganz im Gegenteil, man verstärkt die eigenen Erwartungen und persönlichen Werte mit jedem Sieg über den anderen, indem man die persönlichen Werte des Gegenübers abwertet und ihn als Verlierer deklariert, der sich wiederum mit einem Gefühl von Ablehnung und Handlungsunfähigkeit geschlagen zurückziehen muss. Die zwischenmenschlichen Konflikte bleiben damit stets bestehen und man muss ständig bedacht sein, seine persönlichen Grenzen zu ziehen und potenzielle Bedrohende in die Schranken zu weisen. Ein möglicher Weg aus diesem Dilemma ist die Persönlichkeitsentwicklung, denn nur wer seine Werte und damit auch seine Ängste kennt und sein Verhalten bewusst macht, erkennt auch dieselben Schattenanteile, Ängste, Bedürfnisse und Werte seines Gegenübers und wird genau deshalb eine gleichwertige Beziehung und wirkliches Verständnis für dessen - ebenfalls auf individuellen Erfahrungen gründenden - Werte- und Glaubenssysteme, aufbringen können. Dieses gegenseitige Erkennen fördert Gemeinschaft durch Mitgefühl und damit ein friedvolles Miteinander. Wer also dieses stetige Machtspiel durchschaut, kann gegensteuern und die vielen Enttäuschungen über nicht erfüllte Erwartungen hinter sich lassen. Kann Wertevorstellungen und Lebenskonzepte anderer akzeptieren und verstehen lernen und kann sich darin schulen, wahrliches Verständnis für Mitmenschen aufzubringen und echte und vor allem nachhaltige Zugehörigkeit zu schaffen. Wer den Machtkampf hinter sich lassen will, muss lernen, die freiwerdende Kraft und Stärke, die in Emotionen zu finden sind, gewinnbringend zu nutzen, um eine neue Ideologie zu entwerfen und die persönliche Mentalität - insbesondere auch eine Unternehmens-Mentalität - zum Positiven zu verändern.

Im Allgemeinen werden Stressreaktionen als etwas Belastendes, sogar per se Krankmachendes angesehen, das es schnell zu überwinden, respektive zu vermeiden gilt. Die meisten Menschen würden Stressvermeidung sofort als wichtiges Ziel definieren. Dem steht jedoch die physiologische Bedeutung der Stressreaktion entgegen - die zum einen eine lebensnotwendige Anpassungsleistung des Organismus darstellt, um kurzfristig mit physischen und/oder emotionalen Stressoren fertig zu werden und eine belastende Situation aktiv zu überwinden – oder, wenn es sein muss, zu ertragen. Zum anderen besitzt Stress, sofern er mit der aktiven Bewältigung von Aufgaben assoziiert wird, stimulierende Eigenschaften, ohne die eine Lebensgestaltung oder die Entwicklung von Persönlichkeit, Beziehungen, Handlungsantrieb und Ideen nicht möglich wäre. Klar zu unterscheiden ist hierbei physiologisch die noradrenerge Stressreaktion (SNA), die stärker auf Impulsivität, Extraversion und Kontrolle über kurze Episoden abzielt, von der cortisolbetonten langfristigeren Stressantwort (HPA-Achse) auf eher «zu ertragende, immobilisierende» Stressoren, ohne Möglichkeit zeitnaher Auflösung (Stichwort: Gefühl von Handlungsunfähigkeit).

Entscheidend ist die Bewertung eines Stressors – unbewusst durch das limbische System einerseits sowie über die bewusste Qualifizierung der Situation. So können auch identische Ereignisse unter identischen Bedingungen von verschiedenen Menschen extrem gegensätzlich bewertet werden und je nach Vorzeichen Angst, Hilflosigkeit, Neugier, Kontrollgefühl oder Lust hervorrufen. Allerdings vermittelt bei positiver Bewertung bzw. Einstufung als kontrollierbar der Stressor über das noradrenerge System v.a. stabilisierende Effekte im zentralen Nervensystem (ZNS). Dahingegen aktiviert Hilflosigkeit, also die Bewertung als unkontrollierbar, stärker das HPA-System und damit den cortisolbetonten (Dauer-)Stress, reduziert damit die aktivierenden Effekte der Stressreaktion und führt auf Dauer zu einer Desensibilisierung mit pathologischen Veränderungen und dauerhaftem emotionalen Ungleichgewicht. Begünstigt wird diese Reaktion durch Faktoren, die die Beziehungen zu anderen Menschen betreffen: Verlust von sozialer Kompetenz (z.B. Arbeitsplatzverlust), psychosoziale Konflikte (Partnerschaft, Familie, Arbeitsplatz, Freunde) und fehlende psychosoziale Unterstützung. Häufig erhält dann bereits die Vorstellung und Erwartung belastender Situationen die Stressreaktion.

Im zentralen Nervensystem (ZNS) wirkt das HPA-System antagonistisch zum noradrenergen System: Es kommt zur Hemmung neuronaler Differenzierung und Aktivität, Degeneration neuronaler Verbindungen (z.B. Dendriten) und infolgedessen u.a. zu einer Abnahme der Lern-, Denk- und Gedächtnisleistung sowie einer positiven Rückkopplung mit der «erlernten Hilflosigkeit». Der Hippocampus zeigt sich besonders anfällig für massive Cortisoleinflüsse. Seine besondere Fähigkeit, ein Leben lang neue Nervenzellen zu bilden (Neurogenese), wird reduziert. Grundsätzlich stellen sowohl Stressoren, als auch ein vorübergehend gestörtes emotionales Gleichgewicht (z.B. durch Veränderungen, emotionale Verletzungen oder enttäuschte Erwartungen) sowie Problembewusstsein und Angst keinesfalls per se Krankheitsursachen dar, sondern sind im Gegenteil immanenter und notwendiger Bestandteil jedes Lebens und Voraussetzung für Anpassung, Lernen, Beziehungen und Entwicklung. In jedem

Menschen findet eine «kleine Evolution» statt, die dem Organismus durch Anforderungen, Widrigkeiten, Widersprüche und Überraschungen erst seine Vitalität, Diversität und sein Profil verleiht. Erst, wenn Stressor und Stressreaktion nicht mehr als kontrollierbare Herausforderung, sondern als unkontrollierbare Belastung erlebt, also nicht mehr aktiv, sondern passiv beantwortet werden, gewinnt Stress pathologische Dimensionen.

Überzeugungen erschaffen die Realität. Eine Erfahrung wird so lange gefiltert, bis sie mit unserem Glaubenssystem übereinstimmt! Wollen wir nachhaltige Veränderungen im Leben vollziehen, müssen sich erst unsere Überzeugungen ändern. Dazu wiederum müssen wir neue Erfahrungen machen, welche aber ein neues Denken voraussetzen – das selbstbestärkende Denken! Dieses Gewinner-Mindset ist nicht bezeichnend dafür, dass alles was man möchte gelingt, vielmehr steht es dafür, dass man weiss, dass diese Schwierigkeiten auf dem Weg in ein neues Leben kommen werden und sich dann selbst mit Neugier und Zuversicht in dieses Gefühl der Unsicherheit begibt! Werden also blinde Flecken und selbstsabotierende und unliebsame Überzeugungen im Coaching oder der Therapie erkannt, müssen adäquate Zielhandlungen herausgearbeitet werden, welche dann, wenn wir danach handeln, eine neue Überzeugung zu erschaffen vermögen – jedoch nur, wenn man diese definierten Schritte in Richtung der neuen Zukunft auch diszipliniert und selbstverpflichtend geht und sich den Unsicherheiten mutig entgegenstellt.

Mentale Mobilmachung

Stress oder Aktiviertheit ist ein psychophysiologischer Erregungszustand, ohne den man keine Leistung erbringen kann. Diese Erregung kann auch als Grad der Angst bezeichnet werden, denn im Grunde geht die Erregung aus der Aktivierung des Aggressionsapparates und damit des Angstzentrums (u.a. Amygdala) hervor. Nichts desto trotz stehen bei der Angst die psychomentalen Aspekte im Vordergrund, bei der Erregung hingegen eher die physiologischen Aspekte.

Die Reizreaktionskette beschreibt den Ablauf von der Immobilisation zur Mobilisation und zur effektiven, konfliktlösenden Zielhandlung. Dabei meint die Mobilisierung den Zwischenschritt zur Auflösung der Immobilisation mittels einer Basisaktivierung: Diese dient dazu, die Erregung und Aktivierung zu regulieren und dadurch die Zone der idealen Leistungsfähigkeit sicherzustellen. Dies gelingt über die aktive Einflussnahme auf Anspannung und Entspannung und ein gezieltes mentales sowie physiologisches Priming – man versetzt sich sprichwörtlich in Zustimmung, motiviert sich und bereitet die effektive Zielhandlung mittels Absichtsformulierung und spezifischen körperlichen und mentalen Interventionen vor. Eine nachhaltig angestrebte Performance und erhöhte Leistungsbereitschaft verlangt nach der gezielten Regulation des Erregungsniveaus und damit nach einer Basisaktivierung: Zu erregt ist nicht förderlich, doch auch zu träge bringt keine ideale Leistung hervor.

In der Regel begegnen dem Mentalcoach zwei Typen von Menschen: Die einen sind überaktiviert, sie schießen buchstäblich über das Ziel hinaus und erkennen die Bedürfnisse ihrer Mitmenschen nicht. Sie haben nur den Blick für ihre eigenen Interessen und sind wenig einfühlsam. Die anderen wiederum sind unteraktiviert, können sich nicht durchsetzen und nehmen sich zu oft zurück – die Zone der idealen Leistungsfähigkeit liegt irgendwo dazwischen, nämlich dort, wo man die eigenen Bedürfnisse und den Weg dorthin im Blick hat, doch auf sein Umfeld reagieren und es einbeziehen kann. Man könnte auch sagen, dass der ideale Leistungszustand dadurch auszeichnet, dass man sowohl für sich alleine stehen kann und doch sozial zugewandt ist. Der mental starke und resiliente Mensch schafft den Spagat zwischen Autonomie und Gemeinschaft.

Dass dieses Wechselspiel von Spannung und Entspannung, von Unsicherheit und Sicherheit sowie von Leistung und Regeneration, aber auch von Ich-zentriertheit (Autonomie) und dem Dienst am anderen (Gemeinschaft) funktioniert, benötigt man die Basisaktivierung. Wo Ängste dominieren, dominiert auch das angstgeleitete und egoistisches Verhalten. Nur wer auch die Bedürfnisse seiner Mitmenschen – Teammitglieder, Kontrahenten, Familienmitglieder oder Arbeitskollegen – im Blick hat, kann seine beste Leistung abrufen und grosse Ziele verwirklichen - denn eines ist klar, Ziele erreicht man nie alleine, sondern in stetiger Wechselwirkung zu seiner Umwelt!

So geht es mehrheitlich darum, den Erregungsgrad auf ein ideales Level zu regulieren: Bei einer entsprechenden Entspannungsregulation geht es nicht bloss um die körperliche Entspannung, sondern genauso um die mentale und psychische Regeneration. Für die hohe Konzentrationsfähigkeit, welche besonders zur Impulskontrolle essenziell ist, ist die mentale Beruhigung wichtig. Für Aktivitäten mit einem hohen Gefahrenrisiko und damit hohem Angstniveau, wird eine ausgeprägte psychische Beruhigung nötig sein. Nicht bloss bei einer anhaltenden Belastung, sondern auch bei einer kurzfristig erhöhten Aktiviertheit und Erregung - wie es bspw. die Wut ist - ist es unabdingbar, den Grad der Erregung bestmöglich zu regulieren und die freigesetzte emotionale Energie zielgerichtet zu kanalisieren. Hierbei ist es enorm wichtig zu wissen, was die bestmögliche Zielhandlung wäre – die adäquate konfliktlösende Handlung. Auch wenn es in einem Streit verlockend ist, mit der Faust zu reagieren und den Provokateur zu schlagen - und es sich im Moment wahrscheinlich auch befreiend anfühlen würde - ist es im Nachhinein definitiv die falsche Zielhandlung, denn damit verstärkt man den Konflikt zusätzlich. Mental starke Menschen wissen, ihre Impulsivität zu zügeln und diese Erregung gezielt zu kanalisieren sowie diese Aktiviertheit sozialverträglich zu entladen – oder für ihre Ziele einzusetzen und ihre Werte in die Gesellschaft einzubringen. Mental starke und resiliente Menschen haben gelernt, den Komfort im Dyskomfort zu finden und die Zone des idealen Leistungszustands zu stabilisieren. Dazu dient die Basisaktivierung, welche mit regelmässiger Übung zu einem festen neuronalen Erlebnismuster wird und welches jederzeit abrufbar ist. Die Basisaktivierung sucht einen unverrückbaren Punkt – eine innere Haltung - in uns, welcher sich niemals verändert und unabhängig von äusserlichen Gegebenheiten, sprich autonom von der Interaktion mit der Umwelt existiert.

Im Jahr 1908 veröffentlichten die beiden amerikanischen Psychologen Robert Yerkes und John Dodson das nach ihnen benannte Yerkes-Dodson-Gesetz. Die beiden Wissenschaftler fanden heraus, dass die geistige - und letztlich auch die körperliche - Leistungsfähigkeit vom individuellen Erregungs- bzw. Stressniveau abhängt. Grafisch dargestellt verläuft das Stressniveau in Form eines umgekehrten U - einer Gaußschen Glocke. Es gibt ein Stressminimum und ein Stressmaximum, also einen Bereich der Unteraktiviertheit und einen Bereich der Überaktiviertheit.

Wie das Yerkes-Dodson Gesetz postuliert, steigt mit einer gewissen Dosis an Stress die Leistungsfähigkeit des Menschen an und erreicht nach einem bestimmten Punkt ihr Maximum, bevor sie wieder einbricht, sobald die Stressaktivierung übermäßig ansteigt. Der Punkt der idealen Leistungsfähigkeit liegt bei einer Balance zwischen Anspannung und Lockerheit. Die Zone der idealen Leistungsfähigkeit ist variabel und hängt sowohl vom Individuum als auch von der Situation ab: Man findet sie über unterschiedliche Belastungstests und damit nach dem Trail and Error Ansatz heraus. Die Fähigkeit, den eigenen Leistungszustand anzusteuern, ist kennzeichnend für mental starke und resiliente Persönlichkeiten.

Während man im Disstress - also bei zu geringer oder zu hoher Erregung und Stressaktivierung - nicht optimal funktionieren kann, liegt die ideale Leistungsfähigkeit bei mittlerer, bis leicht erhöhter Erregung im Bereich des Eustresses. Die Selbstregulation dient letztlich dazu, diesen Bereich der idealen Leistungsfähigkeit zu finden und zu halten. Spannend ist in diesem Zusammenhang auch, dass mehr als hundert Jahre nach Yerkes und Dodson die beiden holländischen Hirnforscher Dirk-Jan Saal-trink und Erno Vreugdenhil den gleichen U-förmigen Zusammenhang zwischen Stresslevel und «adulter hippocampaler Neurogenese» gefunden haben sollen. Ihnen zufolge funktioniert die «Bildung von Gehirnzellen im Erwachsenenalter» am besten im Eustress, also irgendwo zwischen den beiden Extremen von Unterforderung und Überforderung. Das Gehirn braucht ebenso eine gewisse Aktivierung, um neue Nervenzellen zu bilden und zu lernen. Eine Überaktivierung kann im Gegenzug aber sogar den Abbau von Nervenzellen fördern, d.h. auch hier gilt das Prinzip der «Minimalen wirksamen Dosis» und die treffende Aussage, dass die Menge eben das Gift macht.

Ob wir etwas als Eustress oder Disstress wahrnehmen, darüber entscheidet mehrheitlich die Geisteshaltung – sprich, auf was wir unsere Aufmerksamkeit lenken und wie wir die Situation bewerten. So kann uns körperlicher Schmerz blockieren oder zu Höchstleistungen antreiben – genauso wie die Angst. Wenn uns Schmerz blockiert, dann aufgrund der Angst vor körperlichem Schaden. In wie weit man in den Schmerz gehen muss, um seine Ziele zu erreichen, dass ist höchst individuell und situationsabhängig. Ganz auf Schmerz zu verzichten und ihn stets zu vermeiden, bringt im Laufe der Zeit nur noch mehr Schmerzen hervor. Sich zu schonen hilft, wenn man tatsächlich verletzt ist – doch auch da gilt, dass die Bewegung heilt, denn auch dann ist die Regeneration immer ein aktiver Part: So muss auch bei Verletzungen der Körper bewegt werden, wenn Heilung geschehen soll. Ein gewisser Grad an Schmerztoleranz aufzubauen ist demnach hilfreich, wenn nicht gar gesund! Das ist das Prinzip Hormesis. Zum besseren Verständnis ist es also sinnvoll, das Wort «Stress» in Dis-Stress (unangenehmer Stress) und Eu-Stress (angenehmer Stress) zu unterteilen:

Eustress entsteht, wenn wir eine Herausforderung - die manchmal auch mit einer erhöhten Belastung einhergeht - als positiv empfinden. Oft suchen wir uns diese Situationen mehr oder weniger bewusst aus und gehen in diesem Eustress regelrecht auf. Das kann ein neues berufliches Projekt sein, das grundsätzlich Spaß und Freude bringt, oder ein H.I.I.T., bei welchem wir so richtig ausser Puste kommen. Durch den zeitlichen Aufwand, die Intensität und einige Unsicherheitsfaktoren empfinden wir dennoch eine Belastung, die wir aber gerne in Kauf nehmen, weil wir davon ausgehen, dass wir aufgrund unserer Ressourcen dieser Belastung gewachsen sind – wir fühlen uns handlungsfähig, ermächtigt und dadurch mobil!

Gerade im Sport spricht man vom «Flow-Erlebnis», was bedeutet, dass alles fast wie von selbst läuft. Dieser Zustand stellt sich in der Regel dann ein, wenn Herausforderung (Schwierigkeitsgrad) und Kompetenzen (Fähigkeiten) übereinstimmen. Wenn wir wissen, dass unsere Ressourcen ausreichen, um die Herausforderung zu bewältigen. Disstress hingegen wird nicht durch Zuversicht ausgelöst, sondern durch übermäßig wahrgenommene Unsicherheiten, einen Kontroll- und Ressourcenmangel sowie einen Mangel an Informationen. Oft aber auch durch die unbewusste Angst, die Zugehörigkeit und damit den Platz in der Gesellschaft zu verlieren – genau deshalb arbeiten wir gerne über unsere gewohnte Belastungsgrenze hinaus, weil wir denken, dass wenn wir es nicht tun, wir durch jemand anderes ersetzt werden könnten. Die typische Überarbeitung und ein Burnout sind bekannte Folgen dieses angstgeleiteten Denkprozesses.

Gesundheit ist ein kontinuierlicher Prozess, wobei sich ein gesundes System immer wieder selbst ausbalanciert. Das Gehirn hat vor allem die Aufgabe, dieses homöostatische Gleichgewicht zu gewährleisten und bei Bedarf einzugreifen. Bei übermäßiger Belastung funktioniert dieser Mechanismus jedoch nicht mehr im Gleichgewicht. Wird die Stressreaktion nicht bewusst abgebaut und verbleibt die Aktiviertheit im Körper, entsteht irgendwo im System eine Dysbalance - eine Art Stau im System - die sich immer auch auf andere Bereiche auswirken kann.

Der eigentliche Ursprung von Stress bzw. Angst liegt in der Evolution weit zurück. Um unter den damaligen Bedingungen überleben zu können, war Angst eine wichtige Ressource. Wenn zum Beispiel ein gejagtes Tier auf ein jagendes Tier traf, gab es nur die Möglichkeiten zu kämpfen (Fight: Ich stelle mich der Sache), zu fliehen (Flight: Nichts wie weg) oder sich tot zu stellen (Freeze: Über sich ergehen lassen, aushalten und abwarten). Wie bei Tieren hilft die Angst auch dem Menschen, den Körper in Alarmbereitschaft zu versetzen, ihn stärker und schneller zu machen, die bedrohliche Situation besser wahrzunehmen und in die Umsetzung zu kommen. Dank dieser Anpassungsfähigkeit hatte der Urmensch eine reelle Überlebenschance.

Aufgrund der evolutionären Entwicklung hat die Angst eine wichtige Funktion als Schutzmechanismus, der die

Sinne schärft und in tatsächlichen - oder auch nur vermeintlichen - Gefahrensituationen, ein angemessenes Verhalten einleitet. Da der Energieverbrauch bei einer Flucht geringer ist als der Energieverlust bei einer übersehenen Bedrohung - im Extremfall mit tödlichem Ausgang - ist die «Alarmanlage Angst» sehr empfindlich eingestellt, was zu vielen Fehlalarmen führen kann. Im Gehirn wird die relativ langsame Verarbeitung des Großhirns (System-2-Denken) in ihrem Einfluss zurückgedrängt und die schematischen Entscheidungsmuster des Stammhirns (System-1-Denken) werden vorrangig genutzt. Dies geschieht durch veränderte Ausschüttungsmuster von Botenstoffen in den entsprechenden Hirnarealen. Dadurch wird eine schnellere, aber auch fehleranfälligere Reaktion möglich.

Das Problem ist nicht die Reizreaktionskette selbst, sondern, dass dieser angeborene Abwehrmechanismus noch immer bei vermeintlich lebensbedrohlichen Gefahren wie bspw. hohe Anforderungen am Arbeitsplatz, Prüfungen, befürchteter Prestigeverlust, Zeitdruck an der Supermarktkasse und im Straßenverkehr etc. und die daraus resultierenden Körperreaktionen nicht ihren natürlichen Ablauf finden, weil in den seltensten Fällen tatsächlich gekämpft oder geflüchtet werden muss – oder kann! Eine Stressaktivierung erfordert aber immer auch eine Stressentladung, sonst bleibt die überschüssige Spannung und Energie im menschlichen Organismus stecken (Chronische Immobilisation), was zu körperlichen und letztlich psychischen Dysbalancen führen kann. Denkblockaden, Ängste, Nervosität, Unkonzentriertheit, Stimmungsschwankungen, Wutausbrüche etc. sowie körperliche Stresssymptome wie Schlafstörungen, Appetitlosigkeit,

Herzrasen, Kopfschmerzen, Zittern, Schwitzen, Erröten etc. sind Anzeichen für ein solches Ungleichgewicht.

Natürlich reagiert nicht jeder Mensch gleich auf bestimmte Stresssituationen, da jeder Mensch eine persönliche Lebensgeschichte (Biografie) und Erbanlagen hat und somit ein individuelles Verhalten in sich trägt. Ebenso prägend sind so genannte Bezugsgruppen (Peers, Vorbilder, Cliquen etc.) sowie kulturelle Einflüsse. Darüber hinaus trägt natürlich auch die aktuelle Lebenssituation dazu bei, wie wir uns in einer bestimmten Situation verhalten werden. Je nach Persönlichkeit, Mentalität und Situation reagieren wir wie Tiere in (vermeintlich) gefährlichen Situationen mit Kampf, Flucht oder Erstarren (Freeze). Wird jemand z.B. am Arbeitsplatz gemobbt, kann es sein, dass diese Person buchstäblich die Flucht ergreift (den Arbeitsplatz wechselt), zum Angriff bläst (die Sache selbst in die Hand nimmt und psychische oder physische Gewalt anwendet) oder einfach alles über sich ergehen lässt (die Angriffe gegen die eigene Person aushält) und sich gemobbt fühlt. Welche dieser Verhaltensweisen am besten funktioniert, ist sehr unterschiedlich und hängt von der Person und der Situation ab. Sicher ist nur, dass das ständige Ausüben eines einzelnen Verhaltensmusters in der Regel keinen nachhaltigen Erfolg bringt. Es kommt auf die Mischung an und auf die Fähigkeit, sich in solchen Stressmomenten bestmöglich zu regulieren und handlungsfähig zu bleiben.

An dieser Stelle sei nochmals das Yerkes-Dodson-Gesetz erwähnt, welches ein gewisses Maß an Angst bzw. Stress als notwendig postuliert, damit optimale Leistungen erbracht werden können. Man denke an einen

Hundertmetersprinter, der ohne Aktiviertheit so träge wäre, dass er bei weitem nicht an seine Bestleistung herankommen würde. Oder eine Unternehmerin, die vor einem großen Gremium eine wichtige Präsentation halten muss - auch sie muss sich in einem idealen Leistungszustand befinden, wenn sie die bestmögliche Ausgangsposition für ihre Präsentation haben will. Der Trick besteht also nicht darin, gar keine Angst zu haben (was bei gesunden Personen ohnehin nicht möglich ist), sondern darin, unser Angst- und Stressniveau richtig zu «balancieren» und unser Aktivierungsniveau bestmöglich zu steuern – das ist die gezielte Selbststeuerung.

So komplex und individuell das Nervensystem auch erscheinen mag, in seiner Grundstruktur ist es geordnet und bei den Menschen gleich aufgebaut. Fast alle Vorgänge im Körper werden vom Nervensystem gesteuert. Seine Aufgaben lassen sich grob in zwei Bereiche unterteilen: Der Körper wird bewegt - beziehungsweise Bewegung wird ermöglich. Und zweitens, die Lebenswichtigen Funktionen werden aufrechterhalten - diese Funktionen werden größtenteils autonom, also ohne den willentlichen Einfluss, geregelt.

Gehirn und Rückenmark bilden zusammen das zentrale Nervensystem. Das periphere Nervensystem besteht aus den Nervenfasern der Neurone (Nervenzellen) und wird in das somatische und das autonome Nervensystem unterteilt. Ersteres besteht aus Neuronen, die mit Muskeln, der Haut und den Sinnesorganen verbunden sind. Über afferente Fasern erhält das Gehirn Sinnesinformationen, über efferente Fasern sendet das Gehirn elektrische Impulse an die Muskulatur. Das autonome Nervensystem besteht hauptsächlich aus dem Sympathikus und dem Parasympathikus. Sie halten die «Homöostase» genannten Gleichgewichtszustand des Körpers - etwa den Blutdruck und Stoffwechsel - aufrecht. Darüber hinaus fördern periphere Nerven aber auch die Entwicklung, Reparatur und Regeneration von Gewebe.

Sympathikus, Parasympathikus und das enterische Nervensystem sind drei Teile des vegetativen Nervensystems. Das enterische Nervensystem wird manchmal auch als «Darmhirn» bezeichnet - man spricht hier von der Darm-Hirn-Achse - und stellt einen fast in sich geschlossenen Kreislauf dar. Auf dieses Netzwerk soll hier nicht eingegangen werden, obwohl inzwischen mehrere Studien belegen, dass dieser Bereich des Nervensystems zumindest an der Entstehung von Depressionen beteiligt zu sein scheint. Sicherlich spielt auch die Ernährung eine wichtige Rolle für die psychische Gesundheit und Leistungsfähigkeit, doch lassen wir sie hier außer Acht, denn die Vorteile einer ausgewogenen Ernährung sind wohl kaum umstritten.

Sympathikus und Parasympathikus ergänzen sich bei der Steuerung der autonomen Funktionen des Körpers, um ein inneres Gleichgewicht zwischen Leistung und Erholung aufrechtzuerhalten. Während der Sympathikus für die Aktionsbereitschaft (Fight & Flight) des Körpers sorgt, ist der Parasympathikus für Ruhe und Regeneration (Rest & Digest) zuständig. Wenn Leistung gefordert ist, übernimmt der Sympathikus und sorgt dafür, dass alle dafür notwendigen Systeme aktiviert werden. Wenn man zur Ruhe kommen und sich entspannen will, dann wird der Parasympathikus aktiv und leitet die regenerativen Prozesse ein - die Betonung liegt dabei auf dem «entspannen wollen», denn als Gentleman unter den Nerven hält sich der Parasympathikus vornehm zurück und überlässt dem grossen Showman «Sympathikus» meist die Bühne. Wir müssen dafür sorgen, dass der Parasympathikus sich nicht ständig zurückhält und dem Sympathikus den Vorrang gibt, denn Regeneration ist immer ein aktiver Teil der Leistungsfähigkeit. Wir müssen dem Gentlemen die Bühne bewusst freigeben, damit er seine Arbeit verrichten wird.

In einer Zeit, in der die Außenwelt und der Lebensrhythmus der meisten Menschen immer schneller und hektischer werden, in der es wenig echte Ruhezeiten gibt und auch Freizeit und Alltag meist von starker Reizüberflutung geprägt sind, kann es zu einer starken Belastung des Nervensystems mit einer überproportionalen Aktivierung der sympathischen Anteile kommen. Ohne ausreichende Erholungs- und Regenerationsphasen ist das Gehirn dann nach und nach nicht mehr in der Lage, ausreichend regulierend oder kompensierend auf die Stressoren einzuwirken. Die verschiedenen möglichen Stresssymptome können von Verdauungsbeschwerden über erhöhten Blutdruck, ungewollte Gewichtszunahme, Angst- und Erschöpfungszustände auf vielen Ebenen auftreten. Aus neuronaler Sicht sind Stresssymptome das Endergebnis ineinandergreifender Prozesse und Verarbeitungen im Gehirn und im gesamten weiteren Nervensystem.

Die wichtige Frage lautet nun: Wie kann ein gesundes Verhältnis von Sympathikus und Parasympathikus unterstützt und die Resilienz erhöht werden?

Um einen Ausgleich zur Aktivität des sympathischen Nervensystems zu schaffen, ist es wichtig, das parasympathische Nervensystem positiv zu beeinflussen und das Verhältnis zwischen Sympathikus und Parasympathikus optimal zu regulieren - wie bereits erwähnt, ist der Sympathikus die Rampensau und muss von Zeit zu Zeit durch den Gentleman Parasympathikus bewusst und aktiv gebremst werden. Hier erweist sich der Vagusnerv als größter und wichtigster Nerv des parasympathischen Nervensystems und als einer der Hauptinformationsgeber für die Inselrinde - dem Bereich im Gehirn, in welchem die Sinnesreize zusammenfließen – als adäquater Verbündeter. Um den Vagusnerv gezielt aktivieren zu können, ist es wichtig zu verstehen, wie dieser Nerv in das Gesamtkonstrukt des Nervensystems einzuordnen ist und welche Rolle er darin spielt:

Der Vagusnerv nimmt in erster Linie Informationen aus dem Körper auf und leitet sie an das Gehirn weiter. Darüber hinaus transportiert der Vagusnerv Informationen vom Gehirn zu den Organen - dies ist jedoch eher eine Nebenaufgabe. Nur etwa 20 Prozent seiner Fasern sind so genannte absteigende (efferente) Fasern. Sie senden Informationen und Handlungsanweisungen vom Gehirn zum Körper, um dort autonome Prozesse wie die bereits erwähnten Organtätigkeiten auszulösen und zu regulieren. Auf diesem absteigenden Weg werden z.B. auch entzündungshemmende Signale in den Körper gesendet. Dies ist u.a. bei Rheuma, Allergien und allen entzündlich bedingten Symptomen der inneren Organe ein nicht zu vernachlässigender Aspekt und von großer Bedeutung für die Gesundheit und das allgemeine Wohlbefinden.

Betrachtet man den Verlauf des Vagusnervs, so fällt auf, dass er den Bauchraum, das Herz, die Lunge, weite Teile des Mund- und Rachenraumes, die Kopfhaut und die Ohren umspannt, innerviert und somit für den Informationsaustausch dieser Bereiche im Gehirn sorgt. Dies ist außergewöhnlich für einen einzelnen Nerv - und tatsächlich ist der Vagusnerv der einzige Nerv des Körpers, der sowohl als peripherer Nerv den Körper durchzieht, als auch als 10. Hirnnerv zusätzliche Bereiche des Körpers innerviert. Seinen Namen verdankt der Nerv seinem weit verzweigten und verästelten Verlauf, denn das Wort «Vagusnerv» leitet sich vom lateinischen «vagari» ab, was «wandern» bedeutet. Der Vagusnerv ist der wandernde Nerv, da seine vielen kleinen Ausläufer den Körper weiträumig durchziehen.

Das Geheimnis anhaltender Gesundheit und Leistungsfähigkeit ist die Erkenntnis, dass der Leistungsnerv Sympathikus kein Dauerbrenner werden darf. Wir müssen immer wieder das parasympathische Nervensystem auf den Plan rufen, das auf diesen Weckruf angewiesen ist und darauf wartet. Stress als Herausforderung des Lebens ist nicht primär der Auslösefaktor für Krankheiten, sondern vielmehr das Unvermögen, rechtzeitig dafür zu sorgen, dass vom Sympathikus auf den Vagus umgeschaltet wird. Es gibt klare Anzeichen, welche uns sagen, wann man die «Vagusbremse» aktivieren sollte. Typische Anzeichen für eine gehemmte Vagusaktivität sind:

- Innere Unruhe
- Schlafstörungen
- Konzentrationsschwäche

- Reduziertes Arbeitstempo
- Häufiger Blick auf die Uhr
- Nervöse Ticks
- Sozialer Rückzug
- Aggressivität, Gereiztheit
- Egozentrisches Verhalten
- Einsamkeit

Der Vagus braucht Ruhe und Stille, Monotonie und Konzentration, anstelle Vielseitigkeit und Multitasking. Der Vagus braucht zudem die gezielte Stimulation, wie bspw. das verlängerte Ausatmen und mentale Vorstellungsbilder (Imagination).

Ein effektives Mind-Body-Teamwork zu erarbeiten ist das zentrale Anliegen des Mentalcoachings und des neurozentrierten Trainings. Denn nur wenn die körperlichen, psychomentalen und emotionalen Komponenten optimal zusammenspielen, kann man sein Potenzial wirkungsvoll einsetzen und mit minimalem Energieaufwand die maximal mögliche Leistung erbringen. Die richtige Einstellung bedeutet neben der mentalen Einstellung immer auch die körperliche Einstellung. Die mentale Einstellung bezieht sich auf eine bestimmte Geisteshaltung, aber unsere Gedanken haben immer auch eine bestimmte Wirkung auf unseren Körper - die Psychologie wird regelrecht zur Biologie - weshalb auch dieser richtig eingestellt sein muss. Wir erinnern uns an die Übermacht der afferenten Nervenfasern, welche vom Körper zum Gehirn verlaufen und die Mehrheit an Information ins Gehirn speisen. Man spricht in der Embodiment-Theorie von der Verkörperung psychomentaler Prozesse und davon, dass die persönliche Einstellung zum biopsychophysischen

Gesamtausdruck des Selbst wird. Mit anderen Worten: Das Fundament unseres Erfolgs besteht aus dem adäquaten Zusammenwirken von körperlichen und mentalen Prozessen – von Geisteshaltung, Einstellung und Bewegung, Gedanke und Emotionen - und in einer Kombination aus mentaler Stärke und körperlicher Leistungsfähigkeit. Wir müssen die Ansprüche, die wir an uns selbst stellen, immer auch körperlich untermalen und das körperliche Erleben dahingehend schulen. Wir können lernen, unser emotionales Erleben von den äusserlichen Reizen entkoppelt anzusteuern, wunschgemäß zu interpretieren und zielgerichtet einzusetzen. Diese Fähigkeit, die eigenen Gefühle und Gedanken bewusst zu steuern, ermöglicht es uns dann letztlich auch, uns unabhängig von der äußeren Situation zu motivieren und das eigene Handeln bestmöglich auf die Lösung auszurichten und an die wechselnden Umstände anzupassen.

Das neuronale Erlebnismuster steht sinnbildlich für die körperliche, mentale und emotionale Komfortzone – eine Art mentaler Schutzraum, in den man sicher jederzeit und ortsungebunden zurückziehen und unbeeinflusst von äusserlichen Reizen sein Ding durchziehen kann. Es ist der Hebel zur Steuerung des idealen Leistungszustandes und damit des Erregungs- und Leistungsniveaus. Wer die Bedeutsamkeit versteht, dass Wahrnehmung ein aktives Verarbeiten von Handlungen ist und das Erleben stets im Gehirn in Zusammenwirken mit dem Körper stattfindet, der kann aktiv sein emotionales Erleben steuern lernen – und zwar unabhängig von äusserlichen Faktoren, denn es ist die Aufmerksamkeit, die darüber entscheidend, wie man die Welt außerhalb von sich wahrnimmt. Mit diszipliniertem

Training von den hier beschriebenen Selbststeuerungskompetenzen kann dieses neuronale Erlebnismuster - auch als persönliches Embodiment bezeichnet - konditioniert und in den unterschiedlichsten Drucksituationen aufrechterhalten werden. Das neuronale Erlebnismuster verhilft, sich in druckvolle – auch schmerzhafte – Situationen zu entspannen und gleichzeitig die gewünschten Veränderungsschritte und Zielhandlungen nachhaltig und diszipliniert zu vollziehen.

Ein Verhaltensmuster kann als die Koppelung, Assoziation und Vernetzung von allem Erleben verstanden werden: Die Kognition (Gesamtheit aller Prozesse, die mit dem Wahrnehmen und Erkennen zusammenhängen), das Verhalten, die Art der Kommunikation, die emotionalen Reaktionen und sämtliche non-verbalen Äußerungen wie beispielsweise Atmung und Körperhaltung - ebenso Faktoren wie Ort, Zeit und die Beteiligten an einer Situation.

Der trainierbare Weg zum neuronalen Erlebnismuster fußt auf der regelmäßigen Anwendung eines vordefinierten Handlungsprotokolls – eine klar definierte Abfolge von mentalen und körperlichen Interventionen. Eine Schritt-für-Schritt-Anleitung mit dem Ziel, sich in die Zone des idealen Leistungszustands zu begeben und das optimale Aktivierungsniveau zu stabilisieren, sodass adäquate, konfliktlösende Zielhandlungen möglich werden!

Wie wir bisher erfahren haben, muss das gewohnte Verhalten erst einmal wahrgenommen, reflektiert und auf seine Richtigkeit und Aktualität überprüft werden. Dazu dient die Impulskontrolle und eine

Schlüsselmomentanalyse, welche zum Ziel hat, die gewohnte Affekthandlung - ausgehend von den äusserlichen Reizen - zu durchbrechen und damit über das System-2-Denken - welches im Neokortex repräsentiert ist - die Situation zu beurteilen und konfliktlösende Verhaltensmuster einzubinden. Der Thalamus als Torwächter im Zwischenhirn verwaltet die Grenze vom Unbewussten zum Bewussten und nimmt dabei seinen Auftrag stets sehr ernst, weshalb man seine «Gabe zur Voraussicht» nutzen und ihn bestmöglich mit idealorientierten Informationen füttern muss. Möchte man andere Ergebnisse erzielen und Konflikte lösen, muss man dem Thalamus Informationen zum gewünschten Idealzustand liefern - sprich die Vorhersehbarkeit erhöhen, sodass er seinen Auftrag um die neuen Handlungen ergänzen kann!

Wir tun gut daran, wenn wir an den gewohnten Auftrag (bisherige Konditionierung) und damit an die bereits bekannten Informationen anknüpfen, diese jedoch auf ihre Idealentsprechung sowie Qualität un Quantität überprüfen und Anpassungen vornehmen. Veränderung geschehen idealerweise über Optimierungen des bisherigen Verhaltensrepertoires, von welchem man dann unliebsame Verhaltensmuster immer mehr ausklammern kann: Sobald ein Reizreaktionsmuster (System 1) erkannt und als unliebsam deklariert wurde, muss eine Alternative mittels des System-2-Denkens erarbeitet werden – wir nehmen hierbei Einfluss auf die sonst affektgetriebene Reizreaktionskette. Hierzu dient die Erarbeitung des idealisierten Zukunftsszenarios (Ideal) und die dahinführenden Handlungen (mentale Kontrastrierung) als Ausgangslage. Dazu brauchen Trainierende oftmals Hilfestellung von

Coaches, Therapeuten oder Trainern, denn ein gewisses Maß an Vorstellungskraft und Erfahrungsschatz muss gegeben sein. Schon Albert Einstein sagt man nach, er habe gesagt, dass das Wissen begrenzt sei, die Vorstellungskraft jedoch nicht. Das Ideal darf auch richtiggehend utopisch sein. Ein wenig «out oft he box» zu denken gehört im Kreativprozess immer dazu, denn aus dem Bekannten schöpfen wir nur immer das Bekannte – nie wird etwas wirklich Neues daraus hervorgehen können. Auch hierzu hatte Albert Einstein eine klare Meinung, nämlich dass Probleme nie mit demselben Gedankengut gelöst werden könne, aus welchem sie entstanden seien. Trotzdem, auch auf eine utopische Vorstellung muss ein Realitätsbezug erfolgen, sonst bleibt es bei einer wirren Vorstellung und Tagträumerei.

Es mag sich unrealistisch und respektlos gegenüber von Krankheit betroffenen Menschen anhören, zu sagen, dass man sich im Krankheitsfalle auf Gesundheit ausrichten müsse, auch während man noch die Krankheit spürt. Doch wenn man dies nicht tut und sich nicht auf das Ideal ausrichtet – auf die Gesundheit – bleibt man auf dem Problem und damit der Krankheit sitzen und versucht sich bestmöglich mit ihr zu arrangieren. Genauso verhalten wir uns aktuell im Gesundheitssystem – total reaktiv, weshalb Klientinnen und Klienten gar nicht mehr an eine Verbesserung glauben und sich mit ihren Problemen zufrieden geben - oder sie mit der Faust im Sack akzeptieren. Akzeptanz dessen was ist, ist wichtig, doch wird sich keine Verbesserung einstellen können, wenn man die Umstände einfach nur akzeptiert. Dann nämlich, fehlt der Antrieb die Umstände zu verbessern.

Ein hoher Grad an Autonomie und eine starke Selbstwirksamkeitsüberzeugung ist unverzichtbar für das persönliche Glück des Einzelnen und für eine funktionierenden Gemeinschaft. Die COVID 19 Pandemie zeigte eine gewisse Unmündigkeit auf, was die Gesellschaft spaltete – zu ausgeliefert und reaktiv fühlten sich viele. Um aus der reaktiven Falle zu entrinnen, braucht es das offensive Handeln - ausgehend von der Basisaktivierung - und einer hohen Vorhersehbarkeit durch idealbezogene Informationen sowie eine geschulte Vorstellungskraft. Doch genauso die Fähigkeit, sich auf das Wesentliche konzentrieren zu können und von Unwesentlichem nicht abgelenkt zu werden. Die Kenntnis der Reizkreationskette und das Wissen um die Macht der Vorhersehbarkeit und Vorstellungskraft kann helfen, die Welt in ein anderes Licht zu rücken. Wir haben die Macht, unsere Wahrnehmungen wunschgemäß zu steuern, denn wie die Wissenschaft zeigt, findet das Erleben immer in uns drin statt – wir sehen die Welt, wie wir sind, nicht wie sie tatsächlich ist. Das System-2-Denken muss also bewusst aktiviert werden, möchte man ein erfolgreiches und selbstbestimmtes Leben führen. Im System-2-Denken verhalten wir uns logisch und wägen die verschiedenen Alternativen genau ab. Folglich sinkt die Anfälligkeit für falsche Entscheidungen sowie angstgeleitetes Verhalten und auch die Gefahr für stereotypes Handeln - der Preis dafür ist jedoch recht hoch: Wir müssen unser Gehirn anstrengen, was ermüdend ist und verhältnismäßig viel Energie kostet. Deshalb kommt das langsame Denken von System 2 seltener zum Einsatz als es eigentlich sinnvoll wäre.

Es gibt einen intensiven Diskurs darüber, wie groß der Anteil von System 1 ist. Während die einen von 80 %

sprechen, gehen andere von 85 % aus - andere wiederum von 90 Prozent. Wie auch immer – wenn eine Entscheidung getroffen werden muss, führt trotzdem kein Weg an System 1 vorbei, denn unsere Entscheidungen verfügen immer über eine hohe unbewusste, emotionale Komponente. In der Forschung wird davon ausgegangen, dass der Mensch, sofern Bedarf ist, jederzeit System 2 dazuschalten kann, um die Führung zu übernehmen und eine Entscheidung zu verifizieren. Gleichzeitig wird aber auch darauf hingewiesen, dass es für das logische, bewusste System-2-Denken gar nicht so einfach ist, sich gegen das emotionale, unbewusste System-1-Denken durchzusetzen. Wenn es um eine Entscheidung geht, bei der es objektiv eine richtige bzw. eine falsche gibt und System 2 es nicht gelingt, sich durchzusetzen, spricht man von kognitiven Verzerrungen. Diese werden von der Person, die ihnen verfällt, nicht bewusst wahrgenommen und basieren auf kognitiven Heuristiken - dies sind mentale Strategien, Faustregeln oder Abkürzungen, die uns helfen, mit begrenztem Wissen und begrenzter Zeit Entscheidungen zu treffen und Urteile zu fällen.

Aber nicht bei jeder Entscheidung geht es um richtig oder falsch. Nur zu oft geht es lediglich um eine Wahl von einer oder mehreren Optionen. Hier schaltet sich System 2 weitaus weniger oft ein und die Entscheidung fällt durch das System 1. Das hat Konsequenzen! Wenn wir also ein gewisses Ergebnis wollen, brauchen wir die dazu passenden Informationen und klare Wenn-Dann-Strategien zur zielgerichteten Anwendung – das deutlich umrissene Handlungsmuster muss regelmäßig und immer gleich wiederholt werden, bis das gewünschte

Verhalten und innere Erleben zu einem festen neuronalen Erlebnismuster werden.

Die Embodiment-Theorie bezieht sich auf die Vorstellung, das kognitive Prozesse eng mit dem Körper und der sensorischen Erfahrung verbunden sind. Es besagt, dass kognitive Funktionen nicht nur im Gehirn stattfinden, sondern auch in Wechselwirkung mit dem Körper und seiner Umwelt stehen. Das Konzept des Embodiments stellt somit einen Gegenentwurf zur traditionellen kognitiven Theorie dar, die den Schwerpunkt vorwiegend auf die Rolle des Gehirns als Sitz des Denkens hat. Gemäss der Theorie des Embodiments werden sensorische und motorische Erfahrungen als grundlegend für die Bildung von Bedeutung und das Verstehen der Welt angesehen. Der Körper dient als Schnittstelle zwischen Geist und der physischen Umgebung. Durch das Wahrnehmen und Interagieren mit der Umwelt erhält der Geist Informationen, die seine kognitiven Prozesse und die Art und Weise, wie er die Welt versteht, beeinflussen. Beispiele für das Embodiment sind die Verwendung von Körpermetaphern in der Sprache (z.B. «Ich habe eine schwere Last zu tragen.»), bei denen physische Erfahrungen auf abstrakte Konzepte übertragen werden, oder auch das Gefühl von Empathie durch Spiegelneuronen, bei dem das Beobachten von Handlungen anderer Menschen dazu führt, dass ähnliche neuronale Aktivitäten im eigenen Gehirn ausgelöst werden.

Das Embodiment hat weitreichende Auswirkungen auf verschiedene Bereiche wie Kognitionswissenschaft, Sprachwissenschaft, Psychologie und Robotik. Es betont die Bedeutung der Körpererfahrung und sensorischen Information für das Denken, Lernen und die Interaktion mit der Welt.

Handlungsprotokoll

Das ideale Mentaltraining umfasst folgende Trainingsmodule, welche einzeln trainiert, jedoch mit der Zeit zu einem festen Handlungsprotokoll verschmelzen sollen – so gewährleistet man den Praxistransfer und schult die Handlungskompetenz sowie die erfolgreiche Adaption an die tatsächlichen Schlüsselmomente.

«Trainiere stets so, wie du im Ernstfall zu kämpfen gezwungen bist.» Das ist ein Trainingsmotto, das dem militärischen Kontext entspringt. Es beschreibt die Notwendigkeit, sich auf mögliche Kriegssituationen und Herausforderungen realitätsnah vorzubereiten. Indem man regelmäßig und der Realität entsprechend trainiert, kann man sicherstellen, dass man auf jede Situation angemessen reagieren und seine eigenen Zielhandlungen auch unter Widrigkeiten durchsetzen kann. Es ist wichtig, dass Menschen sowohl physisch stabil als auch mental stark sind, um in Extremsituationen zu bestehen und optimale Ergebnisse zu erzielen, denn vor psychischen Belastungen ist keiner gefeit. Durch realitätsnahes Training können Trainierende ihre mentale Stärke und Resilienz im Feuer - der Realität am nächsten kommend - erproben, was ihnen dabei helfen wird, aus Krisen gestärkt hervorzugehen. Wir müssen bestrebt sein, unsere Leistungsfähigkeit zu erhalten, indem wir sie gezielt auf die Probe stellen! Machen wir es uns zu bequem im Leben und vermeiden stressige Situationen zu oft, erfahren wir schon bald die negativen Auswirkungen, weshalb ein weiteres Trainingsmotto folgenden sein muss: «Use it, or lose it».

Die Kompetenzen, die man nicht gebraucht, gehen verloren. Das bedeutet, dass wenn wir uns nicht bemühen, unsere mentale Stärke und Resilienz zu erhalten und zu entwickeln, werden wir diese Fähigkeiten mit der Zeit immer mehr verlieren. Genauso verhält es sich mit der Fähigkeit zur Konzentration oder mit der Willenskraft. Neurowissenschaftliche Forschung hat gezeigt, dass unser Gehirn auf eine Art und Weise reagiert, die es uns ermöglicht, unser Verhalten zu ändern und angesichts von Herausforderungen stärker zu werden – jedoch geschieht dies nur, wenn wir auch die dazu nötigen Stressreize setzen und wir denen selbstbestärkend begegnen. Wenn wir dies nicht tun, werden wir anfälliger für Stress, Krankheit oder psychische Belastungen. Eine aktive Nutzung der Fähigkeiten unter Realbedingungen ist erforderlich, um unsere mentale Stärke und Resilienz zu bewahren. Wir werden zu dem, was wir täglich tun! Tun wir etwa nicht mehr, verlieren wir diese Fähigkeit. Genau deshalb ist das Kompetenzerwartungstraining ein unverzichtbares Element des Mentalcoachings. Das ideale Mentaltraining orientiert sich an den Trainingsprinzipien und damit an einem klaren Handlungsprotokoll. Nur was man messen kann, kann man kontrollieren und steuern – dazu dient das vorliegende Handlungsprotokoll mit dessen fünf Handlungsphasen, welche aufeinander aufbauen.

Phase 1: Achtung Gefahr (Schlüsselmomentanalyse)

Das Handlungsprotokoll beginnt bei der Schlüsselmomentanalyse, mit der man sein Engagement und Verhalten in bestimmten Situationen reflektieren und neue Verhaltensweisen evaluieren kann. Diese Technik hilft dabei, sich über sein Denken und Verhalten bewusst zu werden und wo nötig, korrigierend einzugreifen – dies setzt jedoch eine hohe Achtsamkeit voraus. Ziel der Schlüsselmomentanalyse ist es, ein tieferes Verständnis der eigenen Gedanken und Emotionen zu erlangen und das Potential zu erkennen, aus allem Wachstum und Entwicklung zu schöpfen. Bei der Schlüsselmomentanalyse geht es darum, Erfahrungen zu reflektieren, noch einmal zu erleben und zu erkennen, welche Ereignisse vor dem jeweiligen Schlüsselmoment stattgefunden haben (Priming) und welchen Einfluss sie auf die eigene Wirklichkeit hatten. Auch lässt sich herausfinden, wie man reagiert hat und welche Verhaltensweisen sich bewährt haben - die sogenannten Copingstrategien, welche ebenfalls optimiert werden können.

Phase 2: Problem erkannt (Problemanalyse)

Die Problemanalyse befasst sich mit den Konsequenzen und körperlichen sowie psychomentalen Auswirkungen, die mit Schlüsselmomenten einhergehen. Es ist eine Art Risikoabschätzung, in der alle Faktoren berücksichtigt werden, die den Erfolg beeinflussen können. Dabei geht es darum, herauszufinden, welche Aspekte zu überwinden sind und welche Ressourcen für die effektive Zielhandlung zur Verfügung stehen. Prinzipiell kann man sagen, dass das Problem nicht die Ereignisse an sich ist, sondern stets die Art und Weise, wie wir auf das reagieren, was durch diese Schlüsselereignisse in uns ausgelöst wird – es sind dies Emotionen, Gefühle, Schmerzen und andere sensomotorische Wahrnehmungen.

Phase 3: Ziel bestimmt (Lösungsorientierung)

Jede Problemanalyse führt zur Lösungsfindung. Eine ausgeprägte Lösungsorientierung ist ein wesentliches Merkmal resilienter Menschen. Die Lösungsbestimmung konzentriert sich nicht bloss auf die Zielbestimmung und das konfliktlösende Verhalten, sondern auch auf die Schulung der Geisteshaltung – des sogenannten Mindsets - welche für den selbstbestärkenden Umgang mit den Problemen steht und sich darauf konzentriert, Schwierigkeiten mit kreativen Ansätzen zu bewältigen sowie Ereignisse aus einer neuen Perspektive zu beurteilen. Diese ideale Geisteshaltung stärkt die Handlungskompetenz und fördert Zuversicht und Selbstvertrauen. Ausgehend von der Problemanalyse, kann somit ein Idealbild der Zukunft, ein Zielbild oder ein ganzes Lebenskonzept kreiert werden. Man spricht beim Mindset gerne auch von Haltungszielen.

Phase 4: Realitätsbezug (Mentales Kontrastrieren)

Das mentale Kontrastieren schafft den Übergang von Problem zur Lösung. Mentales Kontrastrieren ist eine wirkungsvolle psychologische Technik, mit der Menschen verschiedene Zustände miteinander vergleichen können und einen Realitätsbezug herzustellen. Die Frage: «Was kann passieren und wie werde ich darauf reagieren?», muss hierbei beantwortet werden. Es hilft, realistische Erwartungen zu setzen und konkrete Ziele auch zu hinterfragen. Indem wir uns darüber bewusstwerden, was wir in Richtung unserer Ziele unternehmen müssen, können wir die Bereiche identifizieren, in denen ein zusätzliches Engagement erforderlich ist. Zudem hilft diese Technik, Zielkonflikte aufzudecken, Wünsche und Ziele zu priorisieren und sich auf Rückschläge und Hindernisse vorzubereiten sowie adäquate Handlungsstrategien zur Selbstüberwindung zu bestimmen und damit trainierbar zu machen.

Phase 5: Bereitschaft (Basisaktivierung)

Die Basisaktivierung ist ein wichtiger Teil des psychologischen Konzepts der Resilienz. Es bezieht sich auf die Fähigkeit, eine emotionale Reaktion durch Einstellung und Verhalten zu regulieren. Es beinhaltet die Fähigkeit, nach einem schwierigen Ereignis durch selbstbestärkende Gedanken und Verhaltensweisen rasch wieder in einen stabilen Zustand zurückzukehren. Dies kann erreicht werden, indem man körperliche sowie mentale Interventionen dazu nutzt, die Immobilisation eines Schlüsselereignisses zu durchbrechen und den idealen Leistungszustand zu aktivieren. Die Basisaktivierung reguliert das Erregungsniveau, steuert den Fokus und Grad der Aufmerksamkeit, stärkt die Handlungskompetenz und ermöglicht die effektive konfliktlösende Zielhandlung. Mit regelmässiger Anwendung und Training der Basisaktivierung entsteht ein entsprechendes neuronales selbstbestärkendes Erlebnismuster, was dazu führen kann, dass man nachhaltig und ohne grosse Schwankungen seine Mitte erhält.

Aktivierungssteuerung

Jede zielgerichtete Handlung erfordert ein optimales Maß an Energie, die zuvor jedoch bereitgestellt werden muss. Dies geschieht durch aktivierende und regulierende, körperorientierte Interventionen – wer träge und müde ist, muss damit beginnen, sich zu bewegen, auch wenn es anfangs schwerfallen mag. Wer Schwierigkeiten mit Konzentration hat, muss sich mehr konzentrieren und damit das Konzentrieren trainieren.

Die Fähigkeit zur Regulierung des Erregungszustandes und des emotionalen Gleichgewichts - aber auch zum bewussten Umgang mit Stressoren - ist eine Kompetenz, die mental starke Menschen pflegen und immer an erster Stelle stehen muss, denn nur wer ausreichend Energie bereitgestellt hat, kann sich um die bestmögliche Performance kümmern und Herausforderungen zuversichtlich begegnen. Die Regulations-Interventionen helfen, sich in schwierigen Situationen entspannter und sicherer zu fühlen, das eigene Stressniveau bewusst auf ein ideales Erregungsniveau zu regulieren und so die Zone der optimalen Leistungsfähigkeit zu erhalten, um in herausfordernden Situationen bestmöglich handlungsfähig zu sein. Durch das Training bestimmter Atemtechniken und Körperbewegungen können Trainierende ihren emotionalen Zustand unmittelbar beeinflussen und steuern lernen und sowohl im Beruf, im Sport und im Privatleben die gewünschten Resultate und Erfolge erzielen.

Die Impulskontrolle

Als Impulskontrolle bezeichnet man die Kontrolle von Emotionen und Affekten. Die Impulskontrolle ist ein Teil der Selbstkontrolle. Die Impulskontrolle ermöglicht das Planen von Handlungen, die Konzentration auf diese Handlungen und das konsequente Verfolgen von Handlungszielen. Im täglichen Alltag ist die Impulskontrolle vor allem dann wichtig, wenn es um die Erledigung von Aufgaben geht, die unangenehm oder negativ konnotiert sind – besonders wenn es um Veränderungen von Gewohnheiten geht, ist die Impulskontrolle unverzichtbar!

Die Impulskontrolle ist auch für das soziale Miteinander wichtig, da sie bewirkt, dass das Verhalten den gängigen sozialen Normen angepasst werden kann. Die Impulskontrolle ermöglicht es Menschen, sozialverträglichere Entscheidungen zu treffen und übermäßigem emotionalen Stress, schlechten Gewohnheiten und schädlichen Verhaltensweisen vorzubeugen und sie zu verändern. Es besteht ein direkter Zusammenhang zwischen Impulskontrolle und Konzentrationsfähigkeit, Entscheidungsfindung und Stressbewältigungsfähigkeiten. Deshalb ist es wichtig, dass Menschen lernen, wie man die Impulskontrolle verbessert und das Verhalten steuert. Dies kann durch ein Bewusstsein für mögliche Auslöser (Schlüsselmomentanalyse) und die Etablierung von Strategien zur Stressbewältigung (Lösungsorientierung) erreicht werden. Mit der richtigen Fokussierung und dem Einsatz effektiver Strategien kann jeder seine Impulskontrolle verbessern.

Neuronale Kreisläufe der Stress-Adaption

Die «Polyvagale Theorie» von Stephen Porges beschreibt drei neuronale Kreisläufe der Adaptation, die zwar autonom ablaufen, jedoch hierarchisch organisiert sind und drei (neuronale) Verhaltensstrategien bewirken:

1. Social engagement system (SES): Der vordere Vagus (bauchseitig / ventraler Vagus) erhält einen Zustand aufrecht, der Gesundheit, Wachstum und Erholung erlaubt sowie die Fähigkeit zu ruhen, zu schlafen und zu verdauen. Er ermöglicht uns Säugetieren, Gefühle von Vertrauen, Sicherheit und Liebe zu erleben und fördert das Sozialverhalten, welches uns das Überleben sichert. Menschen mit einem stark aktivierten ventralen Vagus sind sozial zugewandt.

2. Mobilisierende Verteidigungsstrategien (Fight & Flight): Die Mobilisierung erfolgt durch den Sympathikus und löst beispielsweise das Kampf- und Fluchtverhalten bei Gefahr aus. Sie geht einher mit metabolischer Aktivität, Sinnesschärfung und der Durchblutung der Organe und Muskulatur. Bei der Polyvagal-Theorie bezeichnet Porges den Sympathikus als «Grenzstrang», der in reger Kommunikation mit dem Parasympathikus steht, wovon wiederum der ventrale und dorsale Vagus ein Großteil des parasympathischen Nervensystems einnimmt.

3. Immobilisierende Verteidigungsstrategie (Freeze): Der hintere Vagus (rückseitig / dorsaler Vagus) steuert die Immobilisation, wie man sie bei Trauma

beobachtet – So genannte «Shut-downs» können durch Lebensbedrohung oder das Gefühl von anhaltendem Kontrollverlust ausgelöst werden. Diese Nervenbahnen haben wir mit allen Wirbeltieren gemeinsam, sie sind die phylogenetisch ältesten und nicht myelisiert - das heißt, sie sind fix, denn ohne Myelisierung (Umwicklung und Isolation der Axone mit Protein und Fett zur verbesserten Signalweiterleitung), findet keine Vernetzung der Neuronen (Neuroplastizität) statt.

Mit hierarchischer Organisation ist gemeint, dass die Nervensysteme in einer bestimmten Reihenfolge aktiviert werden und zwar ist zuerst einmal der evolutionär jüngste – der soziale Kontakt – aktiv. Wenn er überstrapaziert wird, tritt die Mobilisierung in Kraft (Konterintervention und Kompensation) und erst wenn auch diese erfolglos bleibt (Kontrollverlust), stützen wir uns auf die Strategie der Immobilisation – wir stellen uns bildhaft gesprochen buchstäblich tot. Die wichtigste Konsequenz aus dieser Erkenntnis ist: Je stärker der ventrale Vagusnerv ausgebildet ist, desto besser funktioniert der Mensch - und glücklicher, entspannter und gesünder ist er! Ist ein Coachee zu stark im dorsalen Vagusnerv eingebunden und verschließt sich der Öffentlichkeit (depressives Verhalten), muss man dafür sorgen, dass sein ventraler Vagusnerv wieder aktiviert wird und er sich wieder sozial zuwendet. Die geschieht über die Basisaktivierung und damit über die Aktivierung der Hirnareale des Motivationssystems.

Affekthandlung

Die Reizreaktionskette (System 1) steht für das implizite Wissen, von welchem Affekthandlungen ausgehen, ohne zu überlegen - also unmittelbar - wird eine Affekthandlung ausgelöst, welche einem bestimmten Ziel dient. Dieses Ziel ist für gewöhnlich ein Schutzziel, ausgelöst vom Hirnstamm - es stellt mit der Affekthandlung die Balance sicher! Ein Schubser beispielsweise löst eine Gegenbewegung aus, damit man nicht umfällt. Diese Schutzreaktion müssen wir nicht trainieren, sondern ist ein Reflex, wie das Zurückziehen der Hand von der heißen Herdplatte. Eine Affekthandlung ist eine Kurzschlusshandlung - eine reaktive Handlung auf einen starken Reiz, die aufgrund hoher Allgemeinerregung (Stressaktivierung) und stark aktivierten Antrieb (Fight/Flight) ausgelöst wird. Die Wahrscheinlichkeit von Affekthandlungen nimmt mit erhöhter Antriebsstärke zu, doch ist die Stärke des Antriebs (Aggressionsapparat) nicht ausschließlich maßgebend; Wesentlicher als die Höhe des Endwertes der Erregung ist die Geschwindigkeit, mit der der Antriebsimpuls ansteigt (Impulsivität). System 1 ist aktiv und kognitive Prozesse sind vorübergehend ausgeschaltet, es bleibt keine Zeit zum Nachdenken (System 2) über die Auswirkungen der anstehenden Handlung.

Ursprünglich stammt die Bezeichnung «Affekthandlung» aus der Psychologie und wurde nur für dieses spezielle Verhalten beim Menschen und bei anderen Primaten verwendet. Inzwischen wird der Begriff ausgedehnt und schließt unter der Bezeichnung «Kurzschlusshandlung» die allgemeine Wehrreaktion (Abwehr und Schutzsicherstellung) ein. Vor Feinden flüchtende Tiere gehen in vielen Fällen zum Gegenangriff über, sobald eine bestimmte kritische Distanz unterschritten wird. Ein Affekt ist eine intensiv empfundene und meist relativ kurz andauernde Erregung, die im allgemeinen mimischen Ausdruck (Schreckgesicht) findet und oft mit ausgeprägten vegetativen Reaktionen (z.B. schneller Puls-, Blutdruckanstieg, Änderung der Gesichtsfarbe, Steigerung der Darmaktivität) verbunden ist. Im weiteren Sinne wird «Affekt» für alle Gemütsbewegungen verwendet.

Die Affekthandlung ist eine tief verankerte Blitzintervention des Gehirns, welche das körperlich, mentale und emotionale Gleichgewicht aufrecht zu erhalten versucht. Es handelt sich um eine Verteidigungsreaktion, die besonders dann ausgelöst wird, wenn ein starker überschwelliger, ungewohnter, beängstigender Reiz erzeugt wird – doch gibt es auch Affekthandlungen auf hocherfreuliche Reize! Bei einer Affekthandlung wird einfach ein implizites Muster getriggert. Je höher das individuelle Niveau der Erregbarkeit ist, desto stärker ausgeprägt ist das affektive Verhalten. Um die Anfälligkeit für Affekthandlungen zu schwächen, muss man sie regelmäßig aktivieren und lernen, die Ruhe zu bewahren – das ist das Mentaltraining. Dies geschieht über gezielte Stresssimulationen (Kompetenzerwartungstraining), welche ein Gefühl der Kontrolle aktivieren sollen – finde nähere Informationen dazu unter Handlungssteuerung.

Eine angeborene Affekthandlung ist die Immobilisation des Körpers (Blitz-Freeze-Reflex) als Antwort auf eine potenziell ''gefährliche'' Einwirkung auf den Körper. Die sprunghafte Immobilisation soll

Körperschaden durch äusserliche Einwirkung minimieren - bspw. bei einem Motorradunfall oder bei Schlageinwirkung im Kampfsport, kann eine solche maximale Blitzanspannung die Verletzung der Eingeweide verhindern. Diese angeborenen Reflexe und Affekthandlungen dienen der individuellen Sicherheit und körperlichen Unversehrtheit: Wer gestoßen wird, hält unmittelbar dagegen – da ist der normale Reflex, doch kann man lernen, diesen Gegendruck unmittelbar wieder zu lösen und eine willkürliche Aktivität zu vollziehen, wie man dies bei den Kampfkünste sieht: In den Kampfkünsten verwendet man gezielt die Kraft des Gegners und lenkt diese zu seinen eigenen Gunsten um. Dabei setzt man gezielt einen Impuls, in Erwartung an einen Gegenimpuls, mit welchem man dann die Dysbalance des Gegners provoziert - Druck erzeugt schließlich immer Gegendruck! Doch muss man diesem angeborenen Mechanismus nicht stetig ausgeliefert sein, sondern kann lernen, sensibler auf eingehende Reize und Impulse zu reagieren und diese leichter abzufedern.

Eine Affekthandlung kann also angeboren (als Schutz der körperlichen Unversehrtheit) sowie anerzogen (als Ausdruck eines gewohnten Verhaltens) sein. «Angeborene Reflexe» und Affekthandlungen dürfen ausgeprägt werden, während es sinnvoll ist, die «anerzogenen Affekthandlungen» einer genauen Prüfung zu unterziehen – und gegebenenfalls zu ändern oder zu lernen, diese nur in einem bestimmten Kontext auszulösen. Wenn man die Reaktion auf ein Schlüsselereignis verändern und damit das Gefühl der Sicherheit und Kontrolle trainieren will (Kompetenzerwartungstrainings), indem man die Stressantwort trainiert - im

Minimum einen idealeren Umgang damit erlernt - kann eine Affekthandlung gehemmt werden. Mittels einer Wenn-Dann-Verknüpfung (Mentales Kontrastrieren) erstellt man eine Coping-Strategie - ein Handlungsprotokoll - als Antwort auf ein Schlüsselereignis. Umfeldeinflüsse (Reize) wie ein Triggerwort oder bestimmte Handlungen einer Person, aber auch ein körperliches Signal - ein sogenannter somatischer Marker – sind Signalgeber für die Einleitung einer Konterhandlung, basierend auf einem Wenn-Dann-Szenario.

Impulskontrolle

Der kleinste Schritt den man machen kann, ist KEIN Schritt – nicht immer braucht es eine Handlung. Schon gar nicht, wenn man ein bestimmtes Verhalten verändern möchte. Um ein unliebsam gewordenes - meist selbstsabotierendes - Verhaltensmuster durchbrechen und ein selbstbestärkendes Verhaltensmuster aneignen, muss als erstes die Reizreaktionskette durchbrochen werden, indem man die bisherige Reaktion auf den jeweiligen Auslöser unterbindet. Dieser Impulskontrolle voraus geht für gewöhnlich das Schlüsselereignis und bei einer Bedrohung, die damit einhergehende Schutz-Immobilisation. In dem Sinne verfügt der Mensch bereits über eine naturgegebene Impulskontrolle.

Ist die betroffene Person solche Stressmomente gewohnt, durchbricht sie mittels erlernter Copingstrategie (anerzogenes und trainiertes Verhalten) diese Immobilisation wieder, sofern diese Affekthandlung möglich ist. Dies ist nicht der Fall, wenn die betroffene Person in ihrer Handlung eingeschränkt und gehemmt wird und sich ein Gefühl der Handlungsunfähigkeit einstellt. Wenn Kampf oder Flucht nicht möglich sind, setzt sich diese Schutz-Immobilisation fest – wenn diese über längere Zeit anhält, spricht man von chronischer Verspannung.

Die Neurowissenschaft kommt zum Schluss, dass sich der Mensch evolutionär entwickelt hat, weil er lernte, seine Affekte (System-1-Denken) zu kontrollieren und Kooperationen mit seinen Mitmenschen einzugehen. Das Großhirn (System-2-Denken) übernahm die für ein soziales Miteinander unverzichtbare Aufgabe, die Impulse zu kontrollieren und gezielt zu lenken, indem es die affektiven Gehirnareale inhibiert - sie in ihrer Aktivität und Impulsivität hemmt. Das Stammhirn ist entwicklungsgeschichtlich der älteste Teil des Gehirns. Es steuert die überlebenswichtigen Funktionen wie Atmung, Blutdruck und die Reflexe Immobilisation, Kampf und Flucht.

Die Reizüberflutung und stetige Ablenkung ist dafür verantwortlich, dass die mentale Energie für die Impulskontrolle und die Hemmung von Affekthandlungen fehlt. Genau genommen ist es der ständige Wechsel der Aufmerksamkeit und das ständige Reagieren auf die äusserlichen Reize das Problem, nicht die Reize selbst. Ein adäquates Stressmanagement beginnt somit damit, zum einen die Reize zu reduzieren, zum anderen die Regeration zu fördern und damit die Konzentration und Fähigkeit zur Refokussierung zu schulen - damit klappt es auch wieder mit der Impulskontrolle. Hilfreich um die einwirkenden Reize auszublenden, ist den Fokus auf ein gewünschtes Objekt zu konzentrieren. Dabei ist es nicht wichtig, ob dieser

Fokus im aussen (Blickpunkt) oder innerlich (Beobachtung der Ausatmung) ist, solange man es schafft, diesen Fokus auch bei Ablenkung aufrechtzuerhalten und sich immer wieder darauf zu konzentrieren – das nennt sich Re-Fokussierung.

Wenn man beispielsweise eine Pause macht, dann ist es wichtig, die Reizstimulation zu minimieren: Keine Smartphones, keine E-Mails, keine Gespräche und Zigaretten, sondern idealerweise eine monotone Aktivität zu vollziehen. Es dient der Regeneration, wenn man eine Handlung tut, welche einen hohen Grad an Konzentration erfordert, bspw. Jonglieren. Es hilft dabei, wenn man stets einen Timer nutzt und eine klare Zeitangabe für die aktive Regeneration fixiert. So trainiert man das Gehirn auf die aktive Regenerationsphase, wie es auch die Zeitmanagement-Technik «Pomodoro» von Francesco Cirillo beabsichtigt. Klare Zeitangaben helfen, den Ablenkungen zu widerstehen, indem man genau sagt, bis wann man die regenerative Übung machen will und wie diese explizit vollzogen werden kann - und es dann auch tatsächlich tut, bis der Timer den Schluss verkündet.

Die Wahrnehmung

Wahrnehmung im engeren biologischen Sinn ist der Prozess der Aufnahme und Verarbeitung von sensorischen Informationen bzw. Reizen durch die Sinnesorgane. Im erweiterten, physiologischen Sinn umfasst der Begriff Wahrnehmung zusätzlich die Interpretation und Weiterverarbeitung (Prozessierung) von Sinnesreizen. Sinneszellen oder Proteinkomplexe nehmen chemische oder physikalische Reize auf, wandeln sie in ein elektrisches Signal um und leiten es an das zentrale Nervensystem (ZNS) weiter. Das Gehirn und das Rückenmark verarbeiten die Informationen und formulieren daraufhin eine Antwort an den menschlichen Organismus. Im Gegensatz zu den Sinnes-Wahrnehmungen ist die Sensibilität nicht an ein Sinnesorgan gebunden, sondern beruht auf einem Netzwerk verschiedener Rezeptoren und freier Nerven-Endigungen, die nahezu über den ganzen Körper verteilt sind.

Die Wahrnehmungspsychologie beschäftigt sich mit dem subjektiven Anteil der Wahrnehmung, die im psychologischen Sinn ein selektiver Prozess ist, der sich vor allem auf die Informationsmenge richtet, die im Motivationskontext eines Individuums als relevant betrachtet wird. Achtsamkeit bzw. Mindfulness kann helfen, wichtige Signale des Körpers und der Umwelt, mit welcher der Mensch in ständiger Wechselwirkung steht, wahrzunehmen und die Informationen einzuordnen. Hier liegt der wesentliche Unterschied zwischen Achtsamkeitstraining und Mentaltraining. Mentaltraining im ursprünglichen Sinne meint die mentale Vorstellung von Bewegungen ohne deren tatsächliche Ausführung – das Aktivieren der neuromuskulären Verbindung und Stärkung des Bewegungspotenzials. Mentaltraining im engeren Sinne ist das gedankliche Durchspielen komplexer Handlungsabläufe. Mit dieser Imagination, respektive mentalem Probelauf, nehmen wir konstruktiv Einfluss auf Emotionen und Gefühle, Körperprozesse und Handlungen. Dabei kann man sich, je nach Bedarf auf unterschiedliche Aspekte im Hier und Jetzt, in der Vergangenheit oder in der Zukunft konzentrieren. Mentaltraining im weiteren Sinne meint ganz allgemein die Entwicklung hilfreicher geistiger

Einstellungen und psychischer Fähigkeiten – das sogenannte Mindset-Training oder die Ausbildung der Gewinner-Mentalität.

Achtsamkeit hingegen ist eine Haltung, die der Meditation zugrunde liegt und dafürsteht, mit dem Fokus im Hier und Jetzt zu sein, auf den Moment zu achten, ihn einfach wahrzunehmen - gewahr zu sein - ohne ihn zu bewerten. Genau diese Wertfreiheit und Absichtslosigkeit ist der Unterschied zum Mentaltraining und unterstützt dabei, sich von einer herausfordernden Situation zu distanzieren – dies kann helfen, den Kopf zwischendurch mal frei zu machen und sich verbunden zu fühlen. Doch wertfrei zu sein ist nicht so einfach wie es klingt. Wir neigen dazu, mit unseren Gedanken entweder in der Vergangenheit oder in der Zukunft zu verweilen, zu grübeln, zu zweifeln und Handlungspläne zu schmieden. Wir bewerten ständig und genau deshalb hilft es, wie im Mentaltraining mit klaren Fokuszielen zu arbeiten, bevor man sich an das reine Achtsamkeitstraining und Gewahrsein annähert.

Mindfulness und Mentaltraining können helfen, Stress abzubauen und das allgemeine Wohlbefinden zu fördern. Sie können helfen, Schlüsselmomente zu erkennen, die Impulskontrolle und Konzentration zu stärken und sich auf Lösungshandlungen auszurichten. Mentaltraining und Achtsamkeit sind also nicht dasselbe, sondern eher diametral entgegengesetzt. Beim Mentaltraining handelt man absichtsvoll und mit einem klaren Fokus, beim Achtsamkeitstraining absichtslos, beobachtend und gewahr-werdend.

Die Interozeption ist der Teil der Sensibilität, der Vorgänge aus dem Körperinneren erfasst. Die Interozeption lässt sich in zwei verschiedene Wahrnehmungsformen unterteilen: Die Propriozeption (1) nimmt Reize aus dem muskuloskelettalen System und der Haut auf, die der Bestimmung der Körperlage und Körperbewegung dienen. Sie wird zum größten Teil durch das somatische Nervensystem vermittelt. Die Viszerozeption (2) registriert Körpersignale aus den Organen. Sie werden über Afferenzen (aufsteigende Signale) des vegetativen Nervensystems zum ZNS geleitet. Das Gegenteil von Afferenzen sind Efferenzen, welche absteigende Signale - vom zentralen Nervensystem zum peripheren Nervensystem - bezeichnen. Die Interozeption als bewusste Wahrnehmung umfasst nur einen kleinen Teil der Informationen, die aus dem Körperinneren geliefert werden. Es kann aber davon ausgegangen werden, dass auch die unbewusst registrierten Reize direkt das allgemeine Befinden und die Stimmung beeinflussen.

Als Exterozeption bezeichnet man die Außenwahrnehmung eines Lebewesens, genauer gesagt die Aufnahme und Verarbeitung externer Reize und Sinneseindrücke. Die entsprechenden Rezeptoren heißen Exterozeptoren.

Die Sinneswahrnehmungen des Menschen umfassen:

- Visuelle Wahrnehmung (Sehen)
- Auditive Wahrnehmung (Hören)
- Gustatorische Wahrnehmung (Schmecken)
- Olfaktorische Wahrnehmung (Riechen)

- Vestibuläre Wahrnehmung (Gleichgewichtssinn – Wichtig für die Propriozeption)
- Sensibilität (Fühlen)
- Je nach Kontext ist es schwierig, eine klare begriffliche Abgrenzung zur Oberflächensensibilität und Tiefensensibilität zu formulieren. Man kann zwei Formen der Oberflächensensibilität unterscheiden, die wichtige Aspekte der Exterozeption darstellen:
- Protopathische Sensibilität: Schmerz und Temperatur
- Epikritische Sensibilität: Berührung, Druck und Vibration

Körperorientierte Trainings- und Therapiemethoden schulen die Selbstwahrnehmung ihrer Klientinnen und Klienten durch diverse sensorische Reize. So können besonders Massagen gesundheitsfördernde Wirkungen entwickeln. Auch das Mentaltraining umfasst bestenfalls sämtliche Sinnes-Informationen zur Konditionierung eines idealen Verhaltensrepertoire.

Die Introspektion, oder auch Selbstbeobachtung genannt, ist die allgemeine Bezeichnung für jede Aktivität, die auf innere Erfahrungen gerichtet ist. Selbstwahrnehmung ist die spezielle Bezeichnung für Erfahrungen hinsichtlich der besonderen Qualitäten der eigenen Person, der Persönlichkeit oder des Selbst. Im Grunde konzentriert sich die Introspektion also auf „das Beobachten und Analysieren eigener psychischer Vorgänge“. Man beobachtet dabei etwa das eigene Bewusstsein, Fühlen, Denken und Handeln. Die Selbstbeobachtung ist zusammen mit der Selbstwahrnehmung für die eigene Bewusstseinsbildung und das

Selbstbewusstsein unentbehrlich. Daher ist die Schulung der Introspektion ein wichtiger Aspekt in der Meditation, der Philosophie und auch der Psychologie (z. B. bei psychotherapeutischen Verfahren).

Die Aktivierungssteuerung stärkt eine Art «neutralen Position» (losgelöst von der Immobilisation des Schlüsselmoments und doch geöffnet für die Zielhandlung) und steht gleichwertig für die Zone der idealen Leistungsfähigkeit, woraus erst die adäquaten, zielgerichteten Handlungen hervorgehen können. Nur wer sich vom Alten löst, kann das Neue erwirken. Metaphorisch gesprochen: Wie beim Gangwechsel im Auto, kann der zweite Gang nur eingelegt werden, wenn man sich vom ersten Gang löst, indem man die Kupplung betätigt.

Wer emotional erregt ist und Wut, Empörung oder auch zu viel Angst verspürt, kann nicht objektiv denken und handeln und muss als Zwischenschritt die neutrale Position über die Basisaktivierung einnehmen können. Die Wirksamkeit dieser aktiven Stressintervention bestimmt über den weiteren Verlauf und die Umsetzbarkeit der konfliktlösenden Zielhandlung. Man bedenke dabei, dass man die Selbststeuerung immer nur dann benötigt, wenn man emotional erregt ist, nicht wenn alles nach seinen Erwartungen und Vorstellungen verläuft. Sprich, die Selbststeuerungskompetenz benötigt man immer dann, wenn es hart auf hart kommt und die Ereignisse nicht nach unseren Vorstellungen verlaufen – wenn der neuronale Aggressionsapparat aktiviert ist! So sind nicht die Lebensumstände an sich das Problem, sondern die dadurch aktivierten Emotionen und Gefühle, welche reguliert werden müssen. Mental starke und resiliente Menschen gehen selbstbestärkend mit ihren Wahrnehmungen um, weil sie sich ihnen zu stellen gelernt haben und sie nicht mehr verdrängen.

Das Polaritätsprinzip: Entspannung durch Anspannung

Bei der 1934 an der Harvard University entwickelten progressiven Muskelentspannung nach dem Physiologen Edmund Jacobson - auch progressive Muskelrelaxation, PMR oder Tiefenmuskelentspannung genannt - handelt es sich um ein Verfahren, bei dem durch die willentliche und bewusste An- und Entspannung bestimmter Muskelgruppen ein Zustand tiefer Entspannung des ganzen Körpers erreicht werden soll. Dabei werden nacheinander die einzelnen Muskelpartien in einer bestimmten Reihenfolge (Hände, Arme, Schultern, Rücken, Gesicht, Brust, Bauch, Beine) progressiv, also fortschreitend angespannt. Die Spannung wird ca. fünf bis sieben Sekunden gehalten und anschließend sofort und vollständig gelöst. Die Konzentration der Person wird dabei auf den Wechsel zwischen Anspannung und Entspannung gerichtet und auf die Empfindungen, die mit diesen unterschiedlichen Zuständen einhergehen. Ziel des Verfahrens ist eine Senkung der Muskelspannung unter das normale Niveau, indem erst die Maximalspannung vollzogen wird. Mit der Zeit lernt die Person, muskuläre Entspannung herbeizuführen, wann immer sie dies möchte – und vor allem - mit regelmässiger Praxis - irgendwann durch blosses «sich-darauf-konzentrieren» und ohne die tatsächliche Anspannung tatsächlich zu vollziehen - ein neuronales Erlebnismuster wurde erfolgreich gebahnt!

Zudem können durch die Entspannung der Muskulatur auch andere Zeichen körperlicher Unruhe oder Erregung reduziert werden, wie beispielsweise Herzklopfen, Schwitzen oder Zittern. Darüber hinaus können Muskelverspannungen aufgespürt und gelockert und damit Schmerzzustände verringert werden. Aber auch seelische Verspannungen können sich lösen und so in einem anderen Rahmen betrachtet werden. Die Entspannung macht dem Körper sozusagen klar, dass alles gar nicht so schlimm ist und sich auch die Psyche entspannen kann. Somit wird die Biologie zur Psychologie.

Die progressive Muskelrelaxation zählt zu den körperlichen Entspannungsmethoden, während autogenes Training, Meditationen, Fantasiereisen sowie Körperreisen etc. zu den mentalen Entspannungsmethoden gehören. Natürlich ist auch eine Kombination zwischen den beiden Methoden möglich. Beim PMR wird jedoch der Fokus vor allem auf die effektive An- und Entspannung der einzelnen Muskelgruppen gelegt, während Autosuggestionen und bildliche Vorstellungen eher in den Hintergrund treten. Die progressive Muskelentspannung ist eine sehr wirkungsvolle Form der Entspannungs-Intervention. Grundsätzlich kann jedoch jede monotone Tätigkeit durch ihre gleichförmige, ruhige, vielleicht auch routinierte oder ritualisierte Abfolge einen Zugang zur Entspannung verschaffen. Egal, ob es das Joggen, Spazierengehen, Sonnenbaden, Angeln oder Lesen ist. All das kann uns zu einem gewissen inneren Ruhezustand verhelfen. Dabei ist es wichtig zu wissen, dass je stärker eine Unruhe oder Erregung (Angstaktivierung) verspürt wird, desto intensiver die Konterintervention sein muss - die PMR ist dazu super geeignet!

Die physiologischen Grundlagen

Um eine Entspannungstechnik richtig und wirkungsvoll anwenden zu können, ist es notwendig zu verstehen, welche physiologischen Vorgänge bei Stress- und Entspannungsreaktionen im Körper ablaufen. Das vegetative Nervensystem befindet sich beim gesunden Menschen - abgesehen von den natürlichen Schwankungen - im Gleichgewicht. Dieser ausgeglichene Mix zwischen Anspannung und Entspannung zeigt sich in der Herzratenvariabilität (HRV). Unter HRV wird die Variation der Zeitintervalle aufeinanderfolgender Herzschläge verstanden. Ein regelmässiger Ruhepuls wird als gesund beurteilt. Ist er hingegen zu starr, weist dies auf einen krankhaften Zustand hin. Im Gegensatz zu Herzrhythmusstörungen handelt es sich bei der HRV um eine gesunde Unregelmäßigkeit! Das zeitliche Einsetzen dieser leicht unregelmäßigen Herzschlagrate erfolgt beim gesunden Menschen mit höchster Präzision im Millisekundenbereich, als Resultat einer komplexen zentralen Verarbeitung von physischen und psychischen Anforderungen.

Die Herzfrequenz wird vom vegetativen Nervensystem (VNS, Parasympathikus/Sympathikus) gesteuert. Das VNS reagiert so auf körperliche Aktivität, Stress, Entspannung, Erholung, und Schlaf und regelt seine Stoffwechselvorgänge selbständig. Die HRV gilt mittlerweile als integrativer Marker für mentale und körperliche Gesundheit und eignet sich damit als ideales psychosomatisches Untersuchungsinstrument.

Willentlich beeinflussbar ist das vegetative-autonome Nervensystem nur über die Atmung. Das heißt, man kann die Systeme nicht direkt von aussen einwirkend verändern, um beispielsweise die Verdauung oder den Stoffwechsel zu beeinflussen, sondern kann über die Länge und Intensität der Ein- und Ausatmung bewusst – jedoch indirekt - darauf einwirken. Anatomisch sind Atmung und Herz-Kreislauf-System eng miteinander verwoben, was bewirkt, dass mit einer Senkung der Atemfrequenz auch die Herzfrequenz sinken wird.

Unser Atemtrakt besteht aus Nase, Rachen, Kehlkopf, Luftröhre, Bronchien und Lunge. Der Sauerstoff, den wir mit der Luft einatmen, ist Voraussetzung für das Leben jeder einzelnen Körperzelle und für die Arbeit unserer Muskeln. Durchschnittlich 19'000 Liter Luft atmet der Mensch täglich ein und wieder aus, nimmt dabei den lebensnotwendigen Sauerstoff auf und stößt das aus der Energiegewinnung entstehende Kohlendioxid aus. Rein wissenschaftlich betrachtet besteht unsere Atemluft aus einem komplexen Gasgemisch (Stickstoff, Sauerstoff, Argon, Kohlendioxid, Helium usw.). Andererseits gibt es aber auch den "universellen Anteil" des Atems, den die alten Inder Prana nannten. Häufig tauchen in diesem Zusammenhang auch Begriffe wie Lebensenergie, Lebenselixier, Urenergie, Ätherenergie, Lebenssubstanz usw. auf. Es ist letztlich der Stoff, aus dem alles in diesem Universum besteht - also auch wir Menschen. Der Atem ist ein Spiegel unserer selbst. Er beeinflusst bzw. spiegelt körperliche und seelische Komponenten wie Stimmung, Energie, Kraft, Ausdauer, Gefühle, Denkmuster, Blockaden und Ängste. Oft dominiert gerade in Stressphasen die flache Atmung, die unser Energieniveau niedrig hält. Hält dies über einen längeren Zeitraum an und wird gar chronisch, hat dies weitreichende Folgen: Verminderung der Schlafqualität, Konzentrationsschwäche, keine Kraft für anstehende Herausforderungen und freudvolle Erlebnisse im Hier und Jetzt sowie (Muskel-)Verspannungen. Gelingt es uns, vermehrt eine tiefe Atmung herbeizuführen, steigt das Energieniveau und wir können die genannten Faktoren neutralisieren.

Wenn von tiefer Atmung gesprochen wird, ist meist die Bauchatmung (auch Zwerchfellatmung genannt) gemeint. In der westlichen und östlichen Atemtherapie wird der Ausatmung besondere Bedeutung beigemessen, da sie für die Ausscheidung von seelischen und körperlichen Giftstoffen besonders wichtig ist. Oft wird deshalb bei einer Atemübung die Ausatmung betont, wodurch Ruhe und Entspannung einkehren, weil dadurch das parasympathische Nervensystem stimuliert wird. Bei der progressiven Muskelentspannung spielt die Atmung allerdings eine untergeordnete Rolle.

Die Ateminterventionen

Der Vorgang des Atmens scheint sehr simpel zu sein: Wir Menschen nutzen bei unserer aeroben Atmung einen Teil des in der Atemluft enthaltenen Sauerstoffs (O2) und atmen Kohlendioxid (CO2) aus. Normalerweise wird unser Atemprozess vom autonomen Nervensystem gesteuert – wir müssen zum Glück nicht in jedem Augenblick darüber nachdenken, ob, wann und wie wir atmen. Doch es wird schon interessant, wenn man bedenkt, dass das Atmen trotz seiner autonomen Kontrolle eben auch bewusst gesteuert werden kann. Bezogen auf die Atmung finden wir eine sensible Dynamik im Säure-Base-Ausgleich. Mittels Atemarbeit lässt sich der Anteil von Sauerstoff und Kohlendioxid im Blut relativ schnell beeinflussen. Was passiert, wenn wir die Luft anhalten?

Wenn man beispielsweise die Luft anhält, aktiviert man die sogenannte innere Atmung oder auch Zellatmung genannt - also der Gasaustausch (CO2 und O2) in den Körperzellen. Sammelt sich durch das Luftanhalten und aktivem Stoffwechsel vermehrt Kohlendioxid in der Lunge an, jedoch ohne die Zufuhr von frischer sauerstoffreicher Luft, fällt die Sättigung des Blut-O2 kontinuierlich ab - eine Sauerstoffarmut (Hypoxie) bildet sich aus. Mittels dieser einfachen und selbstkontrollierten Zustandsveränderungen, lassen sich mit wiederholtem Training erstaunliche Effekte beobachten, die Hinweise darauf geben, wie wir durch Atemtraining unser Immunsystem und unsere Leistungsfähigkeit positiv beeinflussen können. Lange bekannt sind in der Sportmedizin Trainingsformen, wie bspw. das simulierte Höhentraining, welches die Vorteile einer Hypoxie zu nutzen versuchen. Es hat sich gezeigt, dass die Nutzbarmachung von gezielten Anpassungsmechanismen des Körpers viele positive Auswirkungen haben. Nicht zuletzt ist hier die intermittierende Hypoxie in Form der Intervall-Hypoxie-Hyperoxie-Therapie zu nennen, welche das zu atmende Gasgemisch alternierend verändert und somit zwischen Sauerstoff-Unterversorgung und Sauerstoff-Überversorgung hin und er wechselt und die Zellaktivität (Mitochondrien) zu erhöhen versucht.

Atemarbeit umfasst verschiedene Praktiken zur Regulierung der Atmung, insbesondere zur Förderung der geistigen, emotionalen und körperlichen Gesundheit. Diese Techniken haben sich weltweit mit komplexen historischen Wurzeln aus verschiedenen Traditionen wie dem Yoga (z.B. abwechselnde Nasenlochatmung) und dem tibetischen Buddhismus (z.B. Tummo-Atmung) zusammen mit psychedelischen Gemeinschaften (z.B. bewusst verbundene Atmung) und wissenschaftlichen / medizinischen Forschern und Praktikern (z.B. kohärente / resonante Frequenzatmung) entwickelt. In jüngster Zeit hat die Atemarbeit im Westen aufgrund ihrer vermuteten positiven Auswirkungen auf Gesundheit und Wohlbefinden an öffentlicher Aufmerksamkeit und Popularität gewonnen. Nicht zuletzt wegen des Biohacking-Trends und Menschen wie Wim Hof (The Ice Man).

Kontrollierte Atemübungen haben sich als potente Werkzeuge für Stressbewältigung und Wohlbefinden erwiesen. Atemübungen können helfen, akute Stressaktivierungen abzubauen, die meditative Achtsamkeit zu schulen und neuroplastische Veränderungen anzuregen. Aus diesem Grund sind atembasierte Strategien ein wirksames Mittel, um schnell ein Gefühl der Ruhe und Entspannung zu erreichen - doch genauso um sich gezielt zu aktivieren und das Stresslevel anzuheben. Eine gezielte Atemtechnik hilft auch, sich für bestimmte Wahrnehmungen, Emotionen und Gefühle zu öffnen und einen entspannteren Umgang damit zu erlernen (bspw. Holotropes Atmen). Atemübungen können helfen, die Konzentration zu verbessern und das Erregungs- bzw. Aktivierungsniveau gezielt zu regulieren – so sind gezielte Ateminterventionen ein wesentlicher Bestandteil der Basisaktivierung.

Stress-Reaktions-Dysfunktionen in Verbindung mit reduzierter ANS-Aktivität und niedriger HRV treten häufig bei Stress, Angst und Depression auf. Dies könnte erklären, warum Techniken wie HRV-Biofeedback hilfreich sein können, aber es ist möglich, dass eine einfache langsame Stimulation der Atmung mit etwa 5-6 Atemzügen pro Minute, die keine Überwachungsgeräte erfordert, ähnlich überzeugende Effekte hervorrufen kann. Die Polyvagal-Theorie postuliert beispielsweise, dass die Vagusnerven die Hauptkanäle für die bidirektionale Kommunikation zwischen Körper und Gehirn sind. Körperliches Feedback hat tiefgreifende Auswirkungen auf mentale Zustände, da 80 % der Vagusnervenfasern Botschaften vom Körper an das Gehirn weiterleiten (afferente Fasern). Darüber hinaus besagen neurophysiologische Theorien, dass ein hoher Vagustonus mit verbesserter Gesundheit sowie emotionalen und kognitiven Funktionen verbunden ist. Der Vagusnerv ist der Hauptweg des parasympathischen Nervensystems und eine hohe HRV weist auf eine erhöhte parasympathische Aktivität hin – dies ist der Vagustonus!

Eine Anpassung der Atmung verändert die Botschaften, die vom Atmungssystem gesendet werden, und beeinflusst schnell die Bereiche des Gehirns, die Verhalten, Denken und Emotionen regulieren. Ebenso kann die Atmung die elektrische Aktivität des Gehirns beeinflussen, wobei eine langsame Atmung zu einer Synchronisierung der Gehirnwellen führt, wodurch verschiedene Gehirnregionen effektiver kommunizieren können. Es wurde beobachtet, dass erfahrene Praktizierende der buddhistischen Langzeitmeditation, Zustände erreichen können, in denen die Gehirnwellen kontinuierlich synchronisiert sind.

Grundsätzlich steigt bzw. sinkt die Herzfrequenz beim Ein- und Ausatmen. Eine höhere HRV, verursacht durch respiratorische Sinusarrhythmie (Anpassung der HRV an die Atmung), ist in der Regel vorteilhaft, da es zu robusten Reaktionen auf Veränderungen in der Atmung und damit zu einem widerstandsfähigeren Stress-Reaktionssystem führt □ gezielte stressige Atemübungen sind wie eine Stressimpfung und schulen die Leistungsfähigkeit und Widerstandskraft des menschlichen Organismus.

Atemübungen können auf verschiedene Art und Weise durchgeführt werden, am effektivsten ist jedoch die Kontrolle der Atemfrequenz. Im Idealfall sollte die Ein- und Ausatmung gleich lang sein, um einen ruhigen Atemrhythmus beizubehalten - das ist die Boxatmung. Sie hilft aber nur bedingt, wenn bereits ein hohes Erregungsniveau erreicht ist.

Eine randomisierte, kontrollierte Studie im Jahr 2023 untersuchte drei verschiedene tägliche 5-minütige Atemübungen im Vergleich zu einer entsprechenden Zeit der Achtsamkeitsmeditation über einen Zeitraum von einem Monat. Die Atemübungen waren Zyklisches Seufzen (1) mit dem Schwerpunkt auf die verlängerte Ausatmung, die Boxatmung (2) mit gleicher Dauer von Einatmung, Atemanhalten und Ausatmung und die Zyklische Hyperventilation (3) mit Retention und längerer Einatmung sowie kürzerer Ausatmung. Die primären

Prüfpunkte der Studie waren eine Verbesserung der Stimmung und der Angst sowie eine Verringerung der physiologischen Erregung (Atemfrequenz, Herzfrequenz und Herzfrequenzvariabilität). Unter Verwendung eines Modells mit gemischten Effekten konnte gezeigt werden, dass Atemarbeit - insbesondere zyklisches, auf die Ausatmung fokussiertes Seufzen - im Vergleich zur Achtsamkeitsmeditation zu einer signifikanten Verbesserung der Stimmung und einer signifikanten Reduktion der Atemfrequenz führte. Täglich fünf Minuten zyklisches Seufzen ist eine vielversprechende Übung zur präventiven Stressbewältigung - aber auch zur gezielten Intervention bei einem akuten Stressmoment.

Der physiologische Seufzer

Ein Seufzer ist ein angeborener Regulationsmechanismus. Neue Erkenntnisse der Neurowissenschaft gehen davon aus, dass dieses Atemmuster mehr ist als eine simple Reaktion auf Stress. Es wird angenommen, dass es auch zur Regulation des emotionalen Gleichgewichts beiträgt. Das zyklische Seufzen orientiert sich diesem angeborenen Regulationsmuster und kopiert es: Dieser «Physiologische Seufzer» bezeichnet ein spezielles Atemmuster, das normalerweise in Reaktion auf Stresssituationen oder emotional belastende Situationen als wirkungsvolle und willentliche Intervention dient. Der willkürliche «Physiologische Seufzer» besteht aus einem maximalen und doppelten Einatmen (Double-Inhale), gefolgt von kurzem Atemhalten und einer verlängerten, verzögerten Ausatmung. Das Ausatmen soll über einige Sekunden anhalten und normalerweise deutlich tiefer sein als die übliche Ausatmung. Es wird angenommen, dass dieses Muster den Körper in einen Zustand der Entspannung versetzt und dadurch ebenfalls den emotionalen Zustand reguliert – Die Erhöhung des Vagustonus mittels des Seufzers kann zu einer erhöhten Aufmerksamkeit und Konzentrationsfähigkeit beitragen, aber auch dazu, gezielt dem Stress entgegenzuwirken. Der «Physiologische Seufzen» kann daher eine wertvolle Technik sein, um Emotionen unmittelbar zu regulieren und emotionales Wohlbefinden zu erreichen. Es ist eine wirksame Strategie, um Stress abzubauen und die emotionale Balance wieder herzustellen.

Die Unteratmung

Die Buteyko-Atmung ist eine Atemtechnik, die darauf abzielt, die Atmung zu verlangsamen und das Kohlendioxid (CO2) im Körper bewusst zu erhöhen. Sie basiert auf der Annahme, dass viele Menschen zu viel CO2 (Hyperventilation) ausatmen, was zu einer Reihe von gesundheitlichen Problemen führen kann. Bei der Buteyko-Atmung wird versucht, flache und ruhige Atemzüge durch die Nase zu nehmen, anstatt durch den Mund zu atmen. Dies soll dazu beitragen, den CO2-Spiegel im Körper zu erhöhen und die Sauerstoffaufnahme zu optimieren. Um Sauerstoff aufzunehmen benötigt man eine adäquate Menge an Kohledioxid. Die Technik beinhaltet auch das Halten des Atems für kurze Zeit nach dem Ausatmen, um den Körper dazu zu bringen, sich an höhere CO2-Werte anzupassen und damit die Kohlendioxid-Toleranz zu erhöhen, was die Fitness erhöhen kann. Es wird empfohlen, vor der Anwendung dieser Technik Rücksprache mit einem medizinischen Fachpersonal zu halten.

Die Buteyko Atmung ist eine reduzierende Atemtechnik, welche erst einmal eine Dysbalance provozieren soll. Im Sport wird diese Technik gerne auch zur Imitation eines Höhentrainings genutzt, um damit eine Leistungssteigerung zu bewirken – dabei wird mit reduzierter Atemluft trainiert und dadurch die Hypoxie (Sauerstoffarmut) und ein Kohlendioxid-Überschuss erzeugt. Die Technik kann angeblich sogar helfen, schwerwiegende Atemprobleme wie Asthma oder chronische Bronchitis zu lindern. Die Buteyko Atmung ist eine einfach auszuführende Atemtechnik, die Menschen aller Altersgruppen lernen und anwenden können. Der Fokus dieser Atemtechnik liegt auf dem Ausatmen, gefolgt von reduziertem Einatmen - man verspürt bei richtiger Anwendung einen stetigen Luftmangel - was dazu dienen kann, die Kohlendioxid-Toleranz (CO2) aufzubauen und dadurch leistungsfähiger zu werden. Oder in Stresssituationen einfach ruhiger zu bleiben, denn CO2 weitet die Gefäße und genau dieses CO2 wird durch das reduzierte Ventilieren im Körper gehalten.

Kohlendioxid ist eine Säure und dafür verantwortlich, dass der Atemreflex einsetzt, sobald das gewohnte Maß an Kohlendioxid im Blut überschritten wird – diese Schwelle zu erhöhen ist das explizite Trainingsziel der Buteyko-Atmung und vor allem dann dienlich, wenn ein flaches Atemmuster – oft aufgrund von Krankheit - vorherrscht. Der Hirnstamm, welcher für überlebenssichernde Massnahmen verantwortlich ist, meldet durch das ungewohnte CO2-Niveau Alarm. Je mehr CO2 wir im Körper aushalten, desto weniger atmen wir, was dazu führt, dass man weniger Sauerstoff aufnimmt und damit eine Hypoxie (Sauerstoffarmut im Blut) auftritt – kurzfristig kann dieser geringe Anteil an Sauerstoff die Wachstumshormone aktivieren und ist demnach gesundheitsfördern. Wirkungsvoller ist diesbezüglich aber die nachfolgend beschriebene Wim Hof Atmung. Dieses Training zur CO2-Toleranz-Erhöhung ist zwar unangenehm, doch genau deshalb auch sehr wirksam im therapeutischen Kontext. Denn wer lernt, sich in dieses unangenehme Empfinden von Lufthunger und Stressaktivierung zu entspannen, der wird resilienter und leistungsfähiger.

Die Überatmung

Die Wim Hof Atmung ist eine intensive Atemtechnik, die von der neurowissenschaftlichen Forschung vermehrt studiert wird. Sie basiert auf der buddhistischen Tummo-Atmung und auf dem kontrollierten und intensiven Ein- und Ausatmen, gefolgt von längerem Atemhalten mit entleerter Lunge. Durch das regelmäßige Praktizieren der Wim Hof Atmung können sich Menschen besser erholen, ihr Energieniveau steigern und ein Gefühl von Stärke und Klarheit gewinnen. Der Fokus dieser Atemtechnik liegt auf dem Überatmen - dem Hyperventilieren - was regulierend auf das System wirken kann, jedoch immer mit entsprechender Vorsicht und Vorbereitung zu genießen ist. Als Therapieform ist diese Atmung als Breathwork oder Holotropes Atmen bekannt, wobei in der Therapie durchgehend hyperventiliert wird, ohne die Haltepausen mit leerer Lunge, wie es bei der Wim Hof Methode zur Anwendung kommt. Die Atmung aktiviert diverse Empfindungen – von Glücksgefühlen bis hin zur Panik - was dabei helfen kann, die Angst vor solchen Reaktionen zu verlieren und gar unterdrückter Wut einen sozialverträglichen Ausdruck zu verleihen.

Wie bei der Buteyko-Variante wird auch bei der Wim Hof Atmung eine bewusste Dysbalance im System erzeugt, jedoch in einer anderen Art und Weise. Im Gegenzug zur Buteyko-Variante stößt man über das Hyperventilieren mehr CO2 aus als eigentlich nötig. Doch um Sauerstoff aufzunehmen, brauchen wir eine ideale Dosis CO2. Wird der Stress-Response und damit der Atemreflex dadurch nicht getriggert - da das Blut alkalisch wird und nur wenig Säure aufweist, welche den Atemreflex auslöst - können wir länger im Atem verharren und erzeugen damit ebenfalls eine Hypoxie – eine Sauerstoffarmut aufgrund wenig CO2 im Blut, was als kurzfristige Trainingswirkung gesundheitsfördernd sein kann. So werden vermehrt ''Wachstumshormone'' und ''Überlebens-Gene'' gebildet, welche dafürstehen, regenerative Prozesse, wie bspw. eine Zellerneuerung und das Muskelwachstum zu fördern. Die sogenannten Sirtuine stärken die Leistungs- und Widerstandskraft – auch Fasten hat diese regenerative Wirkung.

Die Wim Hof Atemtechnik ist wie die Buteyko-Atmung unangenehm in der Durchführung, doch genau deshalb auch sehr wirksam im therapeutischen Kontext. Auch hierbei gilt das Prinzip der Hormesis, denn wer lernt, sich unangenehmen Empfindungen – oftmals auch angstvolle Zustände – zu stellen und sich in sie zu entspannen, der wird resilienter und leistungsfähiger. Wie bei der progressiven Muskelrelaxation erzeugt jede Atemarbeit einen überschwelligen

Wachstumsreiz - die maximale Anspannung - doch danach ist das Empfinden von Entspannung maximal groß.

Aufmerksamkeitssteuerung

Die Fähigkeit zur Fokussierung und Konzentration ist wahrscheinlich das wichtigste Erkennungsmerkmal mental starker und resilienter Menschen. Diese Kompetenzen helfen, Situationen und Ereignisse im Leben aktiv zu gestalten, anstatt sie passiv zu erleben. Gezieltes Fokussieren – und vor allem das Refokussieren, wenn man seinen Fokus verloren hat - hilft uns, mit schwierigen oder neuen Situationen besser umzugehen. Fokussierung, auch bekannt als Aufmerksamkeitslenkung, ermöglicht es uns, konzentriert und effektiv zu bleiben, während wir versuchen, unsere Ziele zu erreichen. Die Aufmerksamkeit willkürlich zu lenken hilft uns, Probleme im Detail zu erfassen und Lösungen zu finden. Fokussierung erfordert ein hohes Maß an Konzentration. Es geht darum, das Wesentliche vom Unwesentlichen zu trennen und sich auf die Lösung, anstelle des Problems zu konzentrieren - und dies auch unter widrigen Umständen beizubehalten!

Es ist für die erfolgreiche Selbststeuerung und aktive Gestalten des Wohlbefindens unverzichtbar, diese Konzentrationsfähigkeit zu entwickeln und konsequent zu trainieren. Fokussierung ist eine wertvolle Fähigkeit, die uns hilft, sämtliche Zielhandlungen zu lancieren und dabei stets ein Gefühl der Klarheit sicherzustellen. Die effektive Aufmerksamkeitssteuerung stärkt die psychische Gesundheit und hilft, mehr Widerstandsfähigkeit zu entwickeln.

Die Imagination

Oft werden die beiden Begriffe Imagination und Visualisierung gleichbedeutend verwendet, doch bezieht sich Visualisieren ausschliesslich auf das Bildhafte und Visuelle - doch das Sehen ist bloss ein Teilaspekt der Imagination. Andere Aspekte, insbesondere kinästhetische als auch emotionale Aspekte, sind für die Wirksamkeit der Imagination ebenso wichtig, wie der visuelle Aspekt: «Sieh deine Zukunft, sei deine Zukunft!» meinte schon Joe Namath, ehemaliger Quaterback der New York Jets. Und der deutsche Coach Dieter Lange postuliert: «Du musst heute sein, was du morgen werden willst!»

Alle gängigen sportpsychologischen Schriften fordern zur Nutzung der Vorstellungskraft auf. Auch die Erfolgsliteratur erwähnt die imaginierte, auf das Ideal ausgerichtete Zukunft. Typisch ist die Aussage von Gould und Damarjian, welche zur Leistungspsychologie forschten und sagten:
«Zunächst einmal möchten wir klarstellen, dass wir an die Macht der Vorstellungskraft und an ihre Bedeutung für die Verbesserung der (sportlichen) Leistung glauben. Wie wir wissen, hat die Forschung eindeutig nachgewiesen, dass Vorstellungen ein wirksamer sportpsychologischer Veränderungsmechanismus sind.»

Vorstellungskraft ist nicht nur von Nutzen, wenn es um die Idealisierung der Zukunft geht, sondern auch für die Beeinflussung von Angst und des Erregungsniveaus. Sie kann der Aktivierung und der Entspannung dienen und kann helfen, das Selbstvertrauen und die Motivation zu stärken - und zwar oft auf nichtspezifische Weise. Es gilt, je lebendiger die mentalen Bilder, desto stärker das körperliche Erleben. Abgesehen von der Wichtigkeit der Vorstellungskraft bei der Entwicklung und beim Training von motorischen Fähigkeiten und Strategien, bieten sich noch weitere Möglichkeiten, mentale Vorstellungen zu nutzen: Bspw. im Rahmen der Zielsetzung, der Leistungserbringung (Handlung) und der Leistungsmotivation im Rahmen von Haltungszielen. Sie dienen also nicht bloss um Bewegungsabläufe und Handlungsprotokolle zu lernen, sondern auch um Emotionen zu aktivieren und zu kontrollieren sowie die Handlungsenergie mittels Aufmerksamkeitslenkung in die richtige Richtung zu lenken und sich daran zu orientieren. Doch auch um die Selbstwahrnehmung zu schulen: «Was fühle ich, wenn ich mir Folgendes vorstelle?» Doch genauso um mentales Krafttraining zu betreiben und regenerative und selbstheilende Prozess anzustossen.

Eine mentale Vorstellung - also ein Gedanke und damit ein elektromagnetischer Impuls – aktiviert eine biochemische Wirkung in Form von Emotionen und Stimmungen sowie ein physisch wahrnehmbares Bewegungspotenzial, welches aber nicht immer einen tatsächlichen Ausdruck finden muss - die Psychologie wird dadurch zur Biologie!
Wichtig zu wissen ist, dass die Vorstellungskraft sowohl positiv als auch negativ wirken kann, da innere Bilder assoziiert sind mit Erfahrungen und damit Erwartungen. Wenn ein visualisiertes Ziel nicht dem - oft unbewussten - Glaubensmuster entspricht, fördert das den Zweifel und damit die Negativspirale – dahinter verstecken sich oft unbewusste Zielkonflikte! Das Visualisierte fühlt sich falsch an und erscheint als unrealistisch und unerreichbar. Es ist also immer die Erwartungshaltung und der Glaube an die Wirkung, nicht das Bild alleine, was zählt - die Imagination kann den Glauben sowohl verstärken als auch schwächen (siehe auch: Mentales

Kontrastrieren). Gerade deshalb spricht man davon, dass mentale Bilder immer mit einer höheren Emotion wie bspw. Freude, Dankbarkeit und besonders der Stolz, gekoppelt werden sollte.

Die Selbsthypnose

Hypnose polarisiert – doch ist Hypnose nichts anderes als ein hoher Grad an Konzentration (eine Art der Trance). Man kann in Trance eintreten, indem man mit jemand anderem darauf hinarbeitet (Fremdinduzierte Hypnose), doch genauso kann man sich selbst in Trance versetzen (Selbstinduzierte Hypnose). Zwar ist eine selbstinduzierte Trance gewöhnlich nicht so tief wie eine fremdinduzierte, doch kann man viele Ergebnisse auch mit der Selbsthypnose schaffen. Meditation ist eine Form der Selbsthypnose, genauso wie repetitives Affirmieren, sprich die Selbstgespräche und das Rezitieren eines Mantras. Selbsthypnose kann hilfreich sein, Bewegungsabläufe zu verinnerlichen und Gefühlszustände zu aktivieren. Sämtliche Imaginationsübungen funktionierten am besten in einer Art der Trance – die entspannte Aufmerksamkeit ist der Schlüssel!

Entspannte Aufmerksamkeit - und damit eine starke Konzentration - erhöht die Plastizität des Gehirns. Der innere Kritiker wird durch die Entspannung gehemmt und Ablenkungen durch den Blick nach innen reduziert. Die Selbsthypnose ist eine ideale Basis für die Visualisierungsarbeit. Sie entspannt das Stress-System, erhöht den Vagustonus (Parasympathikus) und öffnet den Geist für die mentalen Interventionen. Alleine indem man sich auf einzelne Körperregionen fokussiert und sich vorstellt, diese zu entspannen, gleitet man sanft in einen tranceähnlichen Zustand. Während noch unerfahrene Praktizierende der «Progressiven Muskelrelaxation» in der ersten Phase stärker auf das System einwirken, indem sie die Muskelpartien tatsächlich anspannen, nutzen geübte Anwender dieser Methode nur noch die mentale Vorstellung um das Gefühl der Entspannung zu erfahren. Die neuronale Bahnung wurde nämlich durch das regelmäßige Üben der tatsächlichen Anspannung und Bewusstmachen der Entspannungswahrnehmungen, immer stärker ausgeprägt und die Sensibilität für den Zustand der Entspannung konnte gesteigert werden. So müssen Anfänger grobmotorischer einwirken als erfahrene Anwender, welche bereits über eine geschulte Wahrnehmung verfügen.

Eine einfache Technik zur Selbsthypnose und Aktivierung des mentalen Potenzials ist die Augenfixationsmethode nach James Braid, ein schottischer Chirurg und Hypnoseforscher. Sie gilt als eine der ältesten bekannten Verfahren und basiert auf physiologischen Beobachtungen. Bei der Augenfixationsmethode fixiert man einen Punkt, oberhalb der Augenhöhe - auf Stirnhöhe oder höher – genauso wie auch oft eine fremdinduzierte Hypnose eingeleitet wird. Man hält dabei den Kopf gerade und rollt nur die Augen nach oben auf den imaginierten Punkt, sodass die Augenmuskeln dabei ermüden. Dabei kann man zwei, drei Atemzüge nehmen und dann die Augen schließen, während man sie entspannt - man schließt dabei das Fenster zur Aussenwelt (Hemmung des sympathischen Tonus) und wendet sich der Innenwelt (Parasympathische Stimulation) zu. Dabei kann man zu sich selbst sagen: «Ich bin ruhig und entspannt!» Über das kontrollierte Öffnen und Schließen der Augen wird die Trance stufenweise vertieft und mit etwas Training (neuronale Bahnung) spürt man die stärker werdende Entspannungsreaktion. Damit das Gehirn die Zustandverschiebung erlernt, muss die Technik ausreichend geübt werden! Einmal gelernt ist sie eine wirkungsvolle Methode, um schnell einen entspannten Fokuszustand zu erreichen und die Zone der idealen Leistungsfähigkeit zu aktivieren. Generell bietet sich an die Blickfixation vor jeder Imaginationsübung und Vorstellungsarbeit zu setzen, um den bestmöglichen Effekt der Intensivierung von Vorstellungen über beide Gehirnhälften herbeizuführen - die Kohärenz der Gehirnhälften wird bestmöglich gefördert.

Die Visualisierung und der mentale Probelauf

Im Zusammenhang mit dem Begriff «Visualisierung» kommt unweigerlich auch das «klassische Mentaltraining» ins Spiel, zumal die Visualisierung dessen zentrale Komponente darstellt und die beiden Begriffe nur schwer voneinander zu trennen sind. Man spricht davon, dass da klassische Mentaltraining ursprünglich für die Raumfahrt entwickelt wurde. Die Astronauten versetzten sich gedanklich so oft und so intensiv in prognostizierte Situationen und trainierten das optimale Verhalten, bis die Verankerung im Gehirn (neuronale Bahnung) so stark war, dass die Astronauten im Ernstfall entsprechend (automatisch) reagieren konnten. Dass diese Technik bis heute funktioniert liegt daran, dass unser Gehirn nicht unterscheiden kann, ob wir etwas nur geistig durchleben oder es körperlich tatsächlich ausführen – was aber nicht heißt, dass man nicht mehr real trainieren muss, wenn man bestmögliche Ergebnisse erzielen möchte. Die Neurowissenschaft konnte zeigen, dass zwar gemeinsame Gehirnareale aktiviert werden, jedoch erst die Verbindung von Vorstellung mit der tatsächlichen Ausführung des Handlungsmusters das gewünschte Ergebnis erzielt. So ist es hilfreich, Bewegungs- und Handlungsmuster zu visualisieren, welche man im realen Leben tatsächlich bereits erlebt und ausgeführt hat. Optimaler sind die Ergebnisse, wenn man zur Visualisierung auch die physische Handlung tatsächlich ausführt und damit Mentales und Körperliches koppelt. Auf das physische Training kann demnach nie ganz verzichtet werden. Es kann aber in einer Verletzungspause zur Regeneration dienen und erzielt auch so messbare Effekte.

Häufig ist es so, dass besonders im Sport das physische Potenzial bereits weitestgehend ausgeschöpft ist und das mentale Leistungstraining trotzdem noch immer stark vernachlässigt wird. Es hat sich gezeigt, dass die besten Ergebnisse durch eine Kombination von körperlichem und mentalem Training erzielt werden. Und wie für das körperliche Training gilt auch für das mentale Training: Es muss regelmäßig trainiert werden, um optimale Effekte zu erzielen.

Visualisieren, oder eben Imagination (lat. imago = Bild) wird synonym mit Einbildung, Einbildungskraft, Fantasie, bildhaft anschaulichem Vorstellen etc. verwendet. Es wird darunter die Fähigkeit verstanden, sich nicht gegenwärtige Situationen, Vorgänge, Gegenstände und Personen mittels mentaler Vorstellung - als Bilder im Geiste - zu entwickeln oder sich an bereits Bekanntes zu erinnern und diese mit geistigem Auge glasklar wahrzunehmen – oder die dazu passende Erfahrung wiedererlebbar zu machen. Visualisieren bedeutet darum mehr als nur das «Sich-vorstellen» eines Bewegungsablaufs. Beim Visualisieren machen wir uns frei von Sprache und Begriffen und denken in Bildern. Die Vorstellungskraft ist dabei die ausschlaggebende Komponente, von welcher schon Albert Einstein gesagt haben soll, dass sie die mächtigste Kompetenz des Menschen sei, weil sie im Vergleich zum Wissen unbegrenzt wäre. Der Coachee vergegenwärtigt sich mittels Imagination ein Erlebnis, das er zukünftig machen will oder imaginiert eine Erfahrung, die er wiederholen möchte. Dazu sollen alle Sinne zur Verstärkung der inneren Bilder mit einbezogen werden (siehe auch Ressourcen-Reload).

Nicht nur das visuelle Vorstellen, sondern auch das Hören, das Riechen, die Kinästhetik und damit das Erleben von Bewegungen, Handlungen und Wirkungsweisen, fließen in dieses Zielbild und in die Imagination mit ein. Wenn wir anstelle des Verbs "vorstellen" die Formulierung «sich einbilden» verwenden, wird der Begriff «Imagination» greifbarer.

1. Observative Vorstellungsarbeit: Das observative Training ist eine spezielle Form des Technik- bzw. Taktiktrainings und beinhaltet das gezielte, planmäßige und wiederholte Beobachten einer Bewegung oder eines Bewegungsablaufes. Zur Demonstration dienen beispielsweise Vorbilder, Filme oder Bildreihen, welche die Zielhandlung zeigen und womit man die Handlungen durch Nachahmung lernen kann – dabei helfen die Spiegelneurone des Gehirns, welche von den italienischen

Neurophysiologen Giacomo Rizzolatti, Vittorio Gallese und Leonardo Fogassi in den 1990er Jahren entdeckt wurden und gemäss deren Aussage immer dann feuern, wenn man eine Bewegung auch nur beobachtet. Man braucht die Handlung gar nicht direkt auszuführen, denn durch das bloße Beobachten, werden auch beim Beobachter sämtliche Hirnareale aktiv, welche für die tatsächlichen Handlungen zuständig sind.

2. Verdeckte Vorstellungsarbeit: Bei der verdeckten Vorstellungsarbeit schaut der Trainierende sich selbst bei der Ausführung der Handlungen von aussen zu. Es ist, wie wenn er sich im Kino als Zuschauer auf der Leinwand verfolgt. Dieser Perspektivenwechsel kann neue Einsichten bringen. Der Trainierende sieht sich selbst bei der Ausführung der Zielhandlung aus der TV-Cam-Perspektive. Als Alternative zur Aussenkamera sieht der Trainierende seine Umgebung aus der Augenperspektive - die Body-Cam-Perspektive - während des Ausführens seiner Zielhandlung. Die TV-Cam kann auch dabei helfen, sich von dem persönlichen, emotionalen Erleben zu distanzieren, was besonders im therapeutischen Kontext hilfreich sein kann.

3. Ideomotorische Vorstellungsarbeit: Hierbei ist der Trainierende nicht bloss Zuschauer, sondern selbst der Hauptdarsteller. Er sieht also nicht von aussen zu, sondern erlebt, wie er die Zielhandlung tatsächlich ausführt. Das Erlebnis ist in diesem Fall mit ein wenig Übung einiges intensiver als das Beobachten von aussen, da man nebst dem rein

visuellen Kanal auch die Interozeption und Introspektion - Bewegungswahrnehmungen, Gefühle und Emotionen - direkt mitbekommt und diese körperlich spürt - Voraussetzung für diese Technik ist, dass der Trainierende die Zielhandlungen schon ziemlich genau kennt! Bei dieser Technik empfiehlt sich - wie auch bei den zuvor genannten - diese anfangs langsam und in Etappen auszuführen, bis die entsprechende Sicherheit gewährleistet ist und das «kinästhetische Erleben» tatsächlich spürbar wird. In dem Sinne ist dieses Training auch Forschungsarbeit – man forscht nach dem idealen Befinden. Bei wichtigen Passagen kann zudem der «mentale Film zur Zielhandlung» auch mehrmals rück- und wieder vorwärts gespult werden - die Vorstellungskraft kennt keine Grenzen. Je sinnlicher und lebhafter, desto (be-)greifbarer und erlebbarer das Ergebnis. Kurzgesagt konzentriert sich der Trainierende auf das kinästhetische Erleben während der Ausführung der Zielhandlung, ähnlich eines Bodyscans. Je intensiver eine Erfahrung war, desto besser kann das Empfinden wiedererlebt werden.

Zu Beginn einer (neuen) Handlungsvorstellung kommt in der Regel die visuelle Komponente am Stärksten zum Einsatz. Mit regelmässiger Visualisierungspraxis gewinnt dann der kinästhetische Aspekt mehr an Bedeutung. Die Kompetenz, Körper- und Bewegungsempfindungen bewusst anzusteuern und kontrollieren zu können wird gestärkt.

Das Verbalisieren und die klare Absichtsformulierung wirken beim Imaginieren der Zielhandlungen von

Anfang an unterstützend mit und hilft, das Bewusstsein für die Einzelheiten zu fördern. Bei geübten Anwendern stellen Worte später auch die Funktion eines Auslöseschalters dar. Das heißt, das Aussprechen oder denken eines einfachen Wortes oder Satzes (bspw. als Mantra: «Ich bin stark!»), reicht, um automatisch sensomotorische und biochemische Reaktionen in Gang zu setzen, ohne dass die ganze Situation bildlich bewusst von A-Z vorgestellt werden muss. Dieses Priming geht mit regelmässiger Übung wie auf Knopfdruck – oder eben, wie auf ein Schlagwort!

Unbegrenzte Möglichkeiten der Vorstellungsarbeit

Die Bereiche, in welchen die Visualisierungstechnik – nebst dem Trainieren eines konkreten Bewegungsablaufs – angewandt werden kann, sind beinahe grenzenlos:

- Entspannung: Beispielsweise durch das Vorstellen von entspannenden Bildern in einer Meditation (siehe Mentale Regeneration)
- Aktivierung: Steigerung des Erregungsniveaus, Verbesserung der neuromuskulären Verbindungen sowie Muskelkraft (siehe Mentales Krafttraining)
- Zielprogrammierung: Festigung des Erlebens der Zielhandlung und fühlen bei der Zielerreichung (Haltungsziel)
- Ressourcen-Ankerung: Wiederaktivierung des Erlebens einer erfolgreichen Situation aus der Vergangenheit (siehe Ressourcen-Reload)
- Abgrenzung / Defokussierung): Um sich nicht ablenken zu lassen blendet der Trainierende alle äusseren Störfaktoren aus - Verschwindenlassen

von Zuschauern, Gegnern, Lärm, schlechtem Wetter etc.

- Verarbeiten von Traumata: Hat jemand eine schmerzliche Erfahrung gemacht, können die entstanden Bilder und Gefühle positiv verändert werden, indem man ihnen eine andere Farbe und Lichtverhältnisse zuteilt, Stimmen verändert oder diese ein oder ausblendet. Dinge / Personen entfernt oder hinzufügt oder dem Schmerz oder der Angst eine Form zuteilt (bspw. Kugel) und diese "fallen lässt". Diese Arten der Visualisierung werden gerne in Traumatherapien angewendet. Aufgrund der veränderten Assoziationen (siehe auch Reframing) löst das neue Bild in Gehirn und Körper nun andere biochemische Wirkungen aus, was sich auf Gefühle, Gedanken und Handlungen auswirken wird.
- Verändern von Affekthandlungen: Die Angst blockiert die Handlungsfähigkeit. Dazu kann man sich das erfolgreiche Überwinden der Herausforderung visualisieren, indem man intensiv visualisiert, wie man die Angst handlungsspezifisch als Antrieb für die Zielerreichung zu nutzen weiss - man verdrängt die Angst nicht, sondern arbeitet mit ihr sehr bewusst.

Hierbei gilt zu erwähnen, dass unter Aktivierung des Angstzentrums (Starke Konzentration) im Gehirn das Gehirn ebenfalls plastisch wird (wie auch unter entspannter Hypnose). Das Gehirn im Alarmzustand lässt sich besonders gut verändern. Das bewusste Aktivieren der Angst, begleitet von Entspannungsinterventionen (wie es bspw. bei der Wing Wave Methode der Fall ist), kann hilfreich sein, um einen neuen Umgang mit der Angst zu lernen – dies nennt sich Expositionstherapie. Auch die Atemarbeit - als Beispiel das Holotrope Atmen - ist eine Art der Exposition, in deren Auswirkungen man sich zu entspannen lernt.

Die absichtsvolle Meditation und Mindfulness

Die Formulierung «Erinnerung an die Zukunft» ist für die absichtsvolle Meditation sehr bezeichnend, denn wer sein Ideal im Detail (Ziel, Verhalten zum Ziel und das Gefühl bei der Zielerreichung sowie bei Störfaktoren) kennt, kann wirkungsvoll mental trainieren und die neuronale Bahnung stärken. Beim mentalen Kreieren geht einer jeden Handlung eine klare Absicht und Zielvorstellung voraus. Wenn Menschen sich anspruchsvolle Ziele setzen und sich die starken positiven Gefühle vorstellen, die sich beim Erreichen des Ziels einstellen werden, wirken diese Zielvisionen befähigend und selbstbestärkend. In einer absichtsvollen Meditation kann man sehr effektiv Erinnerungen an zukünftige Erfolge entwickeln. Die Meditation im Sinne des Mentaltrainings ist also absichtsvoll und bezweckt, durch eine entspannte Aufmerksamkeit und gezieltes Imaginieren, eine gewünschte neuronale Zielbahnung zu vollziehen und das dazugehörige Verhalten mental zu speichern. Idealerweise nutzt man die Kraft der Worte und der inneren Bilder zur lebhaften Darstellung des Idealzustands - doch diese Imaginations-Kompetenz muss erst erlernt werden. Noch stärker kann ein emotionales Erleben gefestigt werden, wenn man den Körper ebenfalls miteinbezieht und den gewünschten Zustand an eine Position oder Bewegung koppelt, denn nicht jedem gelingt die bildliche Vorstellung bereits von Anfang an. Jedoch steigt die Kompetenz zur

Imagination mit tatsächlicher Handlungsausführung – und damit steigt auch das kinästhetische Erleben. Eine besondere Form der absichtsvollen Meditation ist der mentale Probelauf, welchen man oft bei Leistungssportlern sieht, wenn sie ihren perfekten Lauf, Sprung oder Schlag vor der eigentlichen Umsetzung visualisieren und die Handlung zum Ziel mental nochmals durchspielen. Besonders das Lernen von komplexen Anforderungen - wie bspw. das kunstvolle Turmspringen - erfordert eine ausgeprägte Vorstellungskraft und die Fähigkeit, das Handlungsmuster tatsächlich erlebbar zu machen und es zu verkörpern. Um den Effekt noch zu verstärken gibt es gar spezifische Trainingsmaschinen, welche die Turmspringer in die gewünschte Rotation bringen und sich damit der Sprung realitätsnah üben und neuronal konditionieren lässt. Diese Art des mentalen Probelaufs konzentriert sich nicht nur auf das bildliche Darstellen der Handlungsausführung, sondern auf das tatsächliche kinästhetische Erleben desselben.

Kinästhetisches Erleben ist besonders für die Perfektionierung einer sportlichen Technik von großer Wichtigkeit. Doch sollte es das Ziel eines jeden Trainierenden sein, mit der Kraft von Vorstellungsbildern eine gewünschte kinästhetische Reaktion auszulösen und sein emotionales Befinden aus eigener Kraft ansteuern zu können - das ist empirisches Erforschen, wie es den inneren Kampfkünsten zugrunde liegt. Man bestimmt, was man erleben möchte und überlässt das persönliche Erleben nicht dem Zufall und den Reizen der Aussenwelt (Reizreaktionskette). Ganz im Gegenteil, man schult das Embodiment mittels klarer Absichtsformulierung und Erinnerungen - wie beim Ressourcen-Reload

- und ausgeklügelten Vorstellungsbildern, wie beim Yiquan.

Der Psychologe Albert Bandura entwickelte eine Theorie zur Erklärung der Wirksamkeit kinästhetischer Bilder, welche besagt, dass kinästhetische Bilder Signale an die Muskeln senden, die auch bei der realen Ausführung der betreffenden Prozesse in Aktion treten (Bewegungspotenzial, oder auch prämotorischer Impuls). Dieses Erleben ist bedeutsam für die Bahnung des neuronalen Erlebnismusters und kann gezielt trainiert werden. Bandura war der Auffassung, dass Vorstellungsbilder einer Aktivität häufig von größerem Wert sind, als das tatsächliche physische Trainieren des betreffenden Vorgangs. Vorstellungsbilder kommen der Leistung zugute, weil sie eine adäquate kognitive Situation für die betreffende Aktivität schaffen, indem sie die Aufmerksamkeit von belastenden und störenden Gedanken auf nützliche Gedanken lenken und die wahrgenommene Selbstwirksamkeit stärken. Wie bereits erwähnt, ist auch das körperliche Training notwendig, doch ist der mentale Imaginationsprozess sicherlich gleichbedeutend.

Der Hypnosespezialist Donald R. Liggett fordert seine Klienten dazu auf, eine Leistung abzubilden (to image) und nicht einfach nur zu visualisieren (to imagine) - es sei der kleine, aber feine Unterschied! Das Abbilden lässt eine Leistung ganzheitlicher und in Zusammenhängen erlebbar werden. Kurze visuelle Handlungsschleifen sind dabei zu berücksichtigen. Gemäss dem Neurowissenschaftler Andrew Huberman sind Bild-Schleifen von weniger als 13 Sekunden ideal und diese sollten im Realtempo visualisiert werden. Angeblich kann man nur schwer einen Ablauf schneller visualisieren, als dass man ihn tatsächlich ausführen könne. Dies zeigt, dass Vorstellung und Ausführung klar miteinander gekoppelt sind.

Achtsamkeitsmeditation (Mindfulness)

Der absichtsvollen Meditation steht die Achtsamkeitsmeditation gegenüber, welche ebenfalls eine starke körperliche Komponente innehat - dieses Erleben jedoch nicht gesucht, sondern einfach zugelassen wird! Diese Meditation ist absichtslos und doch passiert ganz schön viel in den Praktizierenden. So erforscht die Neurowissenschaft die Wirkungsweisen der Meditation und kann in bildgebenden Verfahren nachweisen, dass sich das Gehirn dauerhaft verändern lässt - bspw. die Reduktion der Aktivierung der Amygdala bei depressiven Personen. Angeblich konnte man nachweisen, dass bei Langzeitmeditierenden gar die gesamte Amygdala in seiner Größe zurückgeht. Die Chancen stehen also gut, dass die Meditation schon bald eine anerkannte Therapieform sein wird. Ein Vorreiter des westlichen Meditation-Booms ist der Amerikaner Professor Jon Kabat-Zinn und sein achtwöchiges Achtsamkeitsprogramm Mindfulness-based-stress-reduction (MBSR), welcher die Meditation als eine therapeutische Form in die westliche Welt brachte und damit vom Hippie-Image befreite.

Selbstheilung mit Meditation

Gesundheit beginnt im Kopf, genauso die Schmerzempfindung. Erfahrende Meditierende nehmen den Schmerz bewusst wahr und entspannen sich mit zunehmendem Training in diesen Schmerz. Hirnareale wie die Insula sind kurzzeitig stark aktiviert, reduzieren diese Aktivierung aber schnell wieder, während ungeübte Meditierende eine gewisse Angst vor dem Schmerz verspüren (Schmerzerwartung) und deshalb die Schmerzareale aktiviert bleiben. Sich in den Schmerz zu entspannen scheint also eine gute Strategie zu sein, das Schmerzempfingen abzuschwächen. Die Meditation als Gesundheitswunder und Stresskiller wird uns die kommenden Jahre noch oft beschäftigen, denn immer mehr Studien verweisen auf die regenerierende und heilsame Wirkung der Meditation.

Zusammenfassend kann man heute klar sagen, dass sowohl die achtsame Meditation als auch die absichtsvolle Meditation - aka Mentaltraining - gezielt auf den Körper einwirkt, indem es den Cortisolanstieg in stressigen Zeiten hemmt, Entzündungswerte reduziert und die Zellalterung verlangsamt - gar die Zellstruktur verjüngt. Die Meditationsforschung zeigt Erstaunliches, so deutet immer mehr darauf hin, dass die Lebenserwartung eines Menschen von seiner psychomentalen Gesundheit abhängig ist. Meditation hat nachgewiesener Massen eine starke Wirkung auf das persönliche Wohlbefinden, indem sie Ruhe und Entspannung sowie Mitgefühl und das Gefühl von Verbundenheit stärkt.

Die Konzentration

Der Begriff Konzentration stammt vom lateinischen Wort «concentra» (= zusammen zum Mittelpunkt) ab. In der Psychologie versteht man unter Konzentration die gewollte Fokussierung der Aufmerksamkeit auf ein

Thema. Dieses Thema kann ein Ziel sein oder die Lösung einer Aufgabe. Konzentration ist also ein Teilbereich von Aufmerksamkeit. Konzentriert ist, wer sich über einen längeren Zeitraum auf eine begrenzte Aufgabe oder einen Gegenstand fokussieren kann. Konzentration ermöglicht es, die Ressourcen besser zu mobilisieren und bei sich zu bleiben, indem man den Fokus auf die regulierenden Handlungen lenkt. Wenn man konzentriert ist, ist es unwahrscheinlicher, dass man wichtige Informationen übersieht. Bei anhaltender Konzentration ist die Aufnahme- und Merkfähigkeit grösser und die Neuroplastizität erhöht.

Mentales Training basiert auf einem hohen Grad an Konzentration und Vorstellungskraft und fördert gezielt das Körperbewusstsein sowie die neuromuskuläre Verbindung und damit das Mind-Body-Teamwork. Die Konzentration fördert zugleich die Alpha-Wellen im Gehirn, welche bezeichnend für einen entspannten und meditativen Zustand sind. Nimmt die Konzentration wieder ab, reduzieren sich auch die Alpha-Wellen und es treten wieder vermehrt Beta-Wellen auf, welche für den Normalbetrieb des Gehirns stehen. So ist die meditative Versenkung abhängig vom Grad der Konzentration.

Es gibt einen visuellen Modus, der mit innerer Ruhe einhergeht und den Stresslevel verändern kann. Dieser nennt sich «Panoramablick», oder wird auch optischer Fluss genannt (Andrew Huberman, Neurowissenschaftler). Man kann die Konzentration erhöhen und regenerative Prozesse anstoßen, aber besonders dem Stress entgegenwirken, indem man den Blick zum Horizont oder in die Ferne schweifen lässt. So schaut man nicht lange an eine Stelle. Hält man den Kopf dabei ruhig, kann man den Blick weiten, so dass man bis an die Ränder des eigenen Blickfelds sehen kann – dies ist der divergente Fokus. Diese Art des Sehens dämpft einen Mechanismus im Hirnstamm, der an Wachsamkeit und Erregung beteiligt ist. Man kann also eine Stressreaktion tatsächlich ausschalten, indem man die Art und Weise ändert, wie man die Umgebung betrachtet (Panoramablick), unabhängig davon, was sich dort befindet. Der divergente Fokus hilft dabei, sich von der Ichbezogenheit zu distanzieren und das Gefühl von Verbundenheit zu fördern.

Doch genauso können wir uns uns selbst zuwenden und die Beobachtung der Ausatmung oder bestimmte Imaginationen dazu nutzen, gezielt auf das Gehirn und den Körper sowie das emotionale Erleben einzuwirken - die Psychologie wird zur Biologie – wie es bei der Flickfixation oder dem Cinema intern (Teil der Vagus-Meditation nach Gerd Schnack) beabsichtigt wird – dies ist der konvergente Fokus!

Fernöstliche Gesundheitslehren und Kampfkünste sind bekannt für ihre ganzheitliche Herangehensweise, die körperliche, mentale und emotionale Leistungsfähigkeit und Widerstandskraft zu stärken und die Unabhängigkeit von äusserlichen Faktoren zu trainieren. Ein sehr eindrückliches System dieser Künste ist das Yiquan, welches die mentale Stärke und Konzentration perfekt schult und einen überzeugendes Werkzeugkoffer bietet, das Körperbewusstsein und die psychomentale Gesundheit zu fördern. Yiquan ist das perfekte Mentaltraining und neurozentrierte Training, weshalb nachfolgend auf die Details dieser Kunst eingegangen werden soll.

Die mentale Regeneration

Untersuchungen über die Regulierung des Gleichgewichts zeigen, dass kompensierende Bewegungen laufend vom Gehirn gesteuert werden. Im Yiquan wird eine bestimmte Position eingehalten, die nicht nur eine verstärkte Gleichgewichtsregulierung, sondern auch ein Zusammenspiel der gesamten Muskulatur erfordert, was eine entsprechende Gehirnaktivität zur Folge hat. Wie wir bereits schon erfahren haben, scheint das Gehirn keinen wesentlichen Unterschied zwischen imaginierten und real ausgeführten Bewegungen zu machen, denn in beiden Fällen wird eine ähnliche neuronale Aktivität im Gehirn gemessen und annähernd analoge Reaktionen des vegetativen Nervensystems (Puls, Atmung, Herzfrequenz) registriert. Subjektiv befindet man sich während der Yiquan-Praxis in einem hohen Konzentrationszustand. Man sieht, ohne zu sehen und hört ohne zu hören. Der Körper bewegt sich kaum und der Geist beschränkt sich auf wenige, aber ausgeklügelte Vorstellungsinhalte. Kurzum, die äusseren Sinnesreize, die auf die Hirnrinde treffen, sind reduziert, bzw. werden nicht bewusst verarbeitet. Untersuchungen über den Einfluss von verschiedenen Meditationstechniken auf die Gehirnaktivität zeigen, dass sowohl langsame Alpha-Wellen und Beta-Wellen, also auch schnelle Gamma-Wellen in bestimmten Arealen des Gehirns auftreten. Auffallend dabei ist, dass diese Wellen eine höhere Stabilität als im normalen Wachzustand aufweisen - man nennt diesen Zustand Kohärenz!

Der gemeinsame Nenner ist im Synchronisationsgrad, also der Stabilität dieser Schwingungen, zu suchen. Diesen hohen Ordnungsgrad vermutet man beim Yiquan. Zudem wurde gezeigt, dass die beteiligten Gehirnareale sich in der Meditation nachhaltig verdicken und damit nachweisen, dass mit einer meditativen Praxis eine Anti-Aging-Wirkung einhergeht.

Das mentale Krafttraining

Durch bestimmte Körperstellungen und die Vorstellungsarbeit (Yi-Arbeit) wirkt sich die Trainingsmethode von Yiquan auf das neuromuskuläre System aus. Im gewöhnlichen Training werden zur Ausführung einer bestimmten Bewegung die sogenannten agonistischen Muskeln aktiviert. Sie kontrahieren, während ihre Gegenspieler - die Antagonisten - dabei nachgeben und sich verlängern. Erstere bezeichnet man im Yiquan als «Arbeitsmuskeln», zweitgenannte als «Ruhemuskeln».

Die Bewegung, welche die Kontraktion der Arbeitsmuskeln (Agonist) bewirkt, bezeichnet man als 1. willkürliche Bewegung. Das ist die normale bewusste Bewegung, die jeder Mensch ganz natürlich und ohne daran zu denken, durchführen kann. Dabei ist es nicht möglich, dabei die nachgebende Muskulatur (Antagonist) gleichzeitig zu verkürzen. Bei der statischen Grundhaltung des Yiquan ist die 1. willkürliche Bewegung durch das Halten der Position wie selbstverständlich enthalten. Zusätzlich aber - und das ist die Besonderheit des Yiquan-Trainings - sendet das Gehirn durch die Vorstellungskraft angeregt, elektrische Impulse an die Ruhemuskulatur. Diese Aktivierung der

Ruhemuskulatur ist die 2. willkürliche Bewegung - die Kontraktion des Antagonisten. Im Gegensatz zur 1. willkürlichen Bewegung muss diese extra gelernt werden und sie verfolgt ohne tatsächliche Anspannung der Muskulatur, sondern nur über die Vorstellungsarbeit – dabei wird trotzdem ein Bewegungspotenzial an die Muskulatur gesendet (Prämotorischer Impuls). Die Annahme dahinter ist das Ideo-Real-Gesetz (ursprünglich als Carpenter-Effekt bekannt). In einfachen Worten besagt das Ideorealgesetz in etwa, dass das Gehirn alles was imaginiert wird auch tatsächlich versucht umzusetzen.

Die 1. willkürliche Bewegung stellt den physischen Teil dar, während die 2. willkürliche Bewegung den mentalen Teil der Yiquan-Praxis ausmacht. Beim Yiquan intendiert man eine Bewegung, ohne sie auszuführen und man führt beim Training mit äusserlichen Bewegungen, die intendierte Bewegung gegen einen mit der Vorstellung (Yi) gestalteten Widerstand aus - sei es, man bewegt sich im Wasser oder zieht Spannfedern auseinander, bzw. drückt diese zusammen! Anders ausgedrückt, man führt jede Bewegung gleichzeitig mit entgegengesetzter Kraft aus, was einer Pattsituation gleichkommt und ein Bewegungspotenzial aktiviert, dieses aber nicht in die tatsächliche Ausführung gelangen kann, weil die zwei Kräfte gegensätzlich wirken. Dies führt dazu, dass man vermehrt den Drang zur Bewegungsbefreiung verspürt – sie aber nicht befreit - und damit diese Energie anreichert. Dies fühlt sich so an, als wolle man beim Autofahren Gas geben und auf die Bremse treten zur gleichen Zeit. Dieser angereicherten Energie spricht man auch die Selbstheilung zu.

Die überraschende Effektivität des Yiquan-Trainings liegt darin, dass man die 1. und die 2. willkürliche Bewegung gleichzeitig trainiert - Agonist und Antagonist sind gleichzeitig aktiv. Es wird ersichtlich, dass dadurch das Nervensystem reguliert werden kann; also gestärkt bei Schwäche und gehemmt bei Hyperaktivität. Diese sehr intensive innere Aktivität trainiert das Signalverarbeitungssystem und die Informationsübertragung, wie beim modernen neurozentrierten Training. Sowohl die Interozeption als auch die Introspektion wird zudem effektiv geschult. Auch werden die Reaktionsschnelligkeit und das Gleichgewicht verbessert und die Bewegungen ökonomischer ausführbar, da mehr Muskelfasern mit einbezogen werden. Insgesamt verteilt sich die Belastung dieses mentalen Trainings in Kombination mit anfangs statischen Körperpositionen besser auf die gesamte Körperstruktur, die mit regelmässiger Übung kompakt und doch entspannt werden wird. Dabei entwickelt sich ein Gefühl von Einheit und Leichtigkeit – ein Embodiment entsteht. Die aktive Entspannung ist sowohl ein Schlüssel als auch ein Ergebnis des Trainings. Man findet vermehrt die Entspannung in der Anspannung, was wiederum dem Wohlbefinden und der Leistungsfähigkeit dient.

Das mentale Krafttraining zeichnet sich durch abwechselnde Bewegungsintentionen und Bewegungsausführungen aus, welche die Muskulatur sowohl statisch als auch dynamisch trainieren - was diese stärkt und ihre Elastizität fördert. Die Gelenke werden vor Verletzungen und Verhärtungen oder Abnützung geschützt. Dabei wird durch die Vorstellungsarbeit die Qualität der Bewegungsspeicherung im Gehirn erhöht, d.h. die Feinmotorik wird verbessert, was nicht nur der Kampfesfähigkeit zugutekommt, sondern auch die Stressregulation optimiert und die Regeneration fördert. Denn Stress zeigt sich in grobmotorischen Bewegungsmustern, weshalb sich ein effektives Stressmanagement durch feinmotorische Handlungen auszeichnet. Zudem ist Wahrnehmung ein aktives Verarbeiten von Bewegungen – und seien diese nur vorgestellt – und damit eng mit der Kinästhetik verbunden.

Mental starke und resiliente Menschen verfügen über ein geschultes Körperbewusstsein und ein kohärentes Body-Mind-Teamwork. Das Yiquan-Training ist ein ausgezeichnetes ganzheitliches Trainingssystem mit faszinierenden Wirkungen auf Körper und Geist. Das moderne Mentaltraining bedient sich dieser alten Künste und ergänzt diese mit zeitgemäßen Trainingsformen, wie bspw. dem neurozentrierten Training (Neuroathletik).

Der Ressourcen-Reload

Der Ressourcen-Reload - nach dem Sportpsychologen und Ultramarathonläufer Michel Ufer - fokussiert sich auf die Erinnerungen an positive Ereignisse und die damit einhergehenden Wahrnehmungen, Emotionen und Gefühle. Der Ressourcen-Reload konzentriert sich demnach auf bestehende Kraftquellen, welche das Gefühl der Selbstwirksamkeit erhöhen sollen und das Gewinner-Mindset

Der Hirnforscher Manfred Spitzer (Buch: Lernen / Spektrum Verlag 2006) spricht von bis zu 100 Megabyte pro Sekunde an Informationen. Das entspricht, grob gerechnet, etwa einer Sekunde Film in HD-Qualität, welche im Gehirn verarbeitet werden. Davon gelangt nur ein Bruchteil ins Bewusstsein. Trotzdem werden zu jedem Ereignis in verschiedenen Arealen des Gehirns äußerst wichtige Informationen abgespeichert - Wahrnehmungen unserer Sinnesorgane, die Körperempfindungen (Interozeption) sowie Verhaltensweisen und die damit verbundenen Gedanken und Gefühle (Introspektion).

Wenn man sich nun an vergangene Ereignisse erinnert, werden neben diesen mehr oder weniger intensiven Sinneseindrücken und Gefühlen auch diejenigen Bereiche des Gehirns aktiviert, in denen Informationen darüber gespeichert sind, wie man sich in der jeweiligen Situation verhalten hat, um bestimmte Ziele zu erreichen. Hierbei sprechen Experten vom impliziten Wissen, auch Erfahrungswissen genannt. Das Erfahrungswissen unterscheidet sich vom Faktenwissen (explizites Wissen).

Da Gedanken, Gefühle und der Körper eine wechselseitige Einheit bilden, sorgen positive Erinnerungen und Gedanken immer auch für positive Gefühle und für ein positives Aktivierungsniveau im Körper. Die Schwierigkeit dabei liegt auf der Unfähigkeit, diese positiven Gedanken auf Dauer im Fokus zu halten und demnach in der Ablenkbarkeit durch negative Gedanken. So gilt das Ganze auch wechselseitig, denn auch die negativen Erinnerungen und Gedanken nutzen den gleichen Mechanismus und erzeugen dementsprechend negative Gefühle. Dazu gibt es zahlreiche Forschungen, wie die Erforschung von Placebo- und Nocebo-Effekten, deren Wirkungen stark an die individuelle Erwartungshaltung gekoppelt sind. Wichtig zu wissen ist, dass Ressourcen über die Visualisierung reaktiviert und erweitert werden können. Nicht immer braucht es die Erinnerung, doch hilft diese, weil schon bestimmte neuronale Bahnungen existieren.

Vorgehen beim Ressourcen-Reload (Dr. Michel Ufer, Sportpsychologe):

- Klare Zielsetzung bezüglich der Herausforderung
- Definition hilfreicher Ressourcen aufgrund der Frage, was sind die tatsächlichen Probleme und Herausforderungen
- Aufspüren relevanter Ressourcen, indem man sich daran erinnert, wo man ähnliche Situationen bereits erfolgreich gemeistert hat
- Aktivieren der Ressourcen, indem man sich hineindenkt, innere Bilder dazu abruft und die Erinnerungen wieder aufleben lässt - Hypnose und Meditation können helfen, auch versteckte Inhalte bewusst zu machen
- Verknüpfen der Ressourcen, indem man eine Wenn-Dann-Koppelung vornimmt

Die kognitive Flexibilität

Die kognitive Flexibilität ist eine zentrale Komponente der Aufmerksamkeitssteuerung und die Fähigkeit des Gehirns, sich auf verschiedene Situationen einzustellen und Verhalten zu ändern. Dazu gehört das Erkennen der jeweiligen Situation und das Anpassen des Verhaltens an die jeweilige Lage. Beispielsweise kann ein Mensch in einer Gruppe unterschiedlicher Menschen auf verschiedene Weise reagieren, je nachdem, wer gerade präsent ist. Kognitive Flexibilität ist somit die Fähigkeit, angesichts einer Vielzahl möglicher Ereignisse schnell zwischen verschiedenen Handlungsoptionen hin und her springen zu können. Diese Fähigkeit ist ein wichtiger Bestandteil des Lernens und der Anpassung an neue Situationen. Kognitive Flexibilität ist bezeichnend für resiliente Menschen.

Die Zielorientierung (Ziel, Fokus und Bilder)

Man kann einen motivierten Menschen mit einem Segelboot vergleichen. Beide benötigen, auch wenn sie sich in einem guten Zustand befinden, den "Wind" (Motivation) zur Unterstützung der gewünschten oder erforderlichen Bewegung, wobei die Fahrtrichtung des Bootes davon abhängt, ob die Segel richtig gesetzt sind und ob das Steuerruder (Zielorientierung) entsprechend ausgerichtet ist. Werden Segel und Steuerruder richtig gesetzt, fährt das Boot mit der Kraft des Windes in die gewünschte Richtung. Ziele zu setzen ähnelt dem Setzen der Segel und dem Ausrichten des Ruders. Selbst wenn der Coachee über viel Energie und Enthusiasmus verfügt, können seine Aktivitäten ziellos sein - und er wird dadurch wie ein blindes Huhn umherirren und die Energie verpuffen. Es ist also nicht nur wichtig, dass man kämpft, sondern auch, an welcher Front man kämpft!

In der heutigen Zeit scheint es schwierig, seine ganz persönlichen Ziele zu kennen. Leider wird jeder unbewusst von verschiedenen Seiten beeinflusst. Umso wichtiger ist es, die eigenen Ziele – oder zumindest die Bedürfnisse - genau zu kennen und sagen zu können, das ist mein Ziel und genau das will und das kann ich auch erreichen. Zu starke Einflüsse von außen können uns zu falschen Zielen führen. So beinhaltet die ideale Zielarbeit die Arbeit mit unseren Werten, Handlungsmotiven und Bedürfnissen und hat wesentlich mit unserer Motivation zu tun.

Motivation kommt von «motus» (=lateinisch für Bewegung) und bedeutet, sich von Punkt A nach Punkt B zu bewegen. Motivation ist die Energie, die man zur Verfügung hat oder zur Verfügung stellen will, um bestimmte Ziele zu erreichen. Motivation ist immer eine ganz persönliche Angelegenheit. Trainer, Coaches, Ärzte, Therapeuten oder Care Manager und Familie können die Motivation ihrer Schützlinge nur bedingt beeinflussen. Auch der beste Trainer und Motivator kann nur mit der Motivation arbeiten, die jeder einzelne Coachee bereits in sich trägt. Zu leichte Ziele führen zu Langeweile und Unterforderung, zu schwierige Ziele zu Resignation und Abkehr. Ziele die eine Herausforderung bedeuten, müssen mit Bemühungen und Selbstüberwindung gepaart sein. Dies ist gegeben, wenn sie auf einer Schwierigkeitsstufe angesiedelt sind, die sich an der oberen Grenze der momentanen Leistungsfähigkeit bewegt. Die Messbarkeit ist ebenfalls im Auge zu behalten. So sind Ergebnisziele einfacher zu kontrollieren als Prozessziele. Prozessziele müssen mittels klarer Indikatoren bestimmt werden - es ist wichtig zu wissen, woran man die Prozesszielerreichung überprüfen kann! Des Weiteren müssen Ziele vom Coachee selbst gesteckt werden. Sie dürfen nicht von aussen vorgegeben oder gar aufgezwungen werden, denn dann besteht die Gefahr, dass der Coachee zumacht und sich von den Zielen ebenfalls abwendet. Dies sieht man vor allem bei Jugendlichen, welche im Vergleich zu Erwachsenen eher impulsiv handeln.

Trotz der positiven Auswirkung von Zielen auf den Motivationszustand, können auch Gefahren bzw. negative Effekte mit der Zielorientierung einhergehen. Nebst der Gefahr einer mentalen Blockade durch zu starke Zielfokussierung, steigt auch der Erwartungsdruck und die Abhängigkeit von den erhofften Auswirkungen durch die Zielerreichung. Auch können wesentliche Faktoren die zur Zielerreichung nötig sind, aufgrund eines Tunnelblicks ignoriert werden. Zudem, wer glaubt er könne seine Ziele alleine erreichen, wird tatsächlich auch alleine sein. Deshalb ist das Einbeziehen und Informieren des individuellen Umfeldes erfolgsentscheidend. Doch auch hierbei besteht die Gefahr des Leistungsdrucks, weil man ja gefallen und sozial zugehörig sein möchte. Andererseits hilft es, immer mal wieder einen kleinen Schubser - oder gar Arschtritt - zu bekommen, denn das Motivationstief lauert überall.

Wer mit Zielen arbeitet, tut sich gut daran, einen Sparringspartner beizuziehen. Der Mentalcoach weiss um mögliche Zielkonflikte und kann diese "blinden Flecken" aufdecken. Ein Zielkonflikt besteht dann, wenn das Anstreben eines Ziels die Erreichung eines anderen Ziels beeinträchtigt. Ursächlich hierfür können sehr unterschiedliche Faktoren sein. Der einfachste Fall liegt vor, wenn sich zwei Ziele unmittelbar beeinträchtigen, wie z.B. Erhöhung des Trainingsumfangs und Verbesserung der Regenerationsphasen. Oder zusätzliche Therapie-Massnahmen anzuordnen, wenn man schon unter Leistungsdruck steht. Die Lösungsstrategie bei Zielkonflikten liegt darin, sämtliche Ziele durch Bewertung und Gewichtung messbar und damit unmittelbar vergleichbar zu machen. Ein Ziel wird dabei zum dominanten Hauptziel erklärt, die anderen hintenangestellt. Der gleiche Ansatz kann gewählt werden, wenn zwar unmittelbar keine Zielkonkurrenz besteht, jedoch mittelbar Zielkonflikte durch begrenzte Ressourcen und begrenzte Zeit entstehen könnten. Knappheit von Ressourcen (Zeit, Energie, Personal und finanzielle Mittel) im Planungszeitraum, lassen oft nur die Verfolgung einiger Ziele zu und machen eine zeitliche und sachliche Reihung der Ziele notwendig. Wer mit Zielen arbeitet tut sich gut daran, ein Brainstorming zu machen, indem man alle Wünsche und Ziele notiert. Diese Notizen können sich auf die nächste Leistung beziehen, auf Punkte und Bewertungen, auf Fertigkeiten oder Techniken, auf taktische Varianten oder auch auf psychische Zustände - beispielsweise darauf, beim nächsten Ernstfall «cool zu bleiben!» Danach vollzieht man die Gewichtung und Priorisierung und konkretisiert die Ziele nach den bekannten Formeln SMART oder PRAMAT. Ziele definieren sich immer über Form, Zeit und Ort.

Der Motivation und Selbstwirksamkeitsüberzeugung zuträglich ist die Loslösung von Ergebniszielen, indem man sich auf die Leistungs- resp. Handlungsziele sowie die Haltungsziele (Mentalität) konzentriert. So kann man auch in vermeintlichen Niederlagen einen Sieg verbuchen, was besonders im therapeutischen Kontext hilfreich ist, weil damit die Selbstwirksamkeit von Klientinnen und Klienten ideal gestärkt werden kann. Ein Leistungsziel fokussiert das bestimmte Verhalten in einer Herausforderung. Das Haltungsziel umfasst die körperliche, mentale und emotionale Haltung - die Handlungsmentalität und Geisteshaltung, welche immer einen erfolgreichen Abschluss ermöglicht und damit selbstbestärkend ist: «Sometimes I win, sometimes I learn!»

Die Gesprächsregulation (Gedanke und Wort)

Wer seine Ziele kennt, kann sich mit passenden Selbstgesprächen motivieren und zur Selbstüberwindung ermutigen. Nachfolgende Weisheit von Charles Reade (1814-1884) – oft auch dem Talmud zugeschrieben - verdeutlicht die Wichtigkeit der Geistesschulung:

- Achte auf deine Gedanken, denn sie werden zu deinen Worten
- Achte auf deine Worte, denn sie werden zu deinen Taten
- Achte auf deine Taten, denn sie werden zu deinen Gewohnheiten
- Achte auf deine Gewohnheiten, denn sie werden dein Charakter
- Achte auf deinen Charakter, denn er wird dein Schicksal

Selbstgespräche führt man ständig. Manchmal als reine Gedanken im Kopf, manchmal etwas lauter und mit verbalem Ausdruck. Jeder Gedanke ist eine Affirmation und demnach ein Selbstcoaching. Die Frage die sich dabei stellt ist, in welche Richtung dieses Selbstcoaching geht - wirkt es selbstbestärkend oder selbstsabotierend?!

Gedanken äußern sich in Selbstgesprächen, deren Intensität von der erlebten Beanspruchung bestimmt wird. Das heißt, wenn ein Problem sehr schwierig ist, wenn etwas Neues gelernt werden soll, oder wenn sehr viele Reize auf einmal aufgenommen werden müssen, beginnt man manchmal sogar laut mit sich zu sprechen. Schimpfen und Fluchen sind dabei ein

Ausdruck von «dramatischen» Verläufen des Selbstgespräches. Oft geschieht das unbewusst und nicht zielgerichtet. Durch bewusstes und sinnvolles Einsetzen von Selbstgesprächen kannst man die Leistungsfähigkeit und die Leistungsreserven beeinflussen.

Das Wissen über die Existenz von Selbstgesprächen bringt keinen Menschen auch nur einen Schritt weiter. Entscheidend ist nur, dass das stetige Selbstgespräch beim Auftreten bewusst und zielführend korrigiert wird. Die Selbstgesprächsregulation verlangt viel Übung und ist ein stetiger Wegbegleiter im mentalen Training. Positive Affirmationen und Selbstinstruktionen funktionieren am besten, wenn man sie erarbeitet - wo möglich, bestenfalls mit dem Mentalcoach oder einer Drittperson:

- Positive Selbstgespräche helfen, die Aufmerksamkeitssteuerung zu kontrollieren, verbessern die Motivation und Stimmung, steigern das Selbstvertrauen und vermögen es, wichtige Ressourcen zu aktivieren - der Schlüssel für die Wenn-Dann-Verknüpfung. Sie tragen entscheidend dazu bei, dass wir unser volles Potenzial ausschöpfen können.
- Negative Selbstgespräche behindern und sabotieren unser Vorhaben, da wir weder die Konzentration auf die wichtigen Aspekte der Leistungsentfaltung lenken, noch positive und hilfreiche Emotionen fördern. Ganz im Gegenteil, sie fördern Furcht, Selbstzweifel und Anspannung. Achte immer auf die Macht der Sprache. Ein Mentalcoach hört vielmehr, wie sein Coachee denkt, nicht bloss, was dieser denkt (selbstbestärkend oder selbstsabotierend)!

Situationsbezogene Gesprächsregulation:

Die Selbstmotivierungstechniken und Selbstinstruktionen (Selbstbefehle) dienen der Selbstbekräftigung und stärken den Handlungswillen:

- Du packst das!
- Ich kann das!
- Hol es dir!
- Ich bin ruhig und entspannt!

Das Vergegenwärtigen von eigenen Fertigkeiten dient der Stärkung des Vertrauens in die eigenen Fertigkeiten:

- Diese Handlung kann ich höchst präzise.
- Das ist eine meiner Stärken!

Rationalisierungstechniken dienen der Verringerung der Bedeutsamkeit einer Belastung:

- Ich war schon in schlimmeren Situationen
- Ich habe diese Situation schon einmal erfolgreich gelöst

Die Bewusstmachung von Lösungs- und Handlungsstrategien dient der einfachen und zielführenden Handlung (was ist JETZT meine Aufgabe) und ist demnach hilfreich, sich vom Ergebnis zu lösen und die Handlungskompetenz im Fokus zu haben:

- Wenn sich der andere so verhält, werde ich wie folgt reagieren.
- Die nächste Aufgabe löse ich wie folgt!

Die gezielte Selbstbekräftigung dient der Bestätigung und Bekräftigung des eigenen Verhaltens und stützt ein Gefühl von Kontrolle und Sicherheit:

- Super, genau so habe ich mir das vorgestellt!
- Cool, ich bin auf Kurs... auf dem idealen Weg!
- Yes - Com'on!!!

Martin Seligman, der Begründer der Positiven Psychologie und seine eindrucksvollen Forschungen zeigten, dass ein pessimistischer Denkstil in die Depression führen kann, ein optimistischer hingegen resilient macht. Man könnte auch sagen, dass man zum Teil deshalb an Depression und anderen psychischen Erkrankungen leidet, weil man gelernt hat, sich angesichts von Umständen hilflos zu fühlen, von denen man irrtümlicherweise glaubte, sie würden ewig anhalten, seinen unsere Schuld oder die Folge davon - oder dass man beschädigt oder unzulänglich sei (Minderwertigkeit).

In Wirklichkeit haben wir mehr Kontrolle als wir glauben. Martin Seligman zeigte, welchen therapeutischen Nutzen es hat, wenn man falsche und negative Überzeugungen abzulegen und die Welt anders zu betrachten beschließt. Erst wenn man Überzeugungen wie: «Es wird sich nie ändern» oder «Es ist alles meine Schuld.» etc. hinter sich lässt und sich auf ein Denken zubewegt, welches die eigene Handlungsfähigkeit unterstützt – ausgehend von Leistungszielen und Haltungszielen - wird sich auch unser Blick auf die Welt verändern und sich neue Ergebnisse einstellen können.

Die Mentalität zeigt sich immer in der Art, wie wir mit uns selbst und anderen Menschen sprechen und wir in deren Gegenwart handeln. Der Motivation zuträglich ist die Ermutigung und diese bezieht sich immer auch auf uns selbst.

Die Blickregulation (Refokussierung)

Wenn wir uns auf ein vorab festgelegtes Ziel oder eine Idee und Absicht konzentrieren und uns dann umsehen, betrachten wir unsere Umgebung unter diesen Gesichtspunkten. Sobald wir uns dieser zielorientierten «Top-down-Wahrnehmung» bedienen, filtert wir gemäss diesen Gesichtspunkten und sehen all da, was mit ihnen in Verbindung steht. Das ist einerseits hilfreich, denn das Ziel und die Absicht tragen dazu bei, unseren Fokus zu schärfen, sodass wir die Dinge wahrnehmen, die mit unserer Absicht übereinstimmen und von Bedeutung sind. Andererseits aber schränkt ein Ziel oder die Idee und Absicht unser Wahrnehmungsfeld auch erheblich ein - unser Gehirn ignoriert alles, was nicht dazu passt!

Wer mit einer klaren Absicht in den Tag startet, richtet seine Energie genau darauf aus und kann effizient und effektiv seine Ziele verfolgen. Man aktiviert diesen Top-down-Ansatz optimalerweise, wenn man eine Veränderung des aktuellen Zustands herbeiführen möchte. Top-down ist in Veränderungsprozessen also eine hilfreiche Methode, die Welt neu zu betrachten und mit seiner Energie zu haushalten und diese zu bündeln. Top-down ermöglicht es uns, aktiv zu werden, ohne dabei groß von Dingen abgelenkt zu sein, die unsere Aufmerksamkeit zu kapern versuchen. Doch diese Top-down-Wahrnehmung ist nicht die einzige Möglichkeit die Welt zu sehen und zu erleben - sie ist auch nicht immer die optimale Variante! Die Top-down-Variante ist gleichbedeutend mit dem konvergenten Fokus.

Zuweilen sind wir mit der Bottom-up-Wahrnehmung besser bedient. Sie ist eine offenere und gegenwärtigere Art die Dinge wahrzunehmen und zu sehen, was ist. Hierzu könnte man den Spruch zuordnen; «Manchmal muss man den Verstand verlieren, um sich selbst zu finden.»

Die Bottom-up-Variante ist gleichbedeutend mit dem divergenten Fokus, bei welchem man sich selbst und der Dinge um sich herum gewahr wird und selektiv den Dingen die Aufmerksamkeit widmet, welche den Zielen dienen – so ist die Bandbreite der Wahrnehmungen grösser, dabei teilweise aber auch einnehmender und herausfordernder! Die selektive Wahrnehmung umfasst das, was am auffälligsten ist oder die größte emotionale Relevanz besitzt - das was dabei ins Auge sticht! Die Bottom-up-Strategie ist auf den gegenwärtigen Moment konzentriert – mehrheitlich losgelöst vom Ergebnis - und Gedanken, Emotionen und Gefühle sind in starker Interaktion mit den Ereignissen in der Umwelt. Die typische Reizreaktionskette liegt der Bottom-up-Wahrnehmung zugrunde.

Doch muss äußerlich gar nicht immer was passieren. Auch kann die Innenwelt ganz schön erlebnisreich sein, dass weiss jeder, der mit Meditation beginnt. Das was man über die Exterozeption, die Interozeption und Introspektion wahrnimmt, kann ganz schön herausfordernd sein, weshalb man depressive Menschen nur bedingt in eine Achtsamkeitsmeditation führen sollte. Das was man wahrnimmt, kann das Gedanken-

Karussell ankurbeln oder auch zur Ruhe bringen. Die Bottom-up-Wahrnehmung kann helfen, neue Wege zu finden, welche sich nie zeigen konnten, weil man zu verbissen am Top-down-Ansatz und seinen Vorstellungen vom Leben festhielt.

Einfach nur wahrzunehmen, was sich gerade zeigt, vermag vielleicht eine neue Richtung aufzuzeigen und neue Einsichten zu gewinnen. Zahlreiche Studien scheinen zu belegen, dass die Bottom-up-Strategie den Wahrnehmungsmuskel stärkt und auch ein Kohärenzgefühl aktiviert. Eine körperorientierte Psychotherapie und auch alternative Heilmethoden schulen bewusst diese Selbstwahrnehmung - sowohl die materielle als auch die körperliche - was auch dazu beitragen kann, die Synchronitäten im Leben zu erkennen. Synchronizität nach Carl Gustav Jung meint den Effekt, dass unsere innere und äußere Realität in einer vermeintlich zufälligen, unwahrscheinlichen Fügung zur Deckung gelangen. Wir erkennen immer mehr – vermeintlich zufällig – Dinge die unseren Zielen zuträglich sind.

«Energy flows, where attention goes!» Konzentriere dich darauf, was du sehen möchtest (Annäherungsziel), nicht auf das, was du nicht sehen möchtest (Vermeidungsziele)!

Konzentriere dich stets auf das Ideal – die Lösung – nicht ständig auf das Problem. Die Problembestimmung dient lediglich dazu, die adäquate Lösung herauszuarbeiten, aus welcher im Anschluss die Handlungsstrategie abgeleitet wird. Die Vorhersehbarkeit (Prädiktion) zu erhöhen, indem man sich auf das konkrete Ideal konzentriert, ist entscheidend für die erfolgreiche Umsetzung bestimmter Vorhaben. Denken wir hierbei erneut an das Primärziel des Gehirns, welches darin besteht, das Überleben und die körperliche Unversehrtheit zu sichern und dazu auf eine hohe Vorhersehbarkeit angewiesen ist - sind die Informationen ausreichend und in guter Qualität vorhanden, können wir die Vorhersehbarkeit gewährleisten und fühlen uns auch unter widrigen Umständen sicher, weil wir über ein gewisses Maß an Kontrolle und Planbarkeit verfügen. In dem Sinne trifft der Leitsatz des neurozentrierten Trainings perfekt zu: «Everything we do is to make us better at predicting.»

Sowohl die Top-down-Strategie als auch die Bottom-up-Wahrnehmungstypologie können uns helfen, das Ideal bestmöglich zu konkretisieren und den Fokus dahingehend zu konzentrieren. Doch lauern da draußen zahlreiche Ablenkungen, welche um unsere Aufmerksamkeit buhlen. Die Aufmerksamkeit deshalb gezielt zu lenken und auch Ablenkungen bestmöglich zu widerstehen, erfordert eine hohe Konzentrationsfähigkeit, Impulskontrolle und ein effektives Spiel mit dem Fokus, der Refokussierung und den vier Blickwinkeln.

Die vier Blickwinkel:

Es wird immer nur ein kleiner Teil der Informationen über die «innere und äußere» Welt wahrgenommen. Für situationsangemessenes Handeln ist es wichtig, dass die Aufmerksamkeit schnell zwischen den vier Blickwinkeln: «aussen – weit, aussen – eng, innen – weit und innen – eng» umgeschaltet werden kann.

- Aussen-weit: Die Aufmerksamkeit ist auf die (vielleicht ungewohnte) Umgebung gerichtet. Diese Ausrichtung erlaubt es, viele Informationen gleichzeitig aufzunehmen. Weiträumiges, jedoch relativ undifferenziertes Bild der Situation (Exterozeption)
- Aussen-eng: Die Aufmerksamkeit ist sehr genau auf bestimmte äußere Sachverhalte ausgerichtet (Exterozeption)
- Innen-weit: Die Aufmerksamkeit ist auf umfassende «interne» Dinge gerichtet (Interozeption, Introspektion)
- Innen-eng: Die Aufmerksamkeit ist auf eine bestimmte körperinterne Sensation konzentriert (Interozeption, Introspektion)

Im Grunde geht es bei der Blickregulation um folgende drei Schritte, welche sich gegenseitig bedingen. Man fokussiert sich auf das Ziel (1), erkennt, dass man das Ziel aus den Augen verloren hat (2) und refokussiert das Ziel (3) erneut. So berichten erfahrene Meditierende, dass auch sie während ihrer Meditations-Praxis in Regelmäßigkeit ihren ursprünglichen Fokus verlieren und sie sich von Reizen und Gedanken ablenken lassen. Es ist wichtig zu wissen, dass es in der Meditation nicht darum geht, nie mehr den Fokus zu verlieren, sondern ausschliesslich darum, die Kompetenz des Refokussierens zu üben – es geht also immer auch über die Selbstüberwindung - sich trotz der Ablenkungen immer wieder zu fokussieren! Das Anstrengende an mentaler Arbeit ist nicht das Denken an sich, sondern das stetige Refokussieren. Werden wir darin besser, sparen wir mentale Energie, was wiederum der Zielfokussierung und Impulskontrolle zugutekommt.

Handlungssteuerung

Der Grad der Selbstwirksamkeitsüberzeugung bestimmt über den persönlichen Erfolg und ist ein wichtiger Schlüssel für das Gelingen von Veränderungsprozessen. Das Training der körperlichen und mentalen Leistungsfähigkeit und der Selbststeuerungskompetenzen sowie die damit verbundenen Erfolgserlebnisse fördern das Gefühl, die Dinge im Griff zu haben. Durch kontinuierliche Erfolgserlebnisse und stetige Zielerreichungen werden Menschen bestärkt, ihre Ziele, Wünsche und Lebenskonzepte aktiv anzugehen und ihr Leben bewusst zu gestalten und zu steuern - ein Erfolgsmomentum entsteht!

Durch wiederkehrende Erfolgserlebnisse entsteht ein starkes Gefühl von Kontrolle und Sicherheit, was dem Selbstvertrauen zuträglich ist und zur Motivation und weiterem Engagement in zukünftigen Herausforderungen beiträgt. Erfolg zieht eben immer weiteren Erfolg nach sich. Zumindest aber ist man im Falle eines Misserfolgs schneller bereit wieder aufzustehen, sich den Staub von den Schultern zu klopfen und erneut anzugreifen. Das wirkungsvolle Mentaltraining konzentriert sich deshalb darauf, nach der Idealbestimmung und dem Training der körperlichen und mentalen Selbstregulation, potenzielle Worst-Case-Szenarien zu evaluieren und Lösungsstrategien herauszuarbeiten - das ist das mentale Kontrastrieren. Nach der Schlüsselmomentanalyse und der Wahl von adäquaten Copingstrategien, visualisieren Trainierende in einem mentalen Probelauf die erfolgreiche Bewältigung der Herausforderungen und konditionieren somit ihren mentalen Fokus auf die Handlungskompetenz – das Leistungsziel - und auf das emotionale Erleben während dieser Handlungen (Haltungsziel). Sie konzentrieren sich nicht mehr ausschliesslich auf das angestrebte Ergebnis in der Zukunft und die Zielerreichung selbst, sondern auf das eigenverantwortliche Handeln und die gegenwärtige und erfolgsversprechende Selbststeuerungs-Intervention. Diese Handlungsorientierung ist besonders im therapeutischen Setting von großer Bedeutung, denn die zu therapierende Person verfügt kaum noch über Zuversicht und Willensstärke. Deren Selbstwirksamkeitsüberzeugung ist massiv geschwächt und muss mittels der Fokussierung auf Leistungs- und Haltungsziele erst wieder reaktiviert werden.

Die Gewinner-Mentalität

Die Gewinner-Mentalität bezieht sich auf jene Eigenschaften, Fähigkeiten und Verhaltensweisen, die erfolgreiche Menschen in ihrer Selbststeuerung unterstützen. Die Forschung in den Bereichen Psychologie, Neurowissenschaft und Sportwissenschaft hat gezeigt, dass es eine Reihe von mentalen Fähigkeiten gibt, die Menschen helfen, sich zu verbessern, zu regulieren und ihre Ziele zu erreichen - dazu gehören unter anderem Selbstbewusstsein, Selbstvertrauen, Motivation und Konzentration. Menschen mit einer ausgeprägten Gewinner-Mentalität fühlen sich inspiriert, haben die Fähigkeit sich selbst zu motivieren, schwierige Herausforderungen anzunehmen und ihr volles Potenzial auszuschöpfen. Sie sind mental stark und resilient und verfügen über einen selbstbestärkenden Umgang mit Fehlern.

Die Gewinner-Mentalität als selbstbestärkende Denk- und Verhaltensweise lässt sich ausbilden, indem man sich ein ideales Selbstbild erarbeitet («Wie möchte ich mich selbst sehen – oder wie will ich, dass mich andere sehen?»), das einem befähigt, zielgerichtet zu handeln und stets auf Lösungen konzentriert zu sein. Die Idee hinter dieser Mentalität ist es, sich auf die eigenen Fähigkeiten und Stärken zu konzentrieren und damit in jeder Situation handlungsfähig und widerstandsfähig zu sein. Eine solche Mindset-Strategie wird unter anderem in der Psychologie als eine Form der Selbstverwirklichung angesehen. Es bedeutet, dass man sich bemüht, die besten Ergebnisse zu erzielen und stark zu sein, wenn es darum geht, an schwierige Aufgaben heranzutreten. Dieses «growth mindset» ermöglicht es, sich auf das zu konzentrieren, was man tun muss, um Erfolg zu haben und die notwendige Kraft aufzubringen, jedes Hindernis zu überwinden. Zur Entwicklung dieses «Wachstumsdenkens» braucht es herausfordernde Aufgaben, deren Meisterung man sich zutraut und an welchen man wächst. Das Selbstvertrauen und die Gewinner-Mentalität lassen sich in sogenannten Kompetenzerwartungstrainings schulen.

Das Priming

Beim Priming handelt es sich um einen psychophysiologischen Effekt, bei dem vorherige Reize oder Informationen unsere spätere Wahrnehmung, Gedanken oder Verhaltensweisen beeinflussen können. Wenn wir einem bestimmten Reiz ausgesetzt sind, kann dies unser Gehirn auf bestimmte Assoziationen oder Konzepte vorbereiten und unsere Reaktionen darauf beeinflussen. In der Werbung beispielsweise geschieht das gezielt und für den potenziellen Käufer unbewusst – ist also auch manipulativ, was aber nichts Schlechtes sein muss! Ganz im Gegenteil! Zum Beispiel kann das Zeigen eines Bildes einer Sonnenblume vor dem Betrachten eines Gemäldes mit Naturmotiven unsere Wahrnehmung und Bewertung des Gemäldes positiv beeinflussen. Genauso wie die Beleuchtung des Gemäldes oder der blumige Duft, der im Raum verströmt wird. Gerade Düfte werden oft als Priming-Mittel genutzt, da diese stark mit Erinnerungen gekoppelt sind.

Priming kann auf sehr verschiedene Arten erfolgen, wie zum Beispiel durch visuelle Reize, durch auditive Signale oder sogar durch Worte und ganze Sätze. Es kann bewusst oder unbewusst geschehen und sowohl positive als auch negative Auswirkungen haben! Priming wird in der Forschung und im Marketing häufig untersucht, um zu verstehen, wie unsere Gedanken und Verhaltensweisen durch vorherige Reize (Primes) beeinflusst werden können.

Der Priming-Effekt beruht auf der bewussten Aktivierung einer vorbestimmten Reizreaktionskette. Dabei ruft der Eingangsreiz bestimmte Assoziationen hervor. Das Priming wird auch mit «Bahnung» oder «Vorbereitung» übersetzt. Der Priming-Effekt bezieht sich auf alle Reize, die wir mit unseren fünf Sinnen wahrnehmen können. Diese Reize bereiten uns darauf vor, bestimmte Handlungen auszuführen. Priming ist demnach eine sehr wirkungsvolle psychologische Selbststeuerungstechnik – sie ist selbstinduziert oder auch fremdmanipulierend – und kann sowohl positives Verhalten fördern, aber auch negative Reaktionen hervorzurufen. Wie immer zählt die Absicht hinter der Methode!

Priming sollte immer mit Bedacht eingesetzt werden, da wir bestimmte Reize anders wahrnehmen, wenn wir kurz zuvor auf bestimmte Weise «geprimt» wurden. Ein gezielter Reiz kann Erinnerungen und neuronale Muster in uns aktivieren, die eine kognitive Einordnung des Reizes in einen bestimmten «Rahmen» (Frame) ermöglichen. Eine geprimte Person reagiert mit einem veränderten Verhalten – und genau dieses Priming nutzt man zur Konditionierung eines bestimmten Verhaltens bspw. in der Psychotherapie oder dem Mentaltraining. Der Priming-Effekt erinnert stark an das Framing-Konzept, kann aber unterschieden werden. Beim Framing geht es um die Auswahl und Hervorhebung bestimmter Themen – also den Bezug, den wir herleiten! Im Gegensatz dazu hat Priming die Aufgabe, eine bestimmte Reaktion hervorzurufen, die durch eine vorangegangene Information - einen Reiz (Prime) - ausgelöst wurde. Ein typisches Priming ist das Ritual eines Sportlers und somit ist jede Form der Basisaktivierung eine individuelle Form des Primings.

Der Übergang von Priming und Framing ist fließend. Priming, mit dem Ziel einer beabsichtigten und demnach vordefinierten Reaktion, basiert mehr oder weniger auf dem Framing-Effekt. Priming ruft dabei eine Reaktion hervor, die auf Erinnerungen in unserem neuronalen System zugreift, die wir in «Frames» sortieren. Die Art der Assoziation hängt davon ab, welche Frames zur Verfügung stehen und inwieweit Erinnerungen, Wünsche und Bedürfnisse aktiviert oder erweckt werden können - man kann auch sagen, dass wir in Schubladen denken! Ein Ausdruck, der oft negativ besetzt ist. Dabei brauchen wir Menschen diese Art der Einteilung in unserem Denken, um überhaupt einen Sinn zu produzieren. Trotzdem sollte man natürlich auch mal «out of the box» denken und Informationen aus verschiedenen Blickwinkeln betrachten. So ist es immer wieder wichtig zu erwähnen, dass stets die Absicht oder der Bezug, den wir herleiten, klar kommuniziert sein muss: Stärken können zu Schwächen werden, jedoch Schwächen auch zu Stärken – der Unterschied macht alleine der Rahmen aus, indem wir Stärken und Schwächen verpacken.

Priming-Prozesse laufen oft unbewusst ab. Ein wichtiger Faktor beim Priming ist die Zeit: Je schneller ein Reiz von einer Versuchsperson verarbeitet wird, desto stärker ist die Assoziation. Das Mentaltraining arbeitet bewusst mit Priming. Der Prime wird als Hinweisreiz (engl. cue) bezeichnet. Cue bedeutet übersetzt, ''Stichwort''. Aus der Theaterwelt ist der Begriff nicht mehr wegzudenken, denn im Theater dienen Cues dazu, Schauspielern, Technikern oder Statisten den Zeitpunkt ihres Einsatzes anzukündigen. Auch hier wird der Empfänger der Botschaft auf eine bestimmte Reaktion vorbereitet. Die Reaktion ist der Zielreiz (engl. target), der in diesem Prozess hervorgerufen wird. Im Idealfall sollten Zielreiz und Assoziation natürlich thematisch zusammenpassen, damit eine Assoziation wahrscheinlich ist. Priming ist also der Prozess, bei dem die kognitive Verarbeitung eines Reizes durch einen ihm vorausgehenden Reiz beeinflusst wird. Da wir allein durch die unzähligen Zeichen der Werbung tagtäglich dem Priming ausgesetzt sind, ist es sinnvoll, sich mit diesen «Manipulativen Techniken» auseinanderzusetzen und sie für die Zielausrichtung und das persönliche Training nutzbar zu machen. Für die Selbstbestärkung ist Priming sicherlich hilfreich!

Das Framing

Framing in der Humanpsychologie bezieht sich auf die Art und Weise, wie eine bestimmte Situation interpretiert oder wahrgenommen wird. Das bedeutet, dass ein und dieselbe Situation von verschiedenen Menschen unterschiedlich wahrgenommen werden kann. Menschen mischen ihre eigenen Erfahrungen, Vorstellungen und Emotionen in Situationen ein. Ihre Wahrnehmung der Situation wird daher von ihrem Einfühlungsvermögen und ihren kulturellen, sozialen und persönlichen Präferenzen beeinflusst. Wenn verschiedene Personen die gleiche Situation interpretieren, ist es wahrscheinlich, dass sie je nach ihrer Perspektive unterschiedliche Entscheidungen treffen oder Handlungen ausführen. Framing ist daher ein wichtiger Bestandteil der menschlichen Psychologie und kann uns helfen zu verstehen, wie Menschen ihre Umwelt interpretieren und auf sie reagieren.

Der Linguist Max Black bietet mit seiner kognitiven Metaphern-Theorie einen umfassenderen Ansatz zum Framing-Konzept. Black zufolge ist das menschliche Gehirn von Geburt an visuell orientiert. Es kann gar nicht anders als in Bildern und Metaphern zu denken – und damit eben in Frames oder auch Schubladen. Max Black unterscheidet zwischen primären (Subjektbegriff) und sekundären (Objektbegriff) Objekten, die zusammen ein sprachliches Bild ergeben. Black geht sogar noch einen Schritt weiter: Er behauptet, je öfter wir eine Metapher wiederholen oder je öfter sie von außen auf uns einwirkt, desto tiefer verankert sie sich in unserem Gehirn. Wenn eine Metapher in einer Debatte ständig wiederholt wird, wird sie zu unserem

«Common Sense» und schafft so unbewusst die Realitäten in unseren Köpfen. Die Propaganda-Maschine läuft auf Hochtouren.

Wir sind uns weitgehend nicht bewusst, dass wir die Welt in «gerahmten Metaphern und Frames» begreifen. George Lakoff und Elisabeth Wehling stellten fest, dass Denken oft kein bewusster Prozess ist - nicht weniger als 80 % unseres Denkens geschieht unbewusst! Wir sprechen hierbei wieder vom System-1-Denken, welches auch als implizites Wissen bekannt ist. Das menschliche Denkvermögen ist also keine von unserem Körper unabhängige Instanz - alles Denken ist auch körperlich. Fakten, die unserem Common Sense widersprechen, prallen laut Lakoff und Wehling an diesen tief verankerten Frames ab. Es kann passieren, dass Fakten ignoriert werden und die Frames bestehen bleiben. Dies ist Teil des unbewussten Denkprozesses unseres Gehirns - quasi ein physikalischer Automatismus. Alternative Frames können zum Umdenken anregen und den Informationen, die nicht in die etablierten Frames passen, Bedeutung verleihen – Coaching kann helfen, solche alternativen Frames zu kreieren.

Das Wissen um die Frames kann helfen, bewusstere Entscheidungen zu treffen und Veränderungen des Verhaltens einzuleiten. Man kann sie sogar als Werkzeug benutzen, um eine positive Denkweise zu erschaffen. Für eine positivere Sichtweise bei der Arbeit und im Alltag, und besonders dort, wo man sich bei der verbalen Selbstsabotage erwischt. Es ist wissenschaftlich erwiesen, dass positive Gedanken das Wohlbefinden steigern. Wenn wir uns selbst positive Frames setzen, kann das auch unsere Stimmung und damit unsere Motivation für anspruchsvolle Aufgaben verbessern - dies geschieht gezielt bei der Basisaktivierung und der damit verbundenen Fokussierung.

Ein «Re-Framing» des Weiteren – also eine unliebsame Situation in einen neuen Rahmen einzubetten - fällt nicht vom Baum. Dr. Wayne Dyer sagte es so schön: «If you change the way you look at things, the things you look at change!»

Es ist ein Prozess, der zunächst ein Bewusstsein für das Thema erfordert. Darüber hinaus ist es hilfreich, das Vokabular durch verschiedene Übungen zu erweitern, wie es im Coaching und Mentaltraining häufig geschieht. Framing findet sich also überall dort, wo Kommunikation stattfindet. Sich immer wieder bewusst zu fragen, welche Motivation hinter den jeweiligen Worten und Handlungen steckt und welche Alternativen es in der Wortwahl und Bildgebung geben könnte, unterstützt das Gefühl der Kontrolle und der Selbstwirksamkeitsüberzeugung.

Das mentale Kontrastrieren

Positive Zukunftsvorstellungen und Idealisierungen helfen uns, in eine gute Stimmung zu kommen und uns auf eine Zukunft anzurichten, wie wir sie uns für uns wünschen, jedoch helfen sie nur bedingt bei der Umsetzung der effektiven Zielhandlungen. Wenn man sich ausschliesslich und intensiv auf das Ideal konzentriert – «Wie fühle ich mich bei Zielerreichung?» - erlebt man diese Erfüllung emotional bereits im Hier und Jetzt, was dazu führt, dass die für die Umsetzung der Zielhandlungen erforderliche Energie und damit die

Handlungsmotivation fehlt. Die alleinige Idealisierung verhindern die Mobilisierung für die Wunscherfüllung. Stellt man jedoch die positiven Zukunftsvorstellungen mit den Hindernissen der Realität gegenüber, werden die Wünsche und Bedürfnisse klarer priorisierbar, indem man den Aufwand und Ertrag besser deuten kann. Man erkennt Zielkonflikte und kann Leerläufe im Handel verhindern und sich gar von unerfüllbaren, unrealistischen Wünschen und Zielen erfolgreich lösen. Sobald man eine Zielrichtung bestimmt, ruft man auch den Zweifel auf den Plan («Ich will Folgendes, doch was ist, wenn ich es nicht erreiche?»). So verstärkt das Festlegen eines Ziels immer auch den Zweifel an der Zielerreichung. Genau dieser Mechanismus sorgt dafür, dass das Verlangen nach dem Ziel aktiviert wird - dieses «Craving» ist damit ein wesentlicher Bestandteil der Motivation! Doch kann der Zweifel auch überhandnehmen und die Handlungen zum Ziel verhindern, denn mangelndes Zutrauen wirkt selbstsabotierend.

Das mentale Kontrastrieren beschreibt kognitive und motivationale Mechanismen, welche alleine und in Kombination mit Handlungsabsichten, sogenannten «Wenn-Dann-Plänen», als metakognitive Selbstregulationsstrategie - die Fähigkeit betreffend, über das eigene Denken und Handeln zu reflektieren - eingesetzt werden kann. Mentale Kontrastierung mit Wenn-Dann-Plänen ist unter dem Namen WOOP (Wish, Outcome, Obstacle, Plan) bekannt geworden und kann in sämtlichen Lebensbereichen angewendet werden. WOOP ermöglicht es, Einsicht in die eigenen Wünsche zu gewinnen und das Verhalten selbstständig und erfolgreich zu verändern, indem man Copingstrategien, auf potenziell lauernde Herausforderungen auf dem Weg zum Ziel, bestimmen und gezielt trainieren kann. Fügen wir unserer Idealvorstellung eine Prise Realität hinzu, erkennen wir, welche Zukunftsideale für uns realisierbar sind und welche nicht – wir erkennen, welchen Aufwand wir bereit sind für die Wunscherfüllung zu leisten.

Das mentale Kontrastieren ist eine Imaginations-Strategie. Das mentale Kontrastieren leitet uns an, unserer positiven Zukunftsfantasie, Gedanken zur widerständigen Realität gegenüberzustellen. Beim mentalen Kontrastieren identifizieren wir zuerst einen Wunsch, der uns am Herzen liegt: Man kann sich beispielsweise vorstellen, wie man in einem Jobinterview brilliert, in einem Team guten Anschluss findet, eine erfüllende Aufgabe umsetzt oder einen zwischenmenschlichen Konflikt löst. Das Vorstellen und mentale Explorieren dieses Wunsches erlaubt es uns festzustellen, ob dieser Wunsch tatsächlich so attraktiv für uns ist, wie wir uns das ursprünglich dachten. Es mag auch sein, dass wir beim Ausmalen des Wunsches merken, dass er uns doch nicht so sehr am Herzen liegt, wie wir das bislang angenommen haben. Dann können wir uns den Wunsch noch einmal vornehmen und diesen modifizieren oder uns einem weitaus bedeutenderen Wunsch zuwenden.

Ist der Wunsch bedeutungsvoll, folgt der nächste Schritt, der uns hilft, nicht in der positiven Fantasie zu verweilen: Wir identifizieren potenzielle Störfaktoren, sprich das, was der Realisierung des Ideals im Weg steht. Genauer gesagt, spezifizieren wir das zentrale Hindernis in uns – die Zweifel an der Zielerreichung - das uns davon abhalten könnte, das Ideal zu Erstreben und den Wunsch zu erfüllen. Nun stellen wir uns dieses Hindernis lebhaft vor – und vor allem auch, wie wir dieses Hindernis erfolgreich meistern! Durch das mentale Gegenüberstellen der erwünschten Zukunft mit der aktuellen Realität wird deutlich, dass die gewünschte Zukunft noch nicht erreicht ist, und dass Energie aufgewendet werden muss, um diese ideale Zukunft umzusetzen. Man bestärkt das Verlangen (Craving) nach dem Ziel. Es wird auch deutlich, was wir tun können, um das Hindernis zu überwinden.

Durch die mentale Kontrastierung von Zukunft und Realität können wir erkennen, ob wir die gewünschte Zukunft realisieren können und wollen - oder auch nicht! Können wir das Hindernis überwinden und die Erwartungen der Wunscherfüllung sind hoch, entsteht eine verbindliche Zielbindung und wir sind bemüht, dieses definierte Ziel zu erreichen. Bei nicht überwindbaren Hindernissen und niedriger Erwartung, sinkt auch unsere Zielbindung und wir können entweder den Wunsch anpassen, auf einen günstigeren Zeitpunkt verschieben oder uns von der Wunscherfüllung ganz lösen.

Diese Selbstregulationsstrategie zeigt uns, wohin wir genau möchten, welcher Wunsch uns wirklich am Herzen liegt, und was uns bei der Erfüllung unseres Wunsches im Weg steht. Zugleich zeigt uns das mentale Kontrastieren ob wir unsere gewünschte Zukunft überhaupt erreichen können. Ist das Hindernis der aktuellen Realität überwindbar, aktiviert das mentale Kontrastieren die nötige Energie (Verlangen) in uns, um in die Richtung unseres Ziels zu handeln. Ist das Hindernis (noch) nicht überwindbar, hilft das mentale Kontrastieren dabei, Kompetenzen anzueignen (neues Ziel), ohne schlechtes Gewissen den Wunsch anzupassen oder uns von unserem Wunsch abzulösen und die Energie in die Realisierung anderer Wünsche oder Anliegen zu investieren.

Die WOOP Technik

Basierend auf mehr als 20 Jahren Forschung wurde mit WOOP ein neuer und bisher einzigartiger Ansatz gefunden, der auf den ersten Blick überraschen mag: Die Hindernisse, die uns am meisten daran hindern, unsere Wünsche zu verwirklichen, können wir mit WOOP nutzen. WOOP begleitet den Anwender durch einen Prozess, in dem man sich zunächst die Wünsche für die Zukunft vorstellt, um dann auf die Realität zurückzukommen und sich vorzustellen, welche Hindernisse daran hindern, die Wünsche zu verwirklichen. Dieses Grundprinzip hat sich in vielen Bereichen bewährt: Studien zeigen, dass Erwachsene mit Hilfe von WOOP sowohl Stress abbauen als auch ihr Arbeitsverhalten verbessern und ein besseres Problemlösungsverhalten an den Tag legen. Darüber hinaus konnte in Studien gezeigt werden, dass WOOP auch die Erfüllung von Wünschen in anderen Bereichen fördert, wie z.B. den Wunsch, das eigene Gewicht zu reduzieren, weniger Alkohol zu konsumieren oder die Beziehung zu einer anderen Person zu verbessern. Auch bei Kindern und Jugendlichen konnte die positive Wirkung von WOOP nachgewiesen werden, z.B. bei Themen wie Hausaufgaben, Schulnoten oder Aufmerksamkeit im Unterricht. Auf der Seite www.woopmylife.org findet man die perfekte Anleitung. Auch gibt es eine App, weshalb man WOOP jederzeit auf dem Smartphone zur Verfügung hat.

Die Kompetenzerwartung

Es macht durchaus Sinn und ist sogar notwendig, die Überzeugung von der Wirksamkeit des eigenen Handelns (Selbstwirksamkeitsüberzeugung) auch in schwierigsten Situationen einzuüben. Neurowissenschaftler konnten in ihren Untersuchungen zeigen, dass das Handeln von Personen vor allem von der Kompetenzüberzeugung beeinflusst wird. Das Konzept der Kompetenzerwartung ist Teil der sogenannten «Self-Efficacy-Theorie». Positive und/oder negative Erwartungen hinsichtlich der Wirksamkeit des eigenen Handelns bestimmen, ob z.B. in einer Beanspruchungssituation eine Handlung eingeleitet, wieviel Anstrengung aufgewendet und wie lange sie aufrechterhalten wird.

Wie stark dieser Einfluss der Kompetenzerwartung ist, hängt natürlich davon ab, wie hoch der persönliche Anspruch der betreffenden Person ist und wie sehr sie von ihrer Wirksamkeit tatsächlich überzeugt ist. Ausserdem besteht ein wechselseitiger Zusammenhang zwischen der konkreten Anforderungs-Situation d.h. der subjektiven Wahrnehmung der eigenen Aktivität im Moment der Handlungsausführung und den oben genannten Erwartungen. Mental starke und resiliente sowie leistungsstarke Menschen, denen es auch in schwierigen Situationen nicht an der Überzeugung von der Effektivität des eigenen Handelns mangelt, müssen:

- eine tiefgreifende Überzeugung von den eigenen Fähigkeiten und Fertigkeiten besitzen

- selbst- oder fremdgestellte Anforderungen angemessen einschätzen können
- in der Lage sein, sich die optimale Leistung zum geforderten Zeitpunkt zuzutrauen und in der Regel auch zu erbringen (d.h. jetzt, nicht vielleicht morgen oder evtl. übermorgen)
- unter voller Anstrengungsbereitschaft auch in schwierigen Anforderungssituationen ihre innere Organisation mit Blick auf den optimalen Handlungsablauf aufrechterhalten können

Der Erwerb von Verhaltens- und Handlungsmustern allein (z.B. von sportlichen Techniken) genügt nicht, um diese zu einem definierten Zeitpunkt auch optimal verwirklichen zu können. Vielmehr ist es notwendig, gleichzeitig die subjektive Überzeugung (Mindset) aufzubauen, dass die Fähigkeiten und erworbenen Fertigkeiten ausreichen, um auch in Beanspruchungssituationen bestehen zu können. Es gilt im Training also, ständig die Überzeugung zu verbessern, dass die erworbenen motorischen, technischen und taktischen Voraussetzungen unter allen denkbaren Bedingungen realisierbar sind – die Gewinner-Mentalität muss trainiert werden und dieses Training nennt man Kompetenzerwartungstraining.

Das Kompetenzerwartungstraining

Das Kompetenzerwartungstraining ist eine psychologisch-orientierte Trainingsmethode, die sich mit den Erwartungen von Personen in Bezug auf ihr fachliches Wissen und ihre Fähigkeiten und Handlungskompetenzen befasst. Diese Trainingsmethode kann dazu verwendet werden, um Selbstvertrauen,

Selbstwirksamkeits-Überzeugung sowie Selbstverpflichtung und eben Verbindlichkeiten zu stärken. In solchen Trainings gilt es zu prüfen, ob eine Person in der Lage ist, bestimmte Aufgaben und Verantwortlichkeiten - unter realitätsnahen Bedingungen - erfolgreich auszuführen. Dies kann besonders auch im therapeutischen Kontext sinnvoll sein, weil mittels solcher Methoden die Handlungskompetenz und damit die Selbstwirksamkeitsüberzeugung gestärkt werden kann, da diese in Lebenskrisen oft geschwächt wurde. Im Fokus der Handlungskompetenz steht primär die Handlungsfähigkeit unter Belastung und in herausfordernden Situationen zu erhöhen. Die Fähigkeit, auf unterschiedliche und auch unvorhersehbare Ereignisse (Reize), die zu Anspannung und Immobilität (Freeze) führen, sofort wieder mit Mobilisierung (Basisaktivierung) und einer selbstbeststärkenden sowie absichtsvollen Zielhandlung zu reagieren, ist charakteristisch für mental starke und resiliente Persönlichkeiten – diese Persönlichkeiten schulen primär die Basisaktivierung und damit die Regulation von Fokus und Erregungsniveau und legen damit den Grundstein für sämtliche Zielhandlungen in Beruf, Sport und Privatleben.

Das Training der Kompetenzerwartung soll über bewusst ausgeführte Stress-Simulationen und Expositionen, die Trainierenden dazu führen, dass diese effektiver zwischen System 1 und System 2 umschalten können. Zum Vergleich: Die Selbstverteidigung, welche eine Hochstress-Situation darstellt, hat für gewöhnlich eine grobmotorische Stressantwort zur Folge. Man verkrampft sich und schlägt wild auf den Aggressor ein. Jedoch mit adäquatem Stresstraining wird die Selbstverteidigung zur Kunstform (Kampfkunst), welche sich durch eine feinmotorische Stressantwort auszeichnet – also durch fließende, effiziente und kontrollierte Techniken. Kampfkünstler, aber auch andere Sportler können blitzschnell zwischen Anspannung und Entspannung umschalten und sich wieder auf das Wesentliche fokussieren – weil sie es stetig in der Ruhe als mentalen Probelauf durchspielen und erlebbar machen und sich selbst in Stresssituationen erproben. Die Basisaktivierung reguliert das Erregungsniveau und stimmt die Betroffenen mental und emotional auf die zu leistende Aufgabe ein, sodass man auch bei Widerstand lösungsorientiert und handlungsfähig bleibt und konfliktlösende Handlungen vollziehen kann.

Zur Gestaltung eines Kompetenzerwartungstraining muss man folgende Unterschiede zwischen Trainings- und Realsituation vergegenwärtigen:

- Die Realsituation ist nicht wiederholbar - sie ist einmalig
- Die Realsituation geht immer (bewusst oder unbewusst) mit einer Prognose, also einer Vorhersage über das erwartete Ergebnis einher, was daran zu erkennen ist, dass Betroffene emotional sind
- Die Realsituation hat immer Konsequenzen

Vor diesem Hintergrund folgen hier drei bewährte Varianten eines Kompetenzüberzeugungstrainings, welche sich einfach in ihrer Komplexität unterscheiden. Die Prinzipien gelten sowohl für sportliche und berufliche Herausforderungen, als auch für die Bewältigung von zwischenmenschlichen Konflikten sowie für therapeutische Kontexte.

1. Das einfache Prognosetraining
2. Das erschwerte Prognosetraining
3. Das variable Prognosetraining

Das einfache Prognosetraining

Erfolg als auch Misserfolg setzen voraus, dass man sich ein klares Ziel setzt, dann handelt und anschließend überprüft, ob man sein Ziel auch wirklich erreicht hat - wie man es erreicht hat und ob man etwas am Zielerreichungsprozess verändern muss!

Wir wissen heute, wie eine Veränderung gelingt und worauf man sich dabei konzentrieren muss, jedoch vergisst man dabei auch, dass jede Veränderung eine Veränderung der Gewohnheiten voraussetzt und neue Handlungen eben noch ungewohnt sind und sich somit auch gerne mal falsch anfühlen – das heißt aber nicht, dass sie auch falsch sind – lediglich sind sie ungewohnt! Wer einer klar definierten Linie folgt und lernt, den Kurs trotz Ablenkungen und Unwohlsein zu halten, wird auch neue Ergebnisse erzielen können und dabei eine neue Gewohnheit erschaffen. Es geht dabei um Disziplin und Beharrlichkeit sowie Willensstärke und Selbstvertrauen.

Die erfolgreiche Selbstüberwindung ist eine entscheidende Grundlage für den Aufbau einer starken Selbstwirksamkeitsüberzeugung. Es ist unverzichtbar zu verstehen, wie das Prognosetraining funktioniert. Dahinter steht die Annahme, dass der Umgang mit psychischer Belastung sowie mit Erfolg und Misserfolg nur gelernt werden kann, wenn man ein Ziel setzt und den Prozess zum Ziel prognostiziert und gemäss dieser Prognose zu handeln weiss. Besonders gilt das, wenn dabei Widerstände zu bewältigen sind – und die gibt es immer!

Das bedeutet zum Beispiel für eine Testsimulation, dass der Mentalcoach nicht einfach verkündet, dass es einen Leistungstest gibt, sondern vielmehr werden zunächst die Anforderungen und das Ziel zwischen Coachee und Mentalcoach festgelegt. Die zu testende Person (Coachee) gibt nun ihre Prognose über das gewünschte Ergebnis und das persönliche Verhalten auf dem Weg zum Ziel ab. Anschließend wird der Coachee versuchen, diese schriftlich festgehaltene Prognose zu erfüllen. Der Zeitpunkt der Leistungserbringung darf der Coachee beim einfachen Prognosetraining frei wählen. Auf diese Weise lernt der Coachee sich selbst besser einzuschätzen und mit Erfolg und Misserfolg umzugehen.

Nach der Leistungserbringung ist in Form eines Debriefing zu prüfen, ob die abgegebene Prognose realistisch oder unrealistisch war, bzw. woran es lag, dass sie erreicht (1), nicht erreicht (2) oder übertroffen (3) wurde. Für ein weiteres Prognosetraining sind die Prognosen ggf. im Sinne einer realistisch-optimistischen Einschätzung der Selbstmanagement-Fähigkeiten zu modifizieren. Diese einfache Form des Prognosetrainings kann durch das «offene Prognosetraining» noch intensiviert werden. Dabei wird die aufgestellte Prognose nicht nur zwischen Mentalcoach und Coachee vereinbart, sondern diese auch mit Drittpersonen geteilt, was eine weitere Stresskomponente darstellen kann. Diese öffentliche Selbstverpflichtung erhöht den Grad der Motivation, doch auch den Druck zu performen – im therapeutischen Sinne muss diese

Selbstoffenbarung gut geklärt werden, doch auch da kann sie sehr sinnvoll sein.

Das erschwerte Prognosetraining

Ein Ernstfall beinhaltet die Tatsache, dass das persönliche Verhalten nicht mehr wiederholt werden kann - was einmal gesagt wurde, wurde gesagt! Punkt! Genau so sind unsere Handlungen immer an Konsequenzen gebunden. Die Tatsache, dass im Training Abläufe, die nicht geklappt haben, ohne weiteres zu wiederholen sind, während sie im Ernstfall nicht wiederholbar sind, bringt eine weitere Variante des Kompetenzerwartungstrainings hervor - das Prinzip der Nichtwiederholbarkeit.

Beim erschwerten Prognosetraining steht alles auf dem Spiel! Aus diesem Grund ist es wichtig, das «Einmaligkeitstraining» in jedes Training oder die Therapie einzubauen, denn nur dann lernt der Coachee auch besonders gut mit Lust und Frust umzugehen. Beim erschwerten Prognosetraining muss der Coachee die Leistung auf Abruf erbringen – der Coachee darf also den Zeitpunkt der Leistungserbringung nicht selbst bestimmen. Es geht hierbei um den Umgang mit Fremdbestimmung, mit Zeitverzögerungen oder auch mit vorzeitig-geforderter Leistungserbringung. Oft geschieht es, dass ein Notfallszenario und Ernstfall unverhofft auftreten, was eine hohe kognitive Flexibilität erfordert. Es ist daher ratsam, so oft wie möglich mit vorhersehbaren, alltäglichen, jedoch zeitpunkt-unabhängigen Schlüsselmomenten zu trainieren. Dazu braucht es eine klare Schlüsselmomentanalyse und die Selbstverpflichtung des Coachee, sich tatsächlich in vorhersagbaren Realsituationen zu erproben - bspw. am Arbeitsplatz oder in der Partnerschaft - und sein neues Verhalten zu schulen. Besonders wirksam ist es beim erschwerten Prognosetraining, die Öffentlichkeit einzubeziehen (Offenes Prognosetraining), da sich der Coachee dann noch mehr ins Zeug legen wird.

Steht der Zeitpunkt der Leistungserbringung fest, hat der Coachee nun Zeit, sich entsprechend zu präparieren. Dann hat er einen Versuch frei, für dessen erfolgreichen Ausgang er die Prognose abgibt. Der erfolgreiche Coachee hat ein positives Erlebnis und wird in seiner Selbstwirksamkeit gestärkt. Wenn dieser Versuch fehlschlägt, muss der gescheiterte Coachee mit Frust und Kritik und den Konsequenzen des Nicht-Erreichens umgehen lernen - das eigentliche Coachingthema schlechthin. Gerade gescheiterte Coachees sind über das reflektierte Auseinandersetzen mit Erfolg und Niederlage erfahrungsgemäß resilienter und in künftigen Stresssituationen äußerst motiviert.

Das variable Prognosetraining

Das variable Prognosetraining beinhalten ebenfalls die Prognose, die Fremdbestimmung des Leistungszeitpunkt und die Nichtwiederholbarkeit, aber auch noch zusätzliche Variablen sowie Sanktionen bei Nichterreichung der Prognose: Dazu zählen nebst Stressdrills, die Durchführung unliebsamer Arbeiten oder gar monetäre Leistungen alles, was der Bestrafung des Coachee dient. Dabei geht es darum, mit Sanktionen lernen umzugehen - sie allenfalls auch als Handlungsantrieb zu nutzen.

Eine typische Variable ist der Zeitverzug und die willkürliche Verschiebung des Zeitpunkts der Leistungserbringung. Erfahrungsgemäß wird das Erbringen der Leistung umso schwieriger, je weiter entfernt der Zeitpunkt der Leistungserbringung liegt – besonders mühsam wird es dann, wenn man die Leistung auf einen anderen Zeitpunkt geplant hat. Auch die Motivation ist davon betroffen, denn diese ist stark von einem optimalen Verhältnis von Aufwand und Ertrag abhängig. Die Schwierigkeit durch Zeitverzögerung hängt damit zusammen, dass die Vorbereitungs- und Wartezeiten unter Umständen störende Kognitionen (z.B. in Form von negativen Selbstgesprächen / Zweifel) und die Konzentration auf die Leistung irritieren – sprichwörtlich an den Nerven zerren! Der Zweifel ist der Feind aller Handlungen!

Bei Zeitverzögerung ist es von Vorteil, zu wissen, wie man diese Zeit so effektiv und energieschonend wie möglich überbrückt. Eine entsprechende Übung für solche Fälle ist z.B eine Trainingsform, in der eine Prognose mit dem Coachee aufgestellt wird und dieser dann 20 - 30 Minuten Zeit hat, sich auf diese Leistung vorzubereiten – und dann den Zeitpunkt verschiebt! Ein Training, in welchem man einen Zeitpunkt in der Ferne definiert, den Coachee vorbereiten lässt, in der Erwartung, dass die Leistung zum besagten Zeitpunkt erbracht werden muss, dann aber den Zeitpunkt kurzfristig nochmals verschiebt. Fies ja, aber genau darum geht es!

Mit dieser spielerischen Komponente des Kompetenzerwartungstraining schult man die kognitive Flexibilität und die Fähigkeit zur emotionalen

Selbstregulation. Auch kann man unter Einbezug von Störquellen arbeiten. Solche Störquellen können Menschen sein, die die Handlungsausführung gezielt stören. Oder es können unvorhersehbare Ereignisse sein, welche die Ausführung und die Prognoseerreichung behindern und damit die Sanktionen mehr in den Vordergrund rücken.

Im Anschluss an ein variables Prognosetraining mit Nichtwiederholbarkeit, Zeitverzögerung und Fremdeinwirkung sowie Sanktionen wird zunächst die Ist-Soll Diskrepanz analysiert. Man überprüft, ob die prognostizierte Leistung erbracht, nicht erbracht, oder übertroffen wurde. Dann werden die Gründe analysiert, warum dieses und kein anderes Leistungsergebnis eingetreten ist. Gegebenenfalls wird abschließend die Prognose bzw. Zielsetzung für spätere Situationen neu bestimmt und daran gearbeitet, wie mit den Sanktionen umgegangen werden soll – denn diese können echt weh tun und am Selbstvertrauen sowie der Motivation nagen.

Schlusswort

Deine Regeln. Deine Rebellion.

Sei mutig, erkunde neue Horizonte und lass dich von deiner Neugier leiten, denn in der Freiheit des Rookies mit seinem Anfängergeist liegt die Chance, Grenzen zu überschreiten und das Unbekannte zu entdecken. Widerstände gehören zum Leben dazu, doch ist die Frage, wie du damit umgehen willst. Jede Veränderung beginnt erst im Geiste, bei der klaren Vorstellung, wie es denn stattdessen sein soll und wie ich dazu zu handeln habe. Dass diese neuen Handlungen ungewohnt sind und sie sich dadurch auch oftmals falsch anfühlen, ist normal. Das Dumme daran ist, dass wir meinen, wenn es sich falsch anfühlt, es auch falsch sei – das stimmt nicht!

Ungewohnt ist es, doch bringen nur diese ungewohnten Schritte etwas Neues hervor. Wenn du demnach Widerstände in dir spürst, dann bist du sehr wahrscheinlich auf der richtigen Spur. Wenn du dir dabei sicher sein willst, dann sprich mit mir. Das Mentaltraining ist der Schlüssel für die hohe psychomentale Leistungsfähigkeit und Gesundheit.